Antifragile frontend

안티프래질 프런트엔드

브라우저, 리액트, Next.js, 인프라로 그려내는 모던 웹 로드맵

저자 소개

김상철

아름다운 제품을 만들어 세상에 내놓고 싶은 엔지니어이자 기업가.

서울대학교에서 컴퓨터공학을 전공했고, 더플레이토를 창업하여 많은 사람이 새로운 기술의 혜택을 누릴 수 있도록 제품을 빚어가고 있습니다.

더플레이토	theplato.io
블로그	blog.yeoul.io
링크드인	linkedin.com/in/sckimynwa

서문

웹이라는 생태계는 여러 층위로 구성된 수많은 약속의 상호작용으로 이루어집니다. 어떤 약속은 수십 년이 지나도 자리를 지키고 있는 반면 어떤 약속은 일주일 만에 사라지기도 합니다. 그렇기 때문에 이제 막 웹 서비스 개발을 시작하려는 엔지니어가 이 약속들의 규모와 불확실성에 압도되어 헤매는 것은 당연한 일입니다.

불확실성을 헤쳐나가기 위해서는 내가 지금 어디에 서 있고, 얼마만큼 알고 있으며, 무엇을 모르는지에 대해 구조적으로 이해해야 합니다. 그리고 이해한 바를 바탕으로 다음 목적지를 정해야 합니다. 이때, 좋은 지도를 가지고 있다면 큰 도움이 될 것입니다. 이 책이 초보 엔지니어에게 지도의 역할을 했으면 좋겠다는 마음으로 집필을 하게 되었습니다.

하지만 지도의 역할은 거기까지입니다. 지도가 불확실성을 해결하거나 어떤 결정을 대신 내려주지는 않습니다. 결국 지도를 보며 다음 목적지를 정하는 것도, 목적지를 향해 발걸음을 옮기는 것도, 목적지까지 가는 도중 중간중간 자신이 길을 잃지 않았는지 확인하는 것도 여행자의 몫입니다.

불확실성을 헤쳐나가기 위해서는 지도가 필요하다는 것, 지도를 얻었다면 자신의 위치를 파악하여 다음 목적지를 정해야 한다는 것, 목적지를 향해 발걸음을 옮기는 건 결국 온전히 자신의 몫이라는 것. 이것들을 인지하고 이해하고 있다는 사실이 변화에 가장 강건한 지식이라고 믿습니다.

앞으로 우리에게 다가올 수많은 불확실성들에 기꺼이 뛰어들어 무한한 가능성을 온전히 자신의 것으로 만드는 여러분이 되기를 진심으로 바랍니다.

이 자리를 빌려 출판에 힘써주신 비제이퍼블릭 최규리 님과 관계자분들께 감사의 인사를 전합니다. 또한, 처음부터 끝까지 원고를 꼼꼼히 검토해주신 존경하는 선배이자 동료 김정재 님, 임은성 님, 우현민 님, 강민서 님에게도 감사 인사를 전합니다. 마지막으로 책을 쓰는 과정에 온전히 함께하며 지지해준 사랑하는 아내 이진원 양과 가족들에게도 깊은 감사의 마음을 전합니다.

목차

1 변하는 것과 변하지 않는 것

1.1 프래질과 안티프래질   01
    1.1.1 복잡계 이야기   02
    1.1.2 올리브 압착기 이야기   05

1.2 프런트엔드 개발 생태계와 안티프래질   07

1.3 안티프래질한 옵션   09
    1.3.1 오래 살아남은 것들은 안티프래질하다   10
    1.3.2 내가 학습한 것들은 변화로 인해 이익을 얻는가   11

2 브라우저

2.1 브라우저를 구성하는 요소들   14
    2.1.1 브라우저의 기본적인 아키텍처   15
    2.1.2 크롬과 크로미엄은 뭐가 다를까?   22
    2.1.3 브라우저가 지켜야 하는 여러 규칙   25
    2.1.4 브라우저의 멀티 프로세스 아키텍처   35

2.2 브라우저가 화면을 렌더링하는 과정   39
    2.2.1 도메인 주소에서 웹 서버 주소 알아내기   39
    2.2.2 보안을 향상하는 시큐어 커넥션 맺기   53
    2.2.3 HTML 웹 페이지 요청하기   66
    2.2.4 HTML 파싱 및 DOM 트리 구축   69
    2.2.5 CSS 파싱 및 CSSOM 트리 구축   78
    2.2.6 렌더 트리 구성   82
    2.2.7 레이아웃 계산   84

목차

    2.2.8 페인트   87
    2.2.9 픽셀화&컴포지션   90

2.3 브라우저가 렌더링을 효율적으로 하려면   95
    2.3.1 레이어 분리   96
    2.3.2 자바스크립트 효율적으로 처리하기   99
    2.3.3 요청 묶어서 처리하기   103

여정 돌아보기   104

3 리액트

3.1 리액트와 리액트가 아닌 것   105
    3.1.1 리액트는 번들러가 아니다   106
    3.1.2 리액트는 스타일링 도구가 아니다   109
    3.1.3 리액트는 서버가 아니다   110
    3.1.4 리액트는 검색 엔진 최적화 도구가 아니다   111
    3.1.5 리액트는 그래픽이나 3D 렌더링에 최적화된 도구가 아니다   112
    3.1.6 리액트는 UI를 위한 웹과 네이티브 라이브러리이다   115

3.2 리액트의 동작 원리   116
    3.2.1 전체적인 그림   119
    3.2.2 가상 돔   122
    3.2.3 리액트라는 거대한 생태계   128
    3.2.4 리액트 렌더링 작업과 스케줄링   135
    3.2.5 리액트의 척추, 파이버 아키텍처   141

여정 돌아보기   154

4 Next.js

4.1 라이브러리와 프레임워크의 차이   158
    4.1.1 라이브러리   158
    4.1.2 프레임워크   159
    4.1.3 프레임워크로서의 Next.js   160

4.2 검색 엔진 최적화와 서버 사이드 렌더링   161
    4.2.1 검색 엔진의 동작 방식   161
    4.2.2 서버 사이드 렌더링이란   168
    4.2.3 서버 사이드 렌더링의 동작 방식   174

4.3 Next.js가 해결하는 문제   176
    4.3.1 이미지를 최적화하는 next/image   177
    4.3.2 폰트를 최적화하는 next/font   184

여정 돌아보기   192

5 인프라 구조

5.1 서비스가 지구 반대편에서도 잘 동작하려면   197
    5.1.1 나와 내 지인에게 필요한 서비스 제공하기   198
    5.1.2 대한민국의 전 국민이 사용하는 서비스 제공하기   206
    5.1.3 베트남에서도 사용하는 글로벌 서비스 제공하기   220

목차

5.2 마이크로서비스 아키텍처 226
    5.2.1 마이크로서비스 아키텍처란 무엇인가 226
    5.2.2 클라우드 네이티브 컴퓨팅 파운데이션 230
    5.2.3 컨테이너 오케스트레이션 232
    5.2.4 서비스 메시 244
    5.2.5 서비스 모니터링 249
    5.2.6 API 게이트웨이 252

여정 돌아보기 257

변하는 것과 변하지 않는 것

프런트엔드에 대한 이야기를 시작하기에 앞서 안티프래질(antifragile)이라는 개념을 소개하고자 합니다. 프런트엔드 로드맵을 소개하는 이 책의 전체를 관통하는 주제가 바로 안티프래질이기 때문입니다. 빠르게 변하는 프런트엔드 개발 생태계 한가운데서, 프런트엔드 엔지니어는 예측할 수 없는 여러 변경 사항에서 강건한 방식으로 학습해야 합니다.

시간이 지나 지금 배우고 있는 도구들이나 기술들을 더 이상 사용하지 않게 되더라도 이 도구들을 학습한 방법이 안티프래질하다면 이를 통해 수많은 도구를 더 쉽게 익히고 사용할 수 있습니다. 이 책에서는 프런트엔드를 안티프래질한 방식으로 학습하도록 도와줄 수 있는 로드맵이라는 옵션을 제공함과 동시에, 이 옵션을 행사할 여러 기회에 대한 시각을 안내합니다.

1.1 프래질과 안티프래질

> 안티프래질은 회복력 혹은 강건함 이상의 의미가 있다.
> 회복력이 있는 물체는 충격에 저항하면서 원상태로 돌아온다.
> 반면, 안티프래질한 대상은 충격을 가하면 더 좋아진다.
>
> – 나심 탈레브

안티프래질은 『블랙 스완』, 『행운에 속지 마라』, 『스킨 인 더 게임』의 저자 나심 니콜라스 탈레브가 자신의 또 다른 저서인 『안티프래질 Antifragile』에서 처음 소개한 개념입니다. 'anti-'라는 접두어에서 추론해볼 수 있듯이 안티프래질은 프래질(fragile)이라는 단어의 반의어를 표현하고자 저자가 새롭게 제시한 단어입니다. 프래질은 '충격을 가하면 부서지기 쉬운'이라는 뜻이므로, 프래질의 반의어는 '충격을 가하면 더욱 단단해지는'이라는 뜻이 됩니다.

하지만 단어 사전에는 '충격에 잘 버티는(shockproof)', '단단한(hard)' 등의 단어는 있어도 '충격을 가했을 때 오히려 강해지는'이라는 뜻의 단어는 없습니다. 충격에 잘 버티는 것과 충격을 가했을 때 오히려 강해진다는 것은 서로 뜻이 완전히 다르기에 저자는 안티프래질이라는 단어를 새롭게 만들어 소개하고 있습니다.

1.1.1 복잡계 이야기

충격을 가했을 때 강해지는, 즉 안티프래질한 것은 왜 중요할까요? 여기서 충격은 무엇을 의미하고 강해진다는 건 무엇을 의미할까요? 그리고 이 모든 것이 프런트엔드 개발과는 어떤 관련이 있을까요? 이를 이해하려면 먼저 우리가 살고 있는 이 세상이 복잡계(complex system)에 속하며, 프런트엔드 개발 생태계도 마찬가지로 복잡계에 속해 복잡계의 규칙에 영향을 받는다는 것을 이해해야 합니다. 안티프래질은 복잡계에 적용되는 개념이기 때문입니다.

복잡계는 수많은 구성 요소가 상호 작용하면서 예측하기 어려운 복잡한 동작을 보이고, 그에 따라 정확하게 예측하기 어려운 결과를 내놓는 시스템을 의미합니다. 이러한 시스템에서 발생한 하나의 결과는 재현하기가 불가능하거나 매우 어렵습니다. 또한 어떤 결과가 발생했을 때 그 결과에 영향을 미치는 원인이 헤아릴 수 없을 만큼 많고 그중에 이해할 수 있는 원인보다 이해할 수 없는 원인이 훨씬 더 많다는 것이 특징입니다.

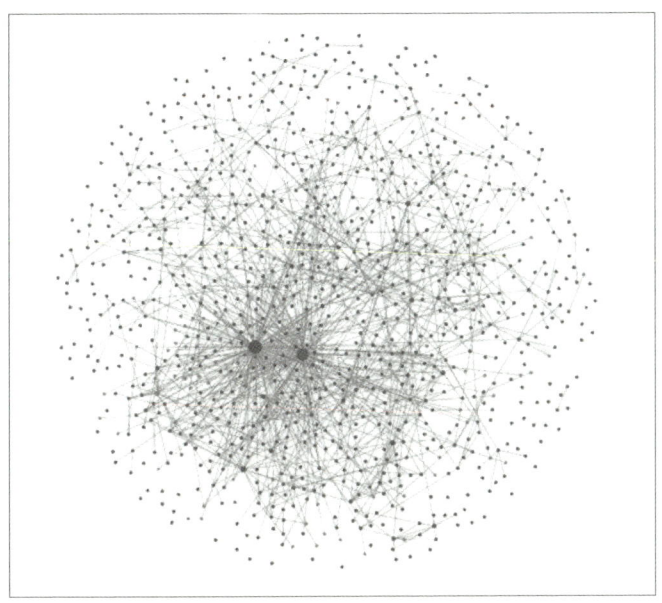

[1-1] 복잡계에서 볼 수 있는 수많은 요소의 상호 작용

나비의 작은 날갯짓처럼 미세한 변화나 사소한 사건이 추후 예상하지 못한 엄청난 결과나 파장으로 이어진다는 나비 효과(butterfly effect)도 복잡계에서 흔히 발생하는 현상입니다. 복잡계에서는 미세한 변화라도 해당 변화로부터 영향받을 수 있는 수많은 요소가 개입되고, 이들의 연쇄 작용으로 어떤 현상이 확률적으로 일어납니다. 이런 상황에서는 미세한 변화로부터 연쇄 작용의 결과를 추론하기가 어려우며 동일한 변화라도 매번 다른 결과가 나타나게 됩니다. 따라서 복잡계에서는 미래 예측에 대한 정확도가 그렇게 높지 않으며, 어쩌다 한 번 몇 가지 원인으로부터 발생할 사건이나 결과를 정확하게 예측했더라도 그것이 그다음 예측이 맞을 확률을 크게 높여주지 못합니다.

우리가 살고 있는 이 세상과 우리가 몸담은 프런트엔드 개발 생태계는 모두 복잡계에 속합니다. 내가 아는 몇 가지 단서만으로 5년, 10년 후에 내가 속한 이 생태계에 어떤 일이 일어날지를 추론하는 것은 정확도도 떨어지고, 예측 자체도 어렵습니다. 게다가 이러한 추론은 내가 가지고 있지 않은 단서에 대해 그리고 내가 가지고 있는 단서를 뒤집어 놓을 가능성에 취약합니다. 내가 이해할 수 있는 몇 가지 단서만으로 논리적으로 추론했던 여러 탄탄한 구조물은 내가 알지 못하는 단 한 가지 결정적인 단서에 의해 단숨에 무너져 내릴 수도 있습니다.

만약 지금 시점에서 알고 있는 모든 정보를 가지고 5년 후에 내가 속한 생태계에 어떤 일이 일어날지 최대한 자세하게 예측해야 하는 상황이라면 우리는 이 문제에 어떻게 접근하게 될까요? 아마도 이미 알고 있는 정보들과 검색을 통해 얻을 수 있는 정보들을 토대로 예측하려 할 것입니다. 예를 들면 5년 뒤에 인류가 화성에서 사는 것이 가능해진다거나, 똑똑한 인공지능이 등장해 개발자 중 상당수가 일자리를 잃는다거나, 이제는 리액트의 인기가 사그라들고 스벨트가 최고로 인기 있는 사용자 인터페이스(User Interface, UI) 라이브러리가 될 것으로 예측할 수 있을 것입니다.

그러나 우리가 현재 가지고 있는 정보를 바탕으로 미래에 대해 예측한 결과는 5년 후에 마주할 미래와 상당히 다를 것이며, 그것은 이 세상과 생태계가 모두 복잡계에 속하기 때문입니다. 거의 모든 사람이 예측에 동의하더라도 전혀 예상하지 못한 다른 도메인의 변화로 인해 산산조각이 나거나 매우 중요한 일의 방향이 너무나도 터무니없이 사소한 이유로 인해 틀어질 수도 있습니다. 치명적인 전염병의 발병이나 전쟁처럼 대부분의 사람이 예상조차 하지 못한 일이 발생하면 그 이후의 예측들은 그 이전의 예측들과는 완전히 다른 방향으로 흘러갈 수도 있습니다.

따라서 복잡계 속에서 의사 결정을 내리고 서로 다른 방향 중 한 방향을 선택할 때는 그것이 변화에 강건한지를 고려해야 합니다. 그리고 이 원리는 학습에도 적용할 수 있습니다. 프런트엔드 개발 생태계는 복잡계에 속하기 때문에 우리가 주변에서 접할 수 있는 몇 가지 근거만으로 정확하게 다음에 일어날 사건이나 향후 몇 년간 일어날 변화를 정확하게 예측하기 어렵습니다. 따라서 효과적으로 학습을 하려면 변화를 예측하려 하기보다는 변화에 강건한 옵션을 보유하는 것이 중요합니다.

1.1.2 올리브 압착기 이야기

그렇다면 앞서 여러 차례 언급되었던 옵션이란 무엇이며, 이것이 어떻게 안티프래질이라는 개념과 연관될까요? 이를 설명하고자 잠시 고대 그리스 시절의 철학자 탈레스의 올리브 압착기 이야기를 소개하도록 하겠습니다.

[1-2] 고대 그리스에서 사용되던 올리브 압착기

아리스토텔레스의 저서 『정치학』에는 소크라테스 이전의 철학자이자 수학자였던 탈레스에 대한 일화가 등장합니다. 내용은 이렇습니다. 어느 날, 탈레스는 자신이 가진 천문학 지식으로 미루어 보았을 때 다가오는 겨울에 올리브 농사가 풍년이 들 것으로 예측했습니다. 이에 그는 올리브 압착기를 대여해 주는 밀레투스와 키오스에게 미리 저렴하게 올리브 압착기를 사용할 수 있는 권리를 구매했습니다. 이는 올리브를 수확하는 시점에 행사할 수도, 행사하지 않을 수도 있는 권리입니다. 수확 시기가 되자 그의 예측대로 올리브 농사는 풍년이 들었고 올리브 압착기에 대한 수요는 많이 증가했습니다. 이에 따라 탈레스는 올리브 압착기 사용 권리를 행사하여 저렴하게 올리브 압착기를 빌린 후 높은 가격에 농부들에게 빌려주어 큰 이익을 얻었습니다.

탈레스는 자신이 천문학 지식이 있었지만, 자신의 예측이 예상하지 못한 변수들로 인해 틀릴 수도 있다는 것을 염두에 두었습니다. 그래서 그는 예측을 100% 확신할 수 없는 자신의 부족한 지식으로 인해 큰 손실을 보는 상황을 피하려 했습니다.

탈레스는 올리브 압착기를 빌릴 권리, 즉 옵션을 구매하는 데 드는 비용을 제외하면 변화가 가져올 무작위성으로 이득을 얻습니다. 게다가 그가 보유한 옵션은 권한은 갖지만 의무는 없어 매해 복잡한 천문 지식으로 미래를 예측할 필요가 없으며, 그해의 올리브 농사가 흉년이 들더라도 큰 손실을 보는 일이 없습니다. 풍년이 들면 이 옵션을 행사해서 큰 이익을 얻으면 되고, 흉년이 들면 이 옵션을 행사하지 않으면 그만입니다. 상승 국면에 있을 때는 무제한으로 이익을 얻지만, 하강 국면이 오더라도 제한적인 손실만을 보게 됩니다.

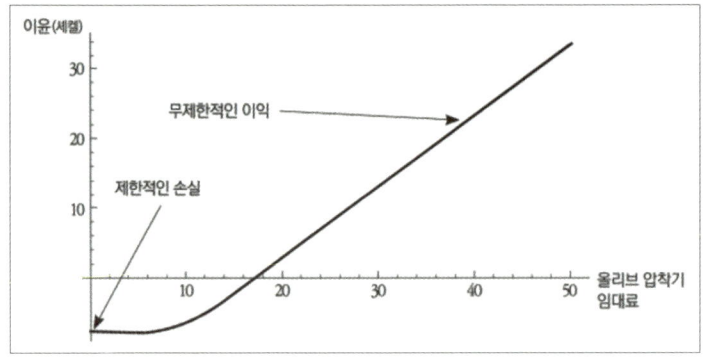

[1-3] 탈레스가 지닌 옵션의 비대칭적인 이익 구조

탈레스는 이 옵션을 보유함으로써 너무 많은 것을 예측할 필요도, 항상 자신의 예측이 맞을 필요도 없었습니다. 탈레스는 매년 미래를 정확하게 예측하느라 고생할 필요가 없으며 그 시간에 다른 옵션을 여유롭게 탐색할 수 있습니다. 이렇게 탈레스가 올리브 압착기를 저렴한 가격에 빌릴 권리는 시간에 따른 변화에 대해 안티프래질한 성격을 갖습니다.

탈레스와 올리브 압착기 이야기를 통해 이야기하고 싶은 바는 좋은 옵션을 구비하는 것의 중요성입니다. 좋은 옵션은 하강 국면일 때 변동성으로부터 오는 손실을 최소화하여, 모든 것을 예측하고 대비해야 하는 피로에서 벗어나게 합니다. 그러다가 상승 국면일 때 이로부터 비대칭적인 이득을 취하게 합니다. 변동성이 큰 프런트엔드 생태계에서 하강 국면일 때의 손실보다 상승 국면일 때의 이득이 더 큰 옵션을 가진다면 변화와 충격으로부터 비대칭적인 이익을 얻을 수 있습니다. 즉, 생태계에서 발생하는 모든 변화를 이해할 필요가 없으며 어떤 변화나 현상을 이해할 때, 보유한 옵션에서 출발해서 이익을 얻을 수 있습니다.

1.2 프런트엔드 개발 생태계와 안티프래질

안티프래질은 미래를 정확하게 예측하려는 대신, 좋은 옵션을 구비하는 전략을 통해 변동성이 큰 복잡계에서 이익을 얻는 구조를 구축합니다. 그리고 프런트엔드 개발 생태계 또한 복잡계에 속해 같은 원리를 적용할 수 있습니다.

프런트엔드 생태계는 둘째가라면 서러울 정도로 변화가 빠른 생태계입니다. 렌더링 라이브러리, 테스트 도구, 통합 프레임워크, 빌드 도구 등 수많은 카테고리에서 매달, 빠르면 하루가 채 지나기도 전에 새로운 라이브러리가 등장했다가 사라집니다. 또한 리액트처럼 오랜 시간 동안 사랑받는 라이브러리들도 매년 혹은 분기마다 대규모 업데이트를 배포합니다.

자바스크립트(JavaScript)의 트렌드를 보여주는 State of JS나 CSS의 트렌드를 보여주는 State of CSS 등의 사이트에서는 매년 가장 인기 있거나 자주 사용되는 라이브러리들을 모아 소개합니다. 한편 수많은 라이브러리가 점유율로 다투는 가운데, 매년 새로운 라이브러리들이 또 등장해 생태계의 복잡성을 높입니다.

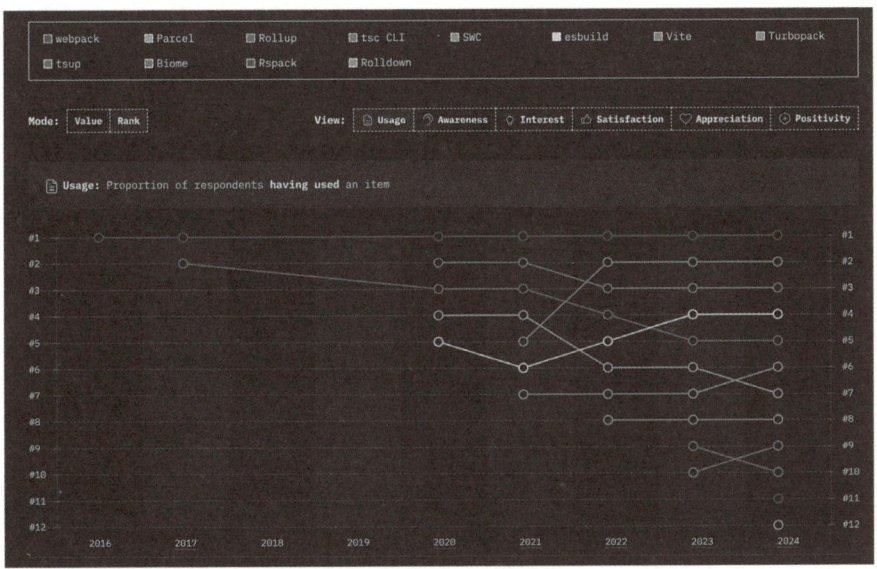

[1-4] State of JS의 번들러 랭킹

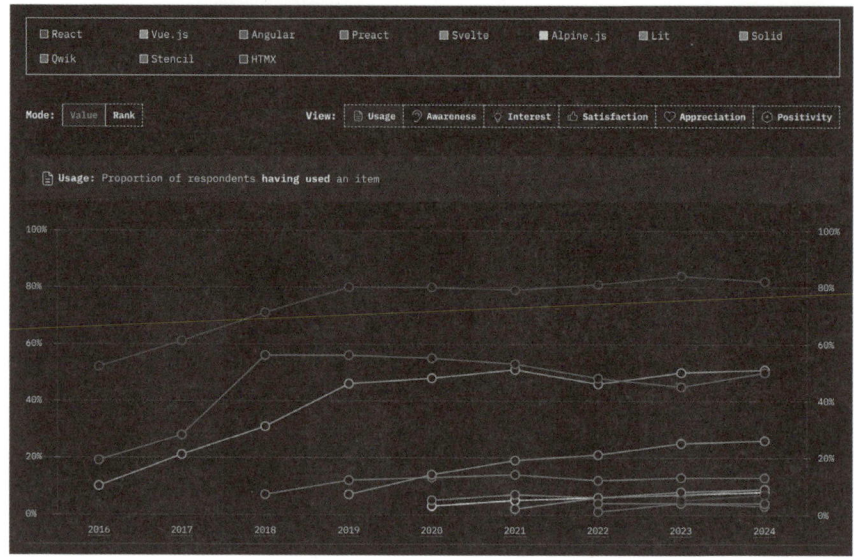

[1-5] State of JS의 렌더링 라이브러리 랭킹

변경 사항은 라이브러리에만 해당하지 않습니다. 저마다의 철학을 내세워 새로운 브라우저들이 우후죽순 생겨나고, 같은 브라우저에서도 정기적으로 새로운 스펙이 추가되어 사용자에게 브라우저를 업데이트할 것을 요청합니다.

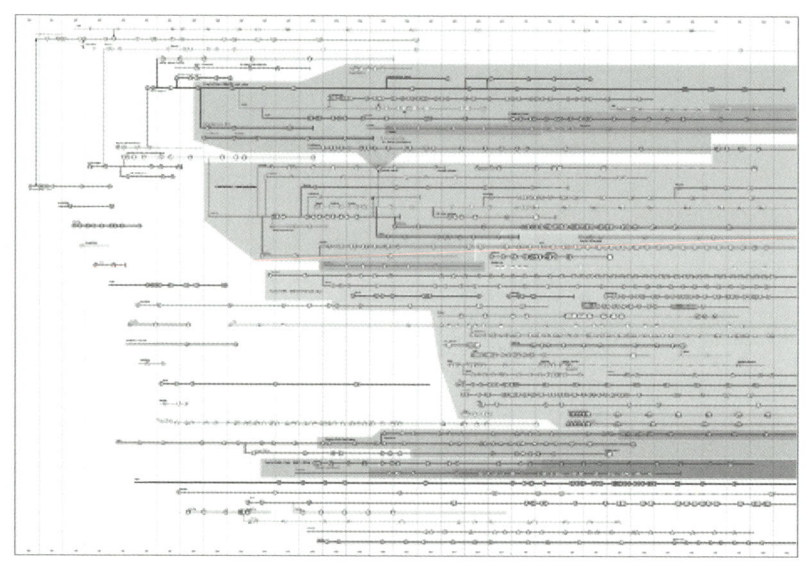

[1-6] 브라우저의 역사

수많은 라이브러리의 등장과 소멸 그리고 새로운 브라우저의 등장과 업데이트는 프런트엔드를 처음 학습하려는 엔지니어에게 FOMO[1]를 자극해 불안감을 줍니다. '지금 이 라이브러리를 꼭 배워야 하는 이유' 등의 키워드로 시작하는 수많은 기술 블로그와 각종 기술 서적은 뒤처진다고 느끼게 하고, 지금 공부하는 것들이 시간이 지나면 쓸모없어지는 건 아닌가 하는 허탈감을 주기도 합니다.

더욱 어려운 것은 이 변화를 예측하고 대비하기가 생각보다 쉽지 않다는 것입니다. 새로운 라이브러리의 등장은 대개 우연히, 산발적으로 일어나며, 저마다의 철학으로 등장합니다. 어떤 라이브러리는 특정 철학을 기반으로 일어나고 어떤 라이브러리는 기존의 특정 라이브러리의 문제를 해결하려고 등장합니다. 어떤 라이브러리는 이름 있는 기업에서 사용한다는 이유로 생태계에 안정적으로 정착하기도 합니다. 반면, 탄탄한 철학을 바탕으로 좋은 솔루션을 제공하는 라이브러리이지만 경쟁에서 지거나 충분히 지원받지 못해서 소멸하기도 합니다.

아무리 학습 속도가 빠른 사람이라 해도 생태계에서 일어나는 모든 변화와 지식을 머릿속에 넣을 수는 없습니다. 지금 이 순간에도 새로운 변화들은 개인이 학습하는 속도보다 훨씬 빠르게 일어나기 때문입니다. 따라서 우리에게는 이러한 변화와 상관없이 변화에서 이익을 얻는 구조, 즉 '옵션'과 이를 알아보는 '시각'이 필요합니다. 좋은 옵션이 있으면 미래를 자주 예측할 필요가 없으며, 예측이 항상 옳아야 할 필요도 없습니다.

1.3 안티프래질한 옵션

> 미래를 알려면 당신은 킬러 애플리케이션에만 몰두하면서
> 기술 자폐적인 용어와 씨름할 필요가 없다. 오직 다음과 같은 원칙을 따르면 된다.
> 과거를 존중하고, 역사적 기록에 관심을 가지고, 옛것이 주는 지혜를 찾으려고 노력하고,
> 생존에는 필수적이지만 때로는 문자로 전해지지 않는 경험 법칙을 알아내려고
> 노력해야 한다. 다시 말해, 주변에 있는 것, 즉 살아남은 것에 비중을 두어야 한다.[2]
>
> – 나심 탈레브

---

1. Fear Of Missing Out의 약자로, 자신이 다른 사람들과 같은 경험을 하지 못하거나 놓친다는 두려움을 의미합니다.
2. 『안티프래질 Antifragile』, (나심 니콜라스 탈레브, 2013), 756.

프런트엔드 생태계는 복잡계에 속하기 때문에 몇 가지 단서만으로 미래를 예측하여 투자하는 행위는 위험을 내포한다는 것을 살펴보았습니다. 그리고 이러한 위험성으로 인해 좋은 옵션과 이를 알아보는 시각을 보유해야 하며, 옵션이 좋은 사람은 예측이 자주 옳아야 할 필요도 없고, 많은 것을 알지 않아도 된다는 사실도 살펴보았습니다. 이제 조금 더 구체적인 단계로 내려와서 프런트엔드 생태계의 빠른 변화에서 비대칭적인 이익을 얻는 옵션이라는 것이 무엇인지에 대해 이야기해 보려 합니다.

1.3.1 오래 살아남은 것들은 안티프래질하다

운영 체제, 데이터베이스, 시스템 프로그래밍 등 컴퓨터 공학 교과의 강의 계획서를 살펴보면 재밌는 점이 발견됩니다. 20년 이상 한 과목을 같은 교수님이 주로 담당하고 강의 커리큘럼도 그다지 바뀌지 않습니다. 같은 IT 분야 내에서도 매년 새로운 도구가 등장해 새로운 개발 방식을 계속해서 학습해야 하는 프런트엔드 개발 현장과는 너무나 대조되는 그림입니다. 그러나 여기에는 안티프래질에 대한 중요한 지혜가 숨어 있습니다. 바로 오래 살아남은 것은 안티프래질하다는 것입니다. 등장한 지 20년도 넘은 과목을 여전히 전공 필수 과목으로 선정하고 거의 동일한 커리큘럼으로 교육한다는 건, 해당 기술이 20년이 넘는 세월 동안 여러 변화에도 살아남았으며, 이 기간에 가해졌던 여러 변화로 인해 다듬어져서 더 강건해졌다는 뜻입니다. 20년이 넘는 기간의 변화에도 살아남아 강건해진 운영 체제라는 교과 과목은 방금 등장한 따끈따끈한 라이브러리보다 앞으로 더 오랜 기간 살아남을 가능성이 높습니다.

안티프래질한 옵션이 무엇인지를 알려면 실제로 안티프래질한 것이 무엇인가에 관심을 가질 필요가 있습니다. 시간의 관점에서 일반적으로 오래 살아남은 것은 방금 태어난 것에 비해 안티프래질합니다. 따라서 프런트엔드 생태계에서는 브라우저가 동작하는 원리, 웹이 동작하는 방식 등 시간에 따른 변화에도 오래 살아남은 것들을 이해하고 공부해야 하며, 이러한 학습 방식은 방금 태어난 라이브러리를 사용하고 그 기능을 익히는 것에 비해 안티프래질합니다.

컴퓨터 공학을 전공해 시스템 프로그래밍이나 운영 체제처럼 오래 살아남은 과목들을 제대로 공부한 사람은 기술이 빠르게 변할수록 그 변화에서 이익을 얻습니다. 컴퓨터에서 이루어지는 거의 모든 것[3]이 운영 체제에서 동작하며, 운영 체제는 오랜 기간 동안 숱한 변화와 충격을 견뎌내며 더욱더 강건한 성질을 띠었기에, 운영 체제가 동작하는 방식을 이해한다면 이는 운영 체제에서 동작하는 애플리케이션을 이해할 때 사용하는 좋은 옵션을 가진 것입니다.

운영 체제와 마찬가지로 웹 기술을 사용하여 이루어지는 거의 모든 것은 브라우저에서 동작합니다. 브라우저 또한 웹의 시작과 함께했으며, 오랜 기간 동안 숱한 변화와 충격을 견뎌내어 왔습니다. 따라서 브라우저와 웹이 동작하는 방식을 이해하면 운영 체제에 대한 지식과 마찬가지로 애플리케이션을 이해할 때 좋은 옵션이 될 수 있습니다.

1.3.2 내가 학습한 것들은 변화로 인해 이익을 얻는가

프런트엔드에서 뛰어난 역량을 보여주는 엔지니어들과 협업해 보면 학습과 문제 해결의 관점에서 몇 가지 주목할 만한 사실이 발견됩니다. 이들은 새로운 라이브러리나 프레임워크를 학습할 때 본질적인 부분을 먼저 파악하고 이를 기반으로 빠르게 학습을 진행합니다. 중요한 문제에 직면했을 때는 문제의 근본적인 원인을 파악하고 구체적으로 어떤 부분을 개선해야 하는지에 집중합니다.

옵션의 관점에서 이를 유심히 관찰하면 이들은 프런트엔드 생태계에서 오래 살아남은 대상들에 대한 옵션을 많이 보유하며, 문제를 해결하거나 새로운 도구를 학습할 때 이 옵션을 단순히 개념이나 해결책 그 자체로 생각하지 않는다는 점이 발견됩니다.

예를 들어 다양한 국가에 출시된 웹 서비스를 모니터링해 보다가 베트남 지역에서 렌더링 속도가 너무 느린 것을 발견해 이를 개선해야 하는 상황이라고 가정해 보겠습니다. 문제를 잘 해결하는 엔지니어라면 단순히 검색 엔진을 통해 발견한 솔루션을 코드에 붙여넣는 방식으로 문제를 해결하지는 않을 것입니다.

---

3. 물론 임베디드 시스템같이 매우 특수한 경우에는 운영 체제를 사용하지 않기도 합니다.

그 대신 이들은 웹이 동작하는 방식이나 브라우저가 웹 페이지를 로드하는 방식에 대한 지식을 옵션으로 이미 보유하며, 실제로 이 옵션을 통해 콘텐츠 전송 네트워크(Content Delivery Network, CDN)를 활용할지, 서버 사이드 렌더링(Server Side Rendering, SSR)을 사용할지, 혹은 렌더링을 최적화하는 라이브러리를 적용할지 결정하는 방식으로 문제를 해결할 것입니다.

결과만 놓고 보면 단순 검색으로 문제를 해결하는 방식과 이렇게 옵션을 사용하여 문제를 해결하는 것에 차이가 크게 느껴지지 않을지도 모릅니다. 하지만 두 방식은 근본적으로 차이가 있습니다. 유용한 옵션을 가진다면 너무 많은 것을 알지 않아도 괜찮습니다.

'웹 페이지가 느리면 서버 사이드 렌더링을 사용하거나 CDN을 사용하거나 이미지를 잘 압축하면 된다'라는 형태의 지식을 보유하는 것이 아니라, 웹 페이지의 동작 원리에 대해 크게 변하지 않는 옵션 형태의 지식을 가져, 정확한 문제의 원인을 진단하기 쉽습니다. 또한 웹 페이지의 렌더링 속도를 개선하는 더 나은 방안이 제시되었을 때, 이 방안이 전체 로드맵의 어떤 부분에 해당하는지를 이해할 수 있어 새로운 지식을 학습하기가 쉽고, 자신의 로드맵을 더 정교하게 다듬을 수 있습니다. 즉 변화로 인해 이익을 얻습니다.

요컨대 좋은 옵션은 '변화로 인해 이익을 얻는' 성질이 있습니다. 학습한 것이 변화로 인해 이익을 얻는다면 그것은 안티프래질한 좋은 옵션이라고 할 수 있습니다. 이렇게 얻은 옵션들을 차근차근 쌓는 방식으로 학습한다면 문제를 해결하고 생태계에서 강건하게 살아남고자 너무 많은 것을 알아야 할 필요가 없습니다.

프런트엔드 개발을 처음 시작할 때 가장 접근하기 쉬운 방법 중 하나는 리액트나 Next.js 등 라이브러리 혹은 프레임워크의 공식 문서를 참고하는 것입니다.

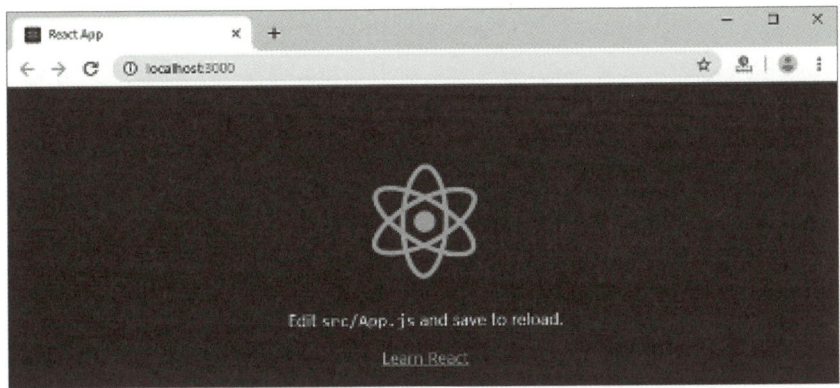

[2-1] create-react-app을 사용해서 브라우저에 렌더링된 웹 페이지

몇 가지 간단한 설정과 입력만으로 눈앞에서 동작하는 소프트웨어를 만들어 보면서 도구에 대한 이해도를 높이는 방법은 개발에 대한 심리적인 장벽을 넘는 데 중요한 역할을 합니다. 많은 라이브러리와 프레임워크가 공식 문서에 튜토리얼과 데모 페이지를 제공하는 것도 이러한 이유 때문입니다.

하지만 튜토리얼과 데모를 통해 도구의 작동 원리와 사용 방법에 대해 익숙해졌다면 그 다음 단계로 나아가야 합니다. 프런트엔드 엔지니어는 자신이 만든 웹 서비스를 통해 사용자에게 좋은 경험을 제공할 책임이 있습니다. 이를 위해서는 리액트나 Next.js 등의 도구를 사용해서 UI를 개발해 제공하는 것뿐 아니라 각 도구가 어떤 것을 문제로 정의하고 그 문제를 어떤 방식으로 해결했는지 그리고 이렇게 문제를 해결하는 방식이 내가 만드는 서비스에 도움이 되는지를 고려해야 합니다. 더 나아가 하나의 도구에 적용된 철학이나 문제 해결 방식을 적절한 은유를 사용해 다른 문제에 적용해야 합니다.

엔지니어에게 중요한 것은 도구를 사용해본 경험 그 자체보다도 서비스를 제공할 때 해결해야 하는 문제를 정의하고 그 문제를 해결하는 것과 이 도구를 사용하는 것이 어떤 관련이 있는지를 이해해야 합니다. 따라서 웹 서비스 개발과 관련된 도구에 대해 학습할 때, 단순히 도구의 사용 방법을 익히는 데 그치지 않고 해당 도구가 정의한 문제와 그 문제를 해결하는 방식을 같이 습득해야 합니다.

> **엔지니어 vs. 개발자**
>
> 여기서는 엔지니어와 개발자의 뜻을 명확하게 구분하며 개발자 대신 엔지니어라는 표현을 사용합니다. 엔지니어는 시스템의 설계 및 구축과 유지 관리에 관여하는 사람들로, 프로젝트의 큰 그림을 이해하고 복잡한 문제를 해결하는 작업을 수행합니다. 개발자는 소프트웨어 개발의 실제 코딩과 구현에 초점이 맞추어진 좁은 의미의 직군입니다. 주어진 요구 사항을 바탕으로 코드를 작성하고 기능을 구현하며 버그를 수정하는 등의 작업만을 수행합니다.

웹 서비스 개발에서 웹 브라우저는 이러한 이해와 학습의 출발점이 됩니다. 인터넷의 아버지 테드 넬슨이 언급한 것처럼, 브라우저는 웹 서비스의 모든 것입니다. 우리가 웹 서비스를 개발하면서 사용하는 거의 모든 도구가 브라우저가 동작하는 방식과 관련 있습니다. 따라서 브라우저의 구성 요소와 동작 원리를 살펴보고 브라우저가 웹 페이지를 로드할 때 어떤 과정을 거치는지 살펴보려고 합니다.

2.1 브라우저를 구성하는 요소들

> 우리가 현재 브라우저라고 부르는 것은 웹을 정의하는 모든 것입니다.
> 브라우저에 속한 것은 월드 와이드 웹과 그 내용이 전송되도록 처리하는 몇 가지 간단한 표준들입니다.
>
> — 테드 넬슨

브라우저라는 거대한 범주 안에는 다양한 층위의 구성 요소가 얽혀 있습니다. 브라우저의 한 종류인 크롬(Chrome)은 HTML과 CSS를 해석하는 렌더링 엔진, 자바스크립트 코드를 실행하는 엔진, 네트워크 요청을 처리하는 엔진 등으로 구성된 복잡한 소프트웨어인 반면 웹 하이퍼텍스트 애플리케이션 테크놀로지 워킹 그룹(Web Hypertext Application Technology Working Group, WHATWG)은 브라우저들이 지켜야 할 HTML, DOM 같은 명세를 관리하는 단체로 서로 완전히 다른 위계의 의미를 갖습니다. 이렇게 서로 다른 역할과 위상을 가진 개념들이 브라우저라는 거대한 범주 안에서 상호 작용하는 방식을 살펴보겠습니다.

2.1.1 브라우저의 기본적인 아키텍처

브라우저는 HTML, CSS, 자바스크립트를 바탕으로 화면을 그리는 것 외에도 많은 역할을 수행합니다. 사용자가 입력한 도메인 주소를 HTTP 프로토콜이 이해하는 IP 주소로 변환하기도 하고 웹 서버에서 HTML 등의 리소스를 가져오기도 하며, 보안을 위한 HTTPS 커넥션을 맺도록 네트워크를 요청하기도 합니다. 또한 필요한 정보를 저장하고자 로컬 스토리지(local storage), 세션 스토리지(session storage), 쿠키(cookie), 인덱스된 DB(Indexed DB) 등 데이터 저장소를 관리하기도 합니다.

복잡한 여러 요소의 상호 작용을 잘 관리해서 사용자에게 웹 페이지를 보여주고, 사용자와 상호 작용하는 동적인 웹 서비스를 안정적으로 제공하려면 브라우저를 구성하는 여러 기능을 의미 있는 단위로 나누어 관리하는 것이 좋습니다. UI를 구성하는 모듈, 네트워크를 통해 외부의 리소스를 요청하는 모듈 등으로 나누는 것입니다.

현대 브라우저들은 이렇게 수행하는 여러 기능을 의미 있는 단위로 나누고, 이들 간의 상호 작용을 통해 동작하도록 모듈화되어 있습니다. 어떤 기능들을 어떤 기준으로 어디까지 나눌지는 브라우저마다 조금씩 다르기에 모든 브라우저에 적용되는 일관된 규칙을 구체적으로 정리하기는 어렵지만, 큰 관점에서는 다음과 같이 구분할 수 있습니다.

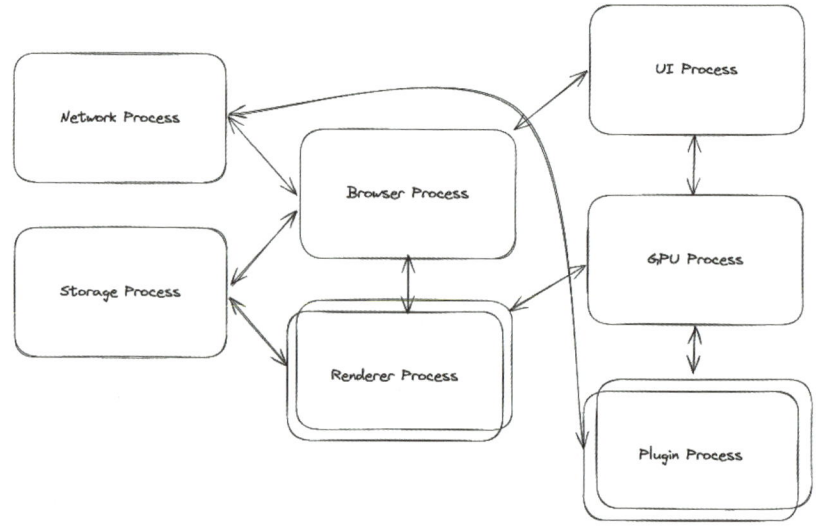

[2-2] 브라우저를 구성하는 여러 프로세스의 관계

사용자 인터페이스

사용자 인터페이스(User Interface, UI)는 일반적으로 브라우저의 상단 바 영역에 해당하는 부분을 의미합니다. 웹 페이지가 렌더링되는 화면 영역을 제외하고 사용자가 브라우저의 동작을 제어하는 부분으로 URL을 입력하는 주소 표시줄과 뒤로 가기, 앞으로 가기, 새로 고침, 화면 축소, 화면 닫기 등의 여러 버튼이 포함됩니다. 브라우저 익스텐션 및 플러그인도 해당 UI 영역에 포함됩니다.

[2-3] 파이어폭스 브라우저의 UI 영역

브라우저 엔진

브라우저 엔진은 브라우저 내의 서로 다른 요소들, 즉 여러 인터페이스 사이에서 중요한 연결 고리의 역할을 합니다. 예를 들어 사용자가 UI의 주소창을 통해 방문하려는 웹 페이지의 주소를 입력하고 엔터 키를 누르면 브라우저 엔진은 네트워크 인터페이스와 상호 작용하여 요청을 생성하고 응답을 처리한 후 렌더링 엔진에 적용합니다. 또한 웹 페이지 내의 자바스크립트 코드를 해석하고 실행하도록 자바스크립트 엔진과도 통신하며 로컬 스토리지, 쿠키 등의 데이터를 관리하는 인터페이스와 상호 작용하며 필요한 데이터를 저장하고 불러옵니다.

브라우저 엔진의 존재는 사용자에게 직접적으로 눈에 띄지 않지만, 웹 브라우저의 다양한 구성 요소 사이에서 원활한 상호 작용과 통신을 가능하게 하는 데 필수적입니다. 브라우저 엔진은 각 구성 요소가 독립적으로 기능하면서도, 필요할 때 서로 정보를 교환하고 작업을 조율하게 해줍니다. 또한, 브라우저 엔진은 서로 다른 구성 요소들 사이를 격리해 보안상의 위험을 사전에 방지하고 한 구성 요소의 오류가 다른 구성 요소에 영향을 미치는 것을 막는 중요한 역할을 합니다. 이를 통해 웹 브라우저는 더 안정적인 사용자 경험을 제공합니다.

렌더링 엔진

렌더링 엔진은 브라우저 엔진이 여러 인터페이스와 상호 작용하여 받아온 웹 페이지를 사용자가 보는 화면에 시각적으로 표현하는 역할을 합니다. 웹 서버에서 전송받은 HTML, XML, CSS 등의 마크업 언어와 스타일시트를 해석하고 처리하며, 그 결과를 사용자의 화면에 픽셀 그래픽 형태로 렌더링합니다. 렌더링 과정은 문서의 구조와 스타일 정보를 결합하여 사용자가 시각적으로 이해하고 상호 작용하는 형태로 표현하는 과정을 포함합니다.

널리 알려진 렌더링 엔진으로는 웹키트(Webkit)와 게코(Gecko)가 있습니다. 크롬은 웹키트를 기반으로 한 자체 렌더링 엔진인 블링크(Blink)를 사용하며, 파이어폭스(Firefox)는 게코, 사파리(Safari)는 웹키트를 사용합니다. 엔지니어가 HTML, CSS, 자바스크립트를 사용하여 웹 서비스를 개발하더라도 이를 해석하고 화면에 표시하는 것은 브라우저의 렌더링 엔진이 수행합니다. 서비스를 개발하다 보면 어떤 속성을 사용하려고 할 때 특정 브라우저에서 이를 지원하지 않아 사용할 수 없거나 폴리필(polyfill)을 적용해야 할 때가 있는데, 이는 해당 브라우저의 렌더링 엔진에서 이 속성을 지원하지 않기 때문입니다. 렌더링은 브라우저에서 화면을 표시하는 데 가장 중요한 역할을 하기에 이후 **2.2 브라우저가 화면을 렌더링하는 과정**에서 이 과정에 대해 상세하게 살펴봅니다.

Chrome	Edge	Safari	Firefox	Opera	IE
4-8				10.1	
① 9-22		3.1-13.1		① 11.5	
② 23-31	12-17	③ 14-15.6	2-64	② 12.1-18	
32-121	18-121	16.0-17.3	65-122	19-105	6-10
122	122	17.4	123	106	11
123-125		TP	124-126		

[2-4] 특정 기능에 대한 브라우저의 호환성

브라우저 호환성

MDN 공식 문서에서 HTML, CSS, 자바스크립트와 관련된 특정 속성을 검색하면 문서 하단의 브라우저 호환성(browser compatibility) 섹션에서 해당 속성을 어떤 브라우저가 지원하는지 확인할 수 있습니다. 브라우저도 계속해서 업데이트되므로 버전에 따른 지원 여부도 확인할 필요가 있습니다. 새로운 속성을 사용할 때 원하는 브라우저에서 해당 속성을 지원하는지를 꼭 확인하는 습관을 갖는 것이 좋습니다.

네트워킹 엔진

네트워킹 엔진은 브라우저에서 수행하는 모든 네트워크 요청을 처리하는 역할을 합니다. 일반적으로 브라우저가 웹 페이지 하나를 사용자에게 표시하려면 HTML, CSS, 자바스크립트를 비롯해 이미지, 폰트 등 수많은 리소스가 필요합니다. 대부분 이 리소스들은 브라우저 바깥, 즉 인터넷상에 존재합니다. 네트워킹 엔진은 브라우저 엔진과 소통하면서 이러한 리소스를 인터넷에서 가져오는 역할을 하며, 반대로 브라우저에서 사용자 입력 등의 변경 사항에 대해 서버에 리소스 요청을 보내야 할 경우 요청을 보내고 응답을 처리하는 일도 수행합니다.

현대의 웹 서비스들과 이를 렌더링하는 브라우저들은 보안상의 이유로 HTTP 대신 암호화 레이어가 추가된 HTTPS를 사용하는 것을 권장합니다. 암호화 레이어가 추가된 HTTPS를 사용하려면 HTTP 스트릭트 트랜스포트 시큐리티(HTTP Strict Transport Security,

HSTS)를 확인하거나 전송 계층 보안(Transport Layer Security, TLS) 핸드셰이크를 수행하는 등 여러 추가적인 과정이 필요한데 이 과정 역시 네트워킹 엔진에서 담당합니다.

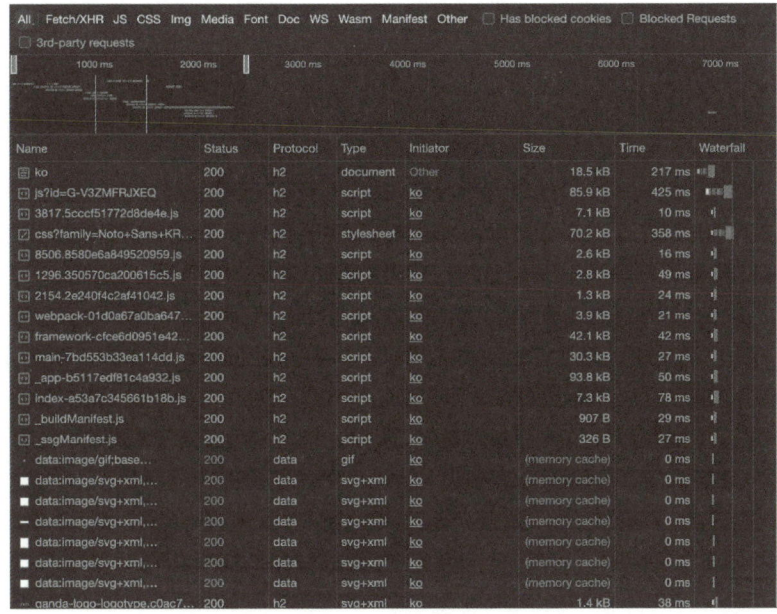

[2-5] 브라우저가 보내는 네트워크 요청

브라우저의 개발자 도구

모든 브라우저는 개발자 도구를 통해 콘솔, 네트워크 요청, 쿠키, HTML 요소 검사 등을 지원합니다. 브라우저의 개발자 도구를 열고 네트워크 탭을 클릭하면 브라우저가 보내는 여러 네트워크 요청을 자세하게 확인할 수 있습니다.

자바스크립트 엔진

자바스크립트 엔진은 자바스크립트 코드를 해석하고 실행하는 역할을 수행합니다. 브라우저 런타임(runtime)에서 자바스크립트는 문서 객체 모델(Document Object Model, DOM)이나 스타일 객체 모델(CSS Object Model, CSSOM)을 직접 조작하는데, 이는 실제로 사용자에게 보일 화면에 어떤 요소들이 그려질지를 조작한다는 의미입니다. 따라서 자바스크립트 실행기는 스크립트를 실행한 결과를 바탕으로 렌더링 엔진과 상호 작용하는 역할도 수행합니다.

널리 알려진 자바스크립트 실행기로는 크롬에서 사용하는 V8이 있습니다. 렌더링 엔진과 마찬가지로 브라우저마다 각기 다른 자바스크립트 실행기를 사용하는데 크롬은 V8[4], 파이어폭스는 스파이더몽키(SpiderMonkey), 사파리는 니트로(Nitro)를 사용합니다.

UI 백엔드

UI 백엔드는 운영 체제 환경(윈도우, 리눅스, 맥OS, 안드로이드, iOS 등)에 드롭다운 리스트, 창 등의 기본적인 UI 요소를 그리는 인터페이스를 제공합니다. 이러한 인터페이스의 특징은 플랫폼에 독립적이라는 것입니다. 즉 서로 다른 운영 체제에서는 각자의 방식으로 브라우저의 기능과는 독립적인 스크롤바, 입력 상자 등 UI를 관리하고 표시합니다. UI 백엔드가 이런 방식으로 동작하기 때문에 동일한 크롬 브라우저라도 맥OS에서 스크롤바가 표시되는 모습과 윈도우에서 스크롤바가 표시되는 모습이 조금씩 다릅니다.

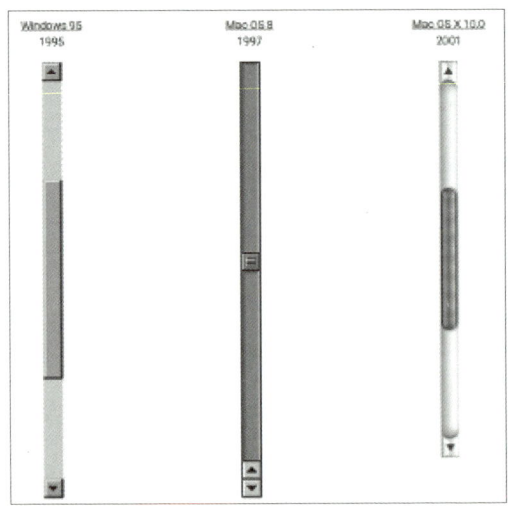

[2-6] 운영 체제별 스크롤바

UI 백엔드는 운영 체제에서 제공하는 UI 메서드를 사용하여 플랫폼에 독립적으로 UI 요소들을 표시합니다. 크롬은 2D 그래픽 라이브러리이자 크로스 플랫폼 도구인 스키아(skia)를 사용하여 브라우저에 UI 요소들을 그립니다.

---

[4]. V8은 자바스크립트 인터프리터이지만, 동시에 웹 어셈블리(WebAssembly) 인터프리터이기도 합니다.

데이터 영속성

데이터 영속성(data persistence)은 브라우저에서 쿠키 등 여러 형태의 데이터 저장 메커니즘을 지원합니다. 쿠키 이외에도 로컬 스토리지, 세션 스토리지, 캐시 등의 기술을 활용하여 웹 페이지와 관련된 데이터를 지속해서 저장합니다.

일부 웹 서비스는 오프라인에서도 좋은 사용자 경험을 제공해야 하고 오프라인을 지원할 필요가 없더라도 이미 브라우저에서 특정 세션에 대한 데이터를 저장했다면 매번 웹 서버에 요청을 보낼 필요가 없습니다. 특히 자주 사용되는 사용자 인증 방식 중 하나인 쿠키 인증 방식은 브라우저에서 세션 정보를 쿠키로 저장하고 요청마다 이 정보를 네트워크 요청에 포함하기에 가능한 방식입니다. 이처럼, 데이터 영속성은 웹 서비스에 필요한 여러 정보를 저장하고 빠르게 불러오도록 여러 데이터 저장 장치와 방식을 지원합니다.

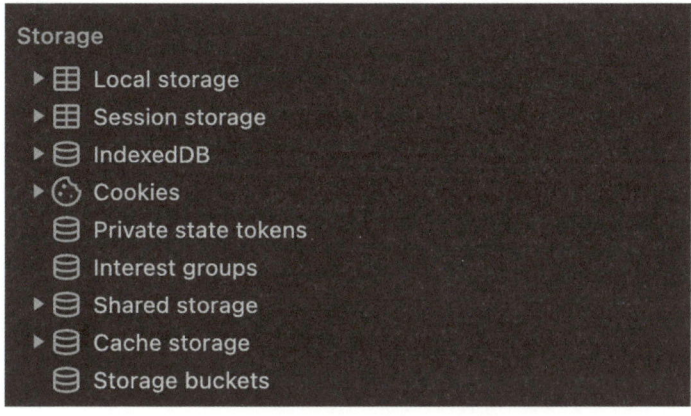

[2-7] 브라우저에서 관리하는 여러 데이터 저장소

2.1.2 크롬과 크로미엄은 뭐가 다를까?

웹 생태계에는 크롬, 파이어폭스, 사파리 등 수많은 브라우저가 존재합니다. 다만 여기서는 여러 브라우저 사이의 차이점이나 세부 사항을 다루기보다는 크롬 브라우저만을 중점적으로 살펴봄으로써, 브라우저의 구성 요소와 동작 원리를 이해하는 데 초점을 맞추려 합니다.

웹 생태계에서 대부분의 점유율을 차지하는 브라우저들은 거의 크로미엄(Chromium)을 기반으로 작성됩니다. 그리고 크롬 브라우저[5]는 크로미엄을 사용해 만들어진 현시점에 가장 유명하고 점유율 높은 브라우저입니다. 크롬은 구글(Google)에서 공식적으로 관리하는 브라우저이므로 공식 문서나 자료 요청(Request For Comments, RFC) 등 공신력 있는 정보로 브라우저의 동작 원리와 구성 요소를 학습하기에 용이합니다.

또한 크롬 브라우저가 웹 서비스를 제공하고자 지키는 여러 규칙은 크롬 브라우저만의 독자적인 규칙이 아니라 서로 다른 브라우저들 사이에서 권장되는 표준 규칙입니다. 따라서 크롬 브라우저가 동작하는 방식을 이해하는 것은 다른 브라우저들이 어떻게 동작하는지를 이해하는 데도 도움을 줍니다.

브라우저의 동작 원리를 전반적으로 이해하도록 크롬 브라우저를 기반으로 설명할 것이고 이 크롬 브라우저는 크로미엄을 기반으로 만들어졌다고 했습니다. 그렇다면 크롬과 크로미엄은 무엇이 다를까요?

---

[5] 스탯카운터에서 집계한 자료에 따르면 2025년 기준 크롬 브라우저의 점유율은 60~80% 사이로 2위 사파리 브라우저의 점유율이 10%대이고, 크로미엄 기반인 3위 엣지 브라우저의 점유율도 10%대인 것을 감안하면 사실상 대부분의 사용자가 크로미엄 기반의 브라우저를 사용한다고 할 수 있습니다.

RFC

인터넷 기술 구현에 필요한 절차 및 형식, 연구 결과 등을 제공하는 간행물을 의미합니다. 거의 모든 인터넷 표준은 항상 RFC로 문서화됩니다.

1. RFC 791은 인터넷 프로토콜(Internet Protocol, IP)을 정의합니다.
2. RFC 793은 전송 제어 프로토콜(Transmission Control Protocol, TCP)을 설명합니다.
3. RFC 2616은 HTTP/1.1 프로토콜을 정의합니다.
4. RFC 5321은 간이 우편 전송 프로토콜(Simple Mail Transfer Protocol, SMTP)을 규정합니다.

이러한 RFC 문서들은 네트워크 프로토콜, 절차, 프로그램, 개념 등 인터넷 관련 기술의 표준을 제시합니다. RFC는 기술 커뮤니티의 검토와 의견을 거쳐 발전하며, 이를 통해 인터넷 기술의 일관성과 호환성을 유지합니다.

크로미엄

크로미엄(Chromium)은 구글에서 2008년에 시작한 오픈 소스 웹 브라우저 프로젝트[6]입니다. 구글 크롬 브라우저를 위해 만들어지기는 했지만, 오픈 소스 프로젝트이므로 구글 직원이 아니더라도 누구나 크로미엄의 소스 코드에 접근해 소스 코드에 기여할 수 있으며, 크로미엄을 기반으로 여러 기능을 추가해 새로운 브라우저를 만들 수 있습니다.

크로미엄 자체는 기본적인 웹 브라우저 기능만을 제공하며, 자동 업데이트 기능을 지원하지 않습니다. 따라서 실제로 크로미엄 자체를 브라우저로 사용하는 경우는 드물고 자동 업데이트 추가, 보안 강화, UI 개선 등 보완하여 크롬과 같은 브라우저를 만들어 사용자에게 제공합니다.

---

6. 웹 브라우저 프로젝트뿐 아니라 크롬 OS를 위한 운영 체제 프로젝트도 포함하는 의미로 사용되기도 하지만, 여기서는 웹 브라우저 프로젝트만 다룹니다.

[2-8] 크로미엄 메인 홈페이지

크롬

크롬(Chrome)은 크로미엄을 기반으로 한 구글의 상용 버전 웹 브라우저입니다. 크로미엄의 소스 코드에 추가 기능, 디자인 변경, 보안 패치 등을 포함해 만들어진 것으로 크로미엄에서 제공하지 않는 기능들이 추가되었습니다. PDF 뷰어, 구글 브랜드 및 자동 업데이트 기능 등이 포함됩니다. 즉, 크로미엄은 브라우저의 핵심 기능들을 포함하는 알맹이이고 크롬, 엣지, 브레이브 등 크로미엄 기반 브라우저는 이 크로미엄에 UI 업데이트와 보안 패치를 비롯한 개선 사항들을 적용한 상용 브라우저입니다.

여러 회사나 조직에서는 크로미엄을 기반으로 자신들만의 웹 브라우저를 만듭니다. 이때 각각의 브라우저는 크로미엄의 기본 구조와 핵심 엔진은 공유하지만, 그 외의 UI 디자인, 기능 추가/제거, 보안 정책, 데이터 수집 방식 등에서 차이를 보입니다. 예를 들면 마이크로소프트에서 만든 엣지 브라우저는 크로미엄을 기반으로 만들어졌지만 마이크로소프트와의 서비스 통합 등 편의 기능이 추가되었고, 브레이브 브라우저는 광고 차단과 사용자의 프라이버시를 보호하는 여러 보안 기능이 추가되었습니다.

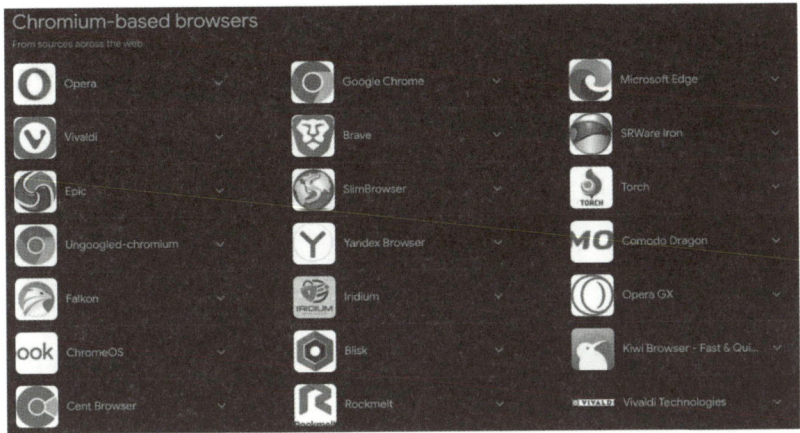

[2-9] 크로미엄 기반 브라우저들

서로 다른 브라우저가 제작자의 의도와 목표에 따라 서로 다른 기능들을 제공하더라도, 크로미엄을 기반으로 개발되었다면 크로미엄에서 제공하는 기본적인 엔진들을 사용하며, 이에 기반한 렌더링 프로세스를 따르게 됩니다. 따라서 웹 페이지를 렌더링하는 크롬 브라우저의 기본적인 동작 방식을 이해하는 것은 엣지(Edge)나 브레이브(Brave) 등 크로미엄 기반의 다른 브라우저들의 동작을 이해하는 것과 거의 동일합니다.

2.1.3 브라우저가 지켜야 하는 여러 규칙

크롬 브라우저는 상용 브라우저 시장의 65% 이상을 점유하고, 크롬 브라우저를 구성하는 크로미엄은 엣지 브라우저 등 다른 점유율 높은 브라우저들을 구성하는 요소이기도 합니다. 따라서 크롬 브라우저에서 웹 서비스가 제공되는 방식을 이해하는 것은 사실상 70~80%에 달하는 웹 브라우저 사용자에게 웹 서비스가 제공되는 방식을 이해하는 것이라고 할 수 있습니다.

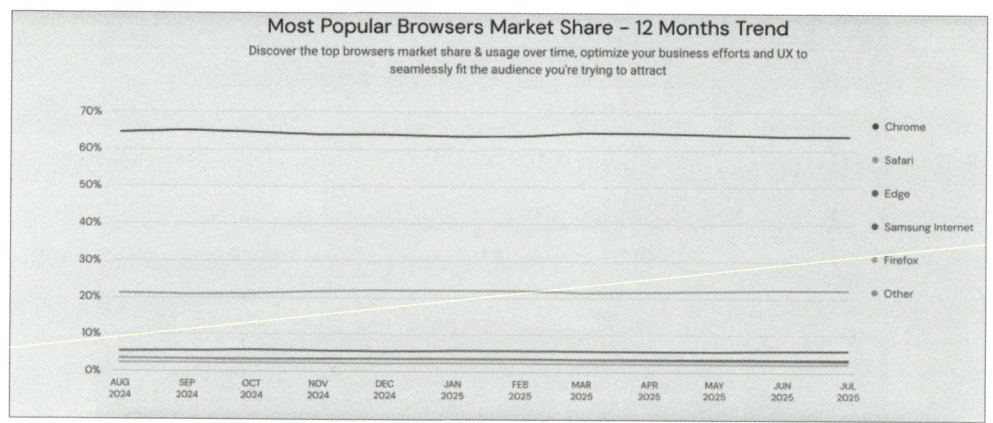

[2-10] 2025년 브라우저의 시장 점유율 추이 (출처: browserstack.com)

하지만 브라우저의 전체 시장은 매우 큽니다. 실제로 브라우저 시장의 1%만 차지하는 브라우저라도 브라우저를 사용하는 전체 사용자가 수십억 명이 넘는다는 사실을 고려해 본다면 최소한 수천만의 사용자가 있다는 의미입니다. 따라서 크롬 브라우저가 동작하는 방식을 이해하는 것은 크로미엄 기반 브라우저의 동작 방식을 이해하는 것이지 모든 브라우저의 동작 방식을 이해한다고 보기는 어려울 것입니다.

다행히도 크롬 브라우저는 자신만의 규칙으로 만들어진 독자적인 브라우저가 아닙니다. 물론 세부 구현에서는 브라우저마다 각자의 차이가 있을 수밖에 없지만, 기본적으로 웹 서비스를 제공하려면 네트워크 통신은 어떻게 해야 하며 HTML은 어떤 규칙으로 파싱해야 하고 이들을 어떤 순서로 렌더링해야 하는지 등 중요한 규칙들은 모든 브라우저가 지켜야 하는 표준 인터페이스를 따라야 합니다.

이러한 인터페이스는 W3C, WHATWG, ECMA 인터내셔널 등 국제 웹 표준 단체에서 정하며 현대의 모든 웹 서비스는 이런 규칙들을 지켜서 만들어지고 브라우저들도 이러한 규칙들을 지켜서 동작합니다. 이러한 규칙을 웹 표준 인터페이스라 합니다. 크롬 브라우저를 통해서 브라우저가 어떻게 동작하는지를 알아보지만 이 크롬 브라우저가 다른 브라우저들도 지켜야 하는 웹 표준 인터페이스에서 구현된 것이므로 파이어폭스 또는 사파리 등 다른 브라우저에서도 비슷한 방식으로 동작할 것으로 기대됩니다.

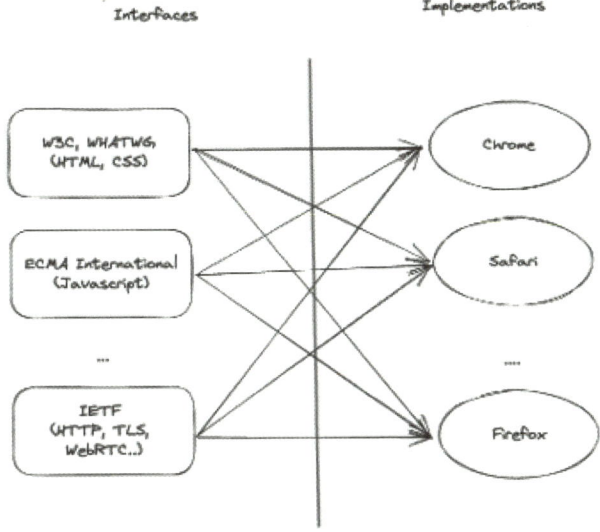

[2-11] 브라우저와 표준 인터페이스 사이의 관계

그렇다면 브라우저는 어떤 인터페이스들을 구현한 것일까요? 웹 서비스와 브라우저가 지켜야 하는 표준 인터페이스를 정의하는 주요 집단에는 대표적으로 W3C와 WHATWG가 있습니다. 이 외에도 IETF와 ECMA 인터네셔널이 네트워크와 자바스크립트 등 웹 기술에 대한 명세를 관리합니다.

W3C

월드 와이드 웹 컨소시엄(World Wide Web Consortium, W3C)은 1994년 웹의 발명자로 인정받는 팀 버너스-리에 의해 설립되었습니다. 웹이 상업적으로 급속히 확산하면서, 표준화가 필요하다는 요구에 의해 설립되었으며, HTML, XML, CSS, SVG, 웹 접근성 가이드라인 등 다양한 웹 표준을 개발하고 관리하는 단체입니다.

W3C에서는 현대의 웹 서비스에 필수 요소인 HTML5, CSS, DOM 등을 최초로 표준화했습니다. HTML, DOM에 대한 표준 스펙은 최근 리빙 스탠더드(living standards)를 관리하는 WHATWG에서 제공하지만 CSS의 표준 스펙은 여전히 W3C에서 관리합니다.

[2-12] W3C의 홈페이지

브라우저는 W3C에서 지정한 CSS 표준을 지키도록 구현되며 예를 들어 자식 요소 선택자를 어떻게 정의하고 해석할지를 W3C에서 정하면 브라우저는 해당 선택자로 작성된 CSS 요소를 보고 자식 요소 선택자로 해석하고 스타일을 적용하도록 구현됩니다.

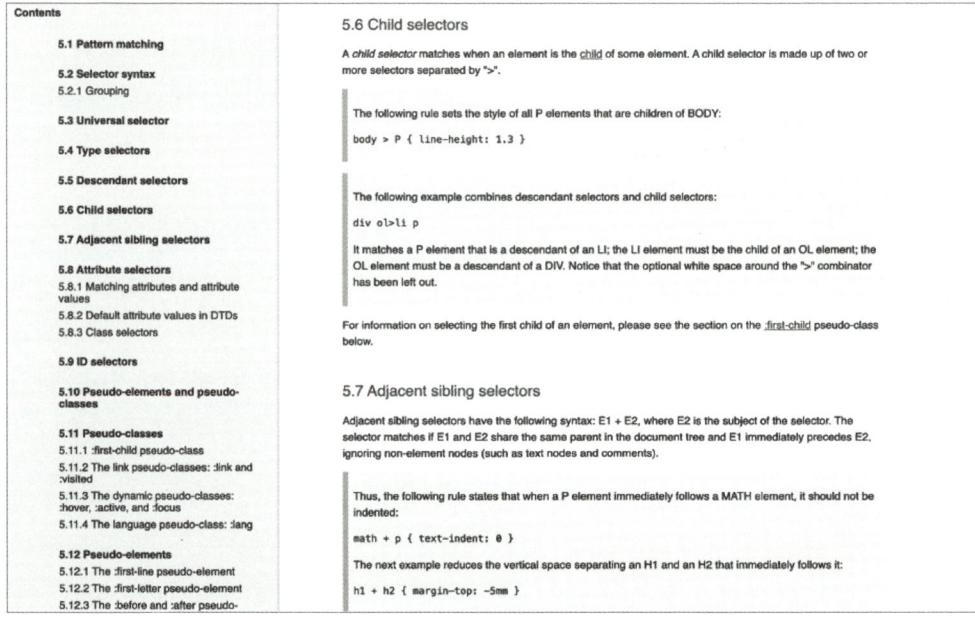

[2-13] W3C에서 관리하는 CSS 표준 문서

WHATWG

WHATWG(Web Hypertext Application Technology Working Group)은 W3C의 설립 이후 2004년 모질라(Mozilla), 애플(Apple), 오페라(Opera) 등의 브라우저 벤더들이 W3C가 웹 서비스에 대한 충분한 관심을 기울이지 않는다고 판단하여 지속해서 웹 서비스와 브라우저가 지켜야 할 여러 표준을 관리하려고 설립한 단체입니다.

WHATWG에서는 HTML, DOM, Fetch API 등 웹 표준의 리빙 스탠더드를 제공합니다. 즉, 지속해서 업데이트되는 온라인 명세를 관리하며, 크롬을 포함한 현재의 브라우저들이 지켜야 할 HTML, DOM에 대한 명세를 제공합니다. HTML과 DOM 이외에도 스토리지(storage), 스트림(stream), 콘솔(console), 웹소켓(websocket), 호환성(compatibility), URL 등 웹 표준에 핵심적인 여러 명세를 관리합니다.

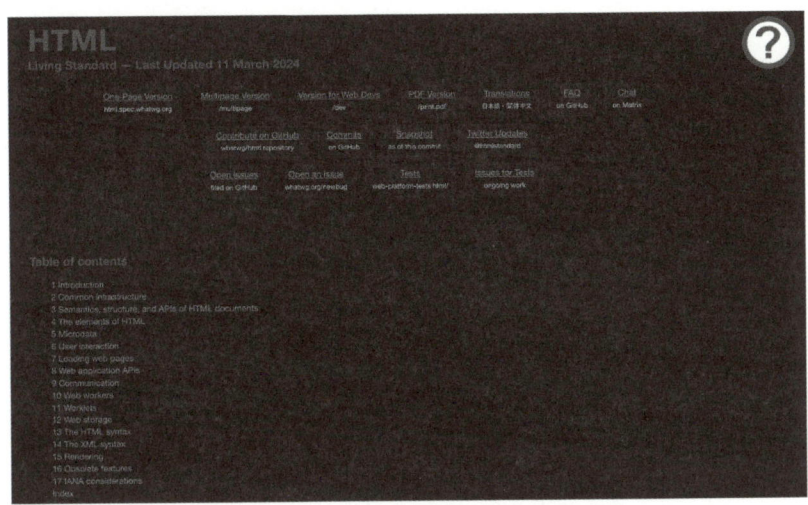

[2-14] WHATWG에서 제공하는 HTML 표준 문서

예를 들어, WHATWG에서 HTML 태그의 시작과 끝을 나타내는 기준을 정의하면 브라우저는 웹 서버에서 HTML 파일을 받아 파싱을 시작하려 할 때 이 기준을 지켜 요소들을 식별합니다. 즉, HTML 파일을 읽으면서 <div>라는 스트링을 만나면 화살괄호(<, >)를 보고 div라는 의미가 있는 태그임이 인식됩니다.

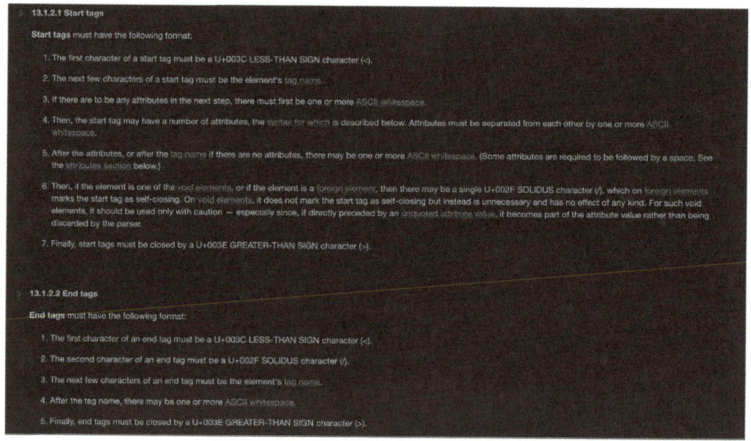

[2-15] WHATWG에서 제공하는 HTML 규칙의 일부

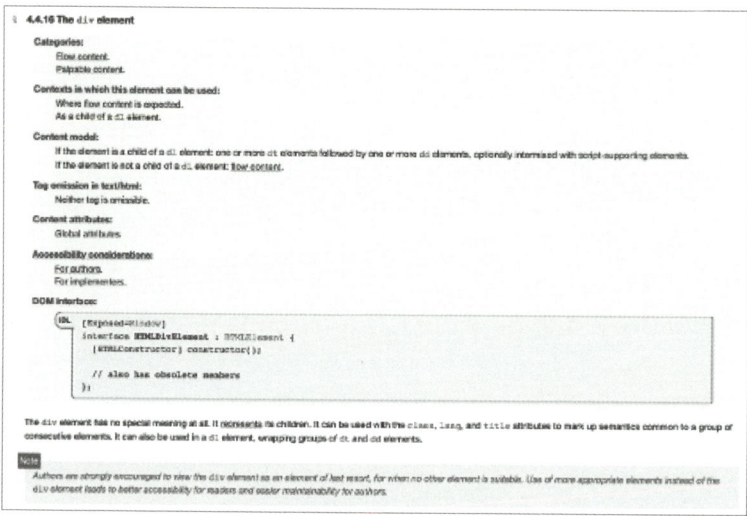

[2-16] div 요소의 정의와 인터페이스

IETF

인터넷 엔지니어링 태스크 포스(Internet Engineering Task Force, IETF) 1986년 웹에서 사용되는 인터넷 프로토콜을 표준화하고 개발하려고 설립되었습니다. HTTP, TLS, WebRTC 등의 인터넷 프로토콜과 관련된 RFC를 발행하는 단체이며, HTTP/1.1과 HTTP/2 그리고 최근의 HTTP/3 등을 표준화했습니다. IETF에서 발행한 중요한 RFC들은 다음과 같습니다.

- RFC 791: IP(Internet Protocol)
- RFC 793: TCP(Transmission Control Protocol)
- RFC 2616: HTTP/1.1
- RFC 7540: HTTP/2
- RFC 2818: HTTPS(HTTP over TLS)
- RFC 2109 & RFC 2965: Cookies
- RFC 6455: WebSocket Protocol
- RFC 1034 & RFC 1035: DNS(Domain Name System)
- RFC 3986: URI(Uniform Resource Identifier)

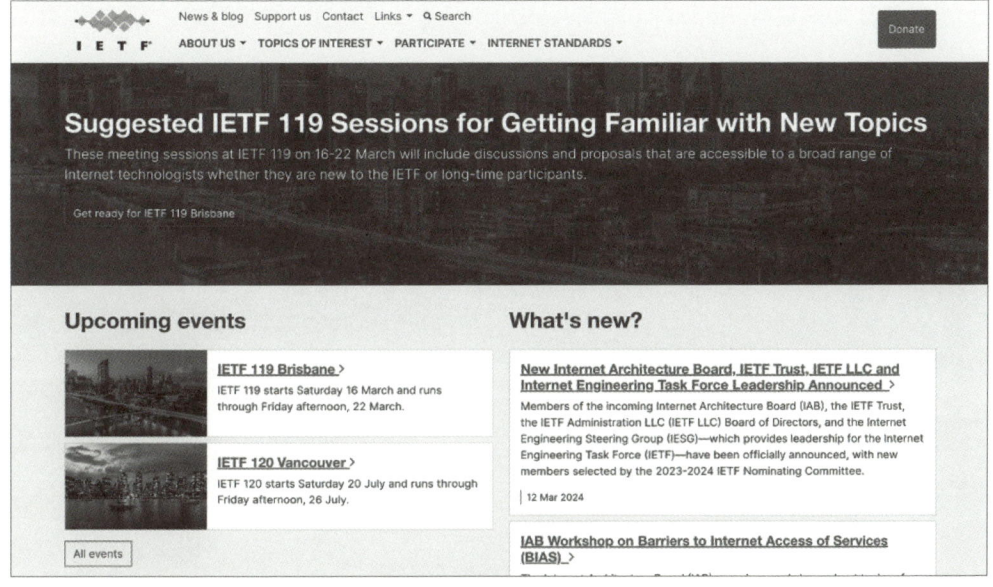

[2-17] IETF의 메인 홈페이지

이후 브라우저가 웹 페이지를 어떻게 렌더링하는지를 살펴보면서 도메인 네임에서 IP 주소를 획득하는 도메인 네임 시스템 리졸브(Domain Name System Resolve, DNS Resolve)나 보안 레이어가 추가된 HTTPS 연결 등의 네트워크 요소들을 살펴볼 텐데, 브라우저는 이러한 네트워크 규칙들을 IETF의 RFC 명세를 기반으로 구현합니다.

ECMA 인터내셔널

ECMA 인터내셔널(European Computer Manufacturers Association International, ECMA International)은 1961년에 설립되었습니다. 원래는 유럽 컴퓨터 제조업체들의 표준화 단체였지만, 후에는 자바스크립트 등 정보 및 통신 기술에 대한 국제 표준들을 규정하는 단체로 바뀌었습니다. ECMAScript[7], JSON 등을 표준화하여 웹에서 동작하는 스크립트가 어떻게 구현되어야 하는지를 정합니다.

이 외에도 통신, 압축, 암호화, 데이터 저장에 대한 표준이나 C# 언어의 표준 등을 정합니다. ECMA 인터내셔널에서 정하는 ECMAScript는 자바스크립트의 핵심 기능만을 정의하기 때문에, 웹 브라우저나 서버 환경(Node.js) 등 호스트 환경에서 제공되는 기능들은 정의하지 않습니다. 웹 브라우저에서 자바스크립트로 DOM을 조작하는 명세의 경우 WHATWG에서 정의하고 있습니다.

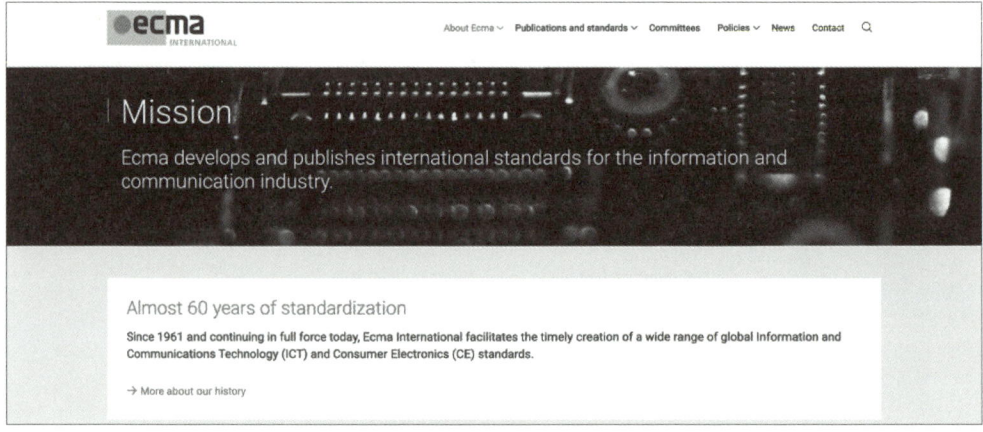

[2-18] ECMA 인터내셔널의 메인 홈페이지

브라우저는 여러 단체가 오랜 시간에 걸쳐 정한 표준 인터페이스들을 지켜서 구현되었습니다. HTML이나 CSS를 어떻게 처리해야 하는지, HTTP 쿠키나 헤더(header)를 어떻게 관리해야 하는지, 자바스크립트의 실행 컨텍스트나 호이스팅 등의 개념을 어떻게 구현해야 하는지 등의 기능들은 모두 이 표준 인터페이스들에 명시되어 있어 서로 다른 브라우저라도 동일한 인터페이스에 맞게 구현될 것으로 기대합니다.

---

7. 자바스크립트의 표준 명세를 의미합니다. 한글로 '에크마 스크립트'라고 부릅니다.

웹의 호환성 문제를 해결하는 방법

여러 단체에서 정한 표준 인터페이스 덕분에, 서로 다른 브라우저가 동일한 웹 인터페이스하에서 동작하게 되었습니다. 하지만 웹은 끊임없이 발전하는 플랫폼이며 이에 따라 웹이 지켜야 하는 규칙들도 변합니다. 그러나 모든 브라우저가 이러한 표준과 기술의 발전 속도를 따라가지는 않으며 규칙에 포함된 모든 인터페이스를 구현하지도 않습니다. 동일한 브라우저라도 사용자가 새로운 버전으로 업데이트하지 않고 사용하는 경우, 사용자는 브라우저가 새로운 버전에서 구현한 규칙을 사용할 수 없습니다.

따라서 표준 인터페이스에 명시된 어떤 기능을 사용하여 웹 서비스를 개발하는 경우, 어떤 브라우저의 어떤 버전까지 지원할지를 정하고 이 기능이 해당 버전이나 해당 브라우저를 지원하는지를 확인하는 과정이 필요합니다. 만약 지원해야 하는 브라우저가 해당 규칙을 아직 지원하지 않는다면 이에 필요한 다른 방법을 찾아야 합니다.

예를 들어, 인터섹션 옵저버 API(Intersection Observer API)는 사파리 12.1 버전 이후에 크롬 51 버전 이후에 지원되는 웹 API입니다. 따라서 내가 개발하는 웹 서비스가 크롬 51 버전보다 낮은 버전의 브라우저를 지원해야 한다면 해당 브라우저에서도 의도한 대로 애플리케이션이 동작하게 하는 수단이 필요합니다. 이에 등장한 개념이 폴리필입니다.

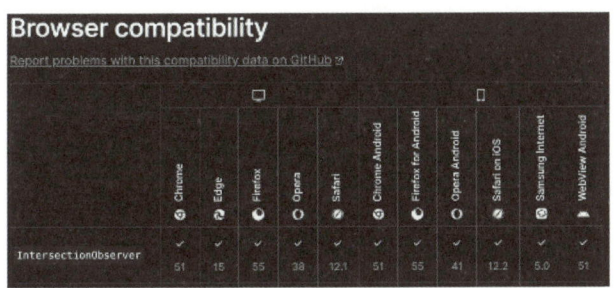

[2-19] MDN 공식 문서에 명시된 인터섹션 옵저버의 브라우저 지원 여부

폴리필은 웹 서비스 개발에서 브라우저 간의 미세한 구현 차이나 미지원 기능을 보완하고자 사용하는 코드 조각입니다. 즉, 새로운 웹 표준 기능이나 API를 아직 구현하지 않은 브라우저에서도 동일한 기능을 사용할 수 있도록 개발자가 직접 구현합니다.

폴리필은 해당 기능을 지원하는 브라우저에서는 아무런 영향을 미치지 않도록 설계되며, 해당 기능을 지원하지 않는 브라우저에서만 동작하도록 구현됩니다.

```
// Exit early if we're not running in a browser.
if (typeof window !== 'object') {
  return;
}

// Exit early if all IntersectionObserver and IntersectionObserverEntry
// features are natively supported.
if ('IntersectionObserver' in window &&
    'IntersectionObserverEntry' in window &&
    'intersectionRatio' in window.IntersectionObserverEntry.prototype) {

  // Minimal polyfill for Edge 15's lack of `isIntersecting`
  // See: https://github.com/w3c/IntersectionObserver/issues/211
  if (!('isIntersecting' in window.IntersectionObserverEntry.prototype)) {
    Object.defineProperty(window.IntersectionObserverEntry.prototype,
      'isIntersecting', {
      get: function () {
        return this.intersectionRatio > 0;
      }
    });
  }
  return;
}
```

[2-20] 인터섹션 옵저버 API의 공식 폴리필 중 일부

폴리필을 사용하면 웹 표준 인터페이스에 명시된 기능을 브라우저에서 아직 구현하지 않았더라도 자바스크립트를 통해 해당 기능을 사용하게 할 수 있습니다. 물론 브라우저에서 공식으로 지원하는 것이 아닌 엔지니어가 자바스크립트를 통해 임시로 지원하는 기능이다 보니 브라우저에서 지원하는 방식에 비해 성능이 떨어지고 안정적이지 못하다는 단점이 있습니다. 폴리필은 언제까지나 임시방편에 불과하기에 사용자에게 폴리필을 통해 특정 기능을 제공할 때는 항상 주의가 필요합니다.

한 가지 주목할 만한 점은 폴리필이 등장한 이유가 브라우저의 명세와 구현이 명확하게 분리되기 때문이라는 것입니다. 웹 표준 인터페이스를 통해 브라우저가 지켜야 하는 명세가 존재하고 브라우저는 이를 각자의 방식으로 구현하여 제공합니다. 폴리필은 인터페이스에는 정의되나 브라우저에서 구현하지 않아 지원되지 않는 기능을 지원하는 장치입니다.

표준 인터페이스를 사용해서 웹 서비스를 만들고 여러 브라우저에서 이를 사용할 때 내 브라우저에서는 제대로 동작하는 코드가 상대방의 브라우저에서는 제대로 동작하지 않는다면 그것은 상대방의 브라우저가 아직 해당 인터페이스를 구현하지 않았기 때문이며 이는 웹 서비스 개발을 어렵게 하는 이유 중의 하나입니다.

2.1.4 브라우저의 멀티 프로세스 아키텍처

크로미엄 공식 문서[8]에 소개된 크로미엄의 디자인 아키텍처를 보면 브라우저가 웹 서비스의 화면을 렌더링하려고 여러 개의 프로세스를 사용함을 알 수 있습니다. 공식 문서에 첨부된 디자인 도면에는 렌더러 프로세스와 브라우저 프로세스만 표시되지만, 문서를 조금 더 확인해 보면 눈에 보이는 이 두 가지 프로세스 외에도 네트워크와 관련된 일을 담당하는 프로세스와 GPU를 사용해서 화면을 실제로 그리는 일을 담당하는 GPU 프로세스가 있습니다.

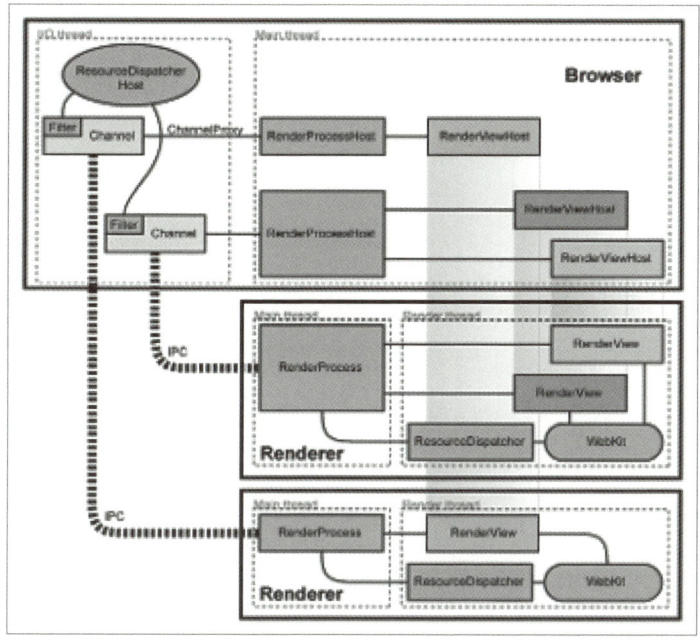

[2-21] 크로미엄 공식 문서에 소개된 크롬 브라우저의 멀티 프로세스 아키텍처 (출처: chromium.org)

---

8. 크로미엄의 공식 문서 중 『크로미엄의 멀티 프로세스 아키텍처』 www.chromium.org/developers/design-documents/multi-process-architecture/

사실, 브라우저의 거의 모든 구성 요소는 별도의 프로세스(process) 혹은 스레드(thread)로 이루어집니다. 사용자가 크롬 브라우저를 사용할 때 여러 개의 탭을 열어두고 사용하는 경우가 많은데 크롬 브라우저에서는 크롬의 각 탭도 별도의 프로세스로 동작[9]합니다.

[2-22] 별도의 프로세스로 동작하는 크롬 브라우저의 각 탭

물론, 브라우저가 업데이트됨에 따라 특정 역할을 하는 프로세스의 이름이 바뀌기도 하고 여러 프로세스로 나뉘어 처리되던 것이 하나의 프로세스 내에서 여러 스레드를 통해 처리되기도 합니다. 하지만 중요한 것은 이런 세부 사항을 이해하는 것이 아니라 브라우저가 멀티 프로세스 모델을 사용해서 역할과 책임을 분리한다는 것을 이해해야 합니다. 브라우저가 멀티 프로세스 모델을 사용해서 동작하는 이유는 크게 보안 향상과 모듈화 때문입니다.

보안 향상

> 웹 브라우저의 렌더링 엔진을 완벽하게 안전하게 만들기는 거의 불가능합니다. 어떤 면에서 2006년경의 웹 브라우저 상태는 과거의 단일 사용자, 협력적 멀티태스킹 운영 시스템과 유사했습니다. 이러한 운영 시스템에서 잘못된 애플리케이션이 전체 시스템을 다운시킬 수 있듯이 잘못된 웹 페이지 하나가 웹 브라우저와 현재 실행 중인 모든 탭을 다운시킬 수 있었습니다. 렌더링 엔진이나 플러그인 버그 하나만으로 전체 브라우저와 모든 현재 실행 중인 탭을 다운시킬 수 있었습니다.
>
> 현대의 운영 시스템은 애플리케이션을 서로 분리된 프로세스로 두어 더 견고합니다. 한 애플리케이션에서 발생한 충돌은 다른 애플리케이션 또는 운영 시스템의 무결성을 손상하지 않으며, 각 사용자가 다른 사용자의 데이터에 접근하는 것은 제한됩니다. 크로미엄의 아키텍처는 이러한 더 견고한 설계를 목표로 합니다.
>
> – 크로미엄 공식 문서

---

9. 조금 더 엄밀하게 말하면 '별도의 프로세스일 수 있다'가 더 적합합니다. 크롬 브라우저는 수많은 탭이 열려 있을 때 이들 모두를 별도의 프로세스로 관리하지는 않으며, 메모리를 아끼려고 활성화 상태가 아닌 여러 개의 탭을 하나의 프로세스로 묶어 관리하기도 합니다.

프로세스는 별도의 메모리 공간과 실행 흐름을 갖는 실행 중인 프로그램의 인스턴스를 의미합니다. 만약 브라우저의 모든 동작이 하나의 프로세스로 구성되어 있다면 네트워크를 요청하는 코드의 흐름에서 발생한 에러가 전체 실행 중인 프로그램의 동작에 영향을 미칠 것입니다. 마찬가지로 주소창의 입력을 처리하는 코드의 흐름에서 발생한 보안 취약점이 전체 실행 중인 프로그램의 동작에 영향을 미칠 것입니다.

이러한 문제점을 개선하고자 브라우저는 서로 다른 동작을 하는 코드의 흐름을 별도의 프로세스로 분리함으로써, 하나의 프로세스에서 발생하는 문제가 다른 프로세스에 영향을 미치지 않도록 했습니다. 이것이 크롬 브라우저의 한 탭에서 문제가 발생하더라도 다른 탭에서의 동작이 영향받지 않는 이유입니다. 예를 들어 브라우저는 네트워크 요청을 처리하는 코드의 흐름을 별도의 프로세스로 분리함으로써 렌더러 프로세스에서 발생할 잠재적인 보안 취약점을 최소화합니다. 악성 코드가 렌더러 프로세스의 취약점을 사용하여 브라우저의 다른 기능을 악용하지 못하게 하는 것입니다.

코드의 모듈화 및 성능 향상

서로 다른 기능을 하는 코드의 흐름을 서로 다른 프로세스로 분리하면 각각의 구현이 역할과 책임에 따라 독립적으로 관리됩니다. 이는 코드의 역할과 책임을 명확하게 함으로써, 각 코드의 유지보수 및 업데이트를 용이하게 합니다. 크롬 브라우저는 렌더링 과정 중에 레이아웃 과정만 담당하는 팀이 따로 있을 정도로 많은 엔지니어가 협력해 개발됩니다. 따라서 이렇게 역할과 책임이 명확하게 분리되면 브라우저의 동작을 제어하기가 상대적으로 쉬워집니다.

또한 브라우저는 멀티 프로세스 아키텍처(multi-process architecture)를 채택함으로써 현대 컴퓨터 시스템에서 지원하는 병렬 처리와 멀티 코어 CPU의 이점을 최대화합니다. 서로 다른 프로세스가 서로 독립적으로 동작하면 병렬 처리의 이점을 활용할 수 있으므로 전체 브라우저의 반응성과 성능이 향상됩니다. 예를 들면 네트워크를 다루는 프로세스와 렌더링을 다루는 프로세스가 별도로 동작해 네트워크에서의 블로킹이 브라우저가 렌더링을 수행하는 데 영향을 미치지 않습니다.

지금까지의 여정

1. 웹이 어떻게 동작하는지를 이해하려면 브라우저가 어떻게 구성되고 어떻게 동작하는지를 이해하는 것이 중요합니다. 브라우저는 웹에 대한 모든 것을 다룹니다.

2. 브라우저는 HTML 문서를 파싱하고 웹 페이지를 화면에 렌더하는 역할뿐 아니라, 네트워크를 요청하고 HTTPS 커넥션을 맺고 사용자가 입력한 URL에 대해 DNS 리졸브도 수행하고 여러 저장소를 관리하는 등 수많은 기능을 수행합니다.

3. 현시점에서 가장 점유율이 높은 브라우저는 크로미엄 기반의 크롬 브라우저입니다. 크롬 이외에도 마이크로소프트 엣지, 네이버 웨일, 브레이브 등 크로미엄을 기반으로 만들어진 브라우저들의 점유율을 모두 합치면 80% 이상입니다. 따라서 크로미엄이 어떻게 동작하는지를 이해하는 것은 전반적인 브라우저가 어떻게 동작하는지를 이해하는 데 도움이 됩니다.

4. 많은 브라우저가 있지만, 브라우저들이 지켜야 하는 약속된 인터페이스들이 있습니다. HTML, CSS, ECMAScript, HTTP 등 각각의 기능에 대한 규칙을 논의하고 공유하는 여러 단체가 있고, 브라우저는 이 규칙들을 지켜 구현됩니다.

5. 이러한 약속된 인터페이스들이 있지만, 모든 브라우저가 이를 전부 구현하지는 않습니다. 즉, 웹과 인터페이스의 발전 속도를 브라우저가 항상 맞춰서 따라가지는 않습니다. 그렇기 때문에 새롭게 추가된 인터페이스에 대해 어떤 브라우저는 구현되고 어떤 브라우저는 구현되지 않으며, 이러한 문제를 해결하고자 등장한 방법이 폴리필입니다.

6. 브라우저는 보안 및 성능을 향상하고자 멀티 프로세스 아키텍처를 사용합니다. 실제로 크롬 브라우저는 각 탭을 구성하는 별도의 렌더러 프로세스들이 있으며 브라우저 프로세스도 별도로 구성됩니다.

2.2 브라우저가 화면을 렌더링하는 과정

지금까지 서로 다른 브라우저가 지켜야 하는 여러 인터페이스에 대해서 살펴보고, 브라우저를 구성하는 여러 요소와 이들 사이의 상호 작용에 대해 살펴보았습니다. 이제 사용자가 방문하려는 웹 페이지의 도메인 주소를 브라우저의 주소창에 입력한 후 웹 페이지가 브라우저의 화면에 나타나기까지 실제로 어떤 일들이 일어나는지를 알아보겠습니다. 하나의 웹 페이지를 화면에 보여줄 때까지 브라우저는 수많은 작업을 수행하므로 전체적인 흐름과 이 속에서의 여러 요소 간의 상호 작용을 이해하는 것은 웹이 어떻게 동작하는지를 이해하는 데 매우 중요합니다.

브라우저가 웹 페이지를 요청하고 이를 화면에 렌더링할 때까지의 과정을 따라가다 보면 DNS 리졸브부터 컴포지션과 픽셀화에 이르기까지 많은 단계와 개념이 등장함을 알 수 있습니다. 어떤 개념들은 고수준의 개요 정도만 이해하고 넘어가도 충분하지만 어떤 개념들은 학습하고자 조금 더 깊게 들어가 자세하게 이해하는 것이 필요합니다. 따라서 전체적으로 웹 페이지를 요청하고 화면에 렌더링된 결과를 보기까지의 과정을 순차적으로 살펴보되 도중에 조금 더 깊게 이해하고 넘어가야 하는 개념들이 있다면 더 구체적으로 알아보도록 하겠습니다.

2.2.1 도메인 주소에서 웹 서버 주소 알아내기

사용자가 웹 페이지에 접속하려고 브라우저의 주소창에 웹 페이지의 주소를 입력하면 브라우저는 가장 먼저 사용자가 입력한 도메인의 주소가 가리키는 목적지 서버의 IP 주소를 알아냅니다.

사용자는 브라우저에 웹 페이지의 주소를 입력할 때 google.com, qanda.ai처럼 사람이 이해하기 쉬운 형태인 도메인 주소로 요청을 보냅니다. 그러나 웹에서 서로 다른 컴퓨터끼리 데이터를 주고받을 때는 이 도메인 주소를 그대로 사용할 수 없고 IP 주소로 변환하는 과정이 필요합니다. 이는 HTTP를 포함한 모든 인터넷 프로토콜 기반 통신에서 필수적인 과정입니다.

HTTP가 이해하는 주소는 도메인이 아닌 IP 주소입니다. 따라서 사람이 이해하기 쉬운 형태인 도메인 주소를 프로토콜이 이해하는 형태인 IP 주소로 변환해야 브라우저와 웹 서버가 서로 통신하며, 브라우저는 사용자가 입력한 도메인 주소를 IP 주소로 변환해서 웹 페이지 정보를 가진 웹 서버로 요청을 보낼 의무를 지닙니다. 이러한 주소 변환 과정을 DNS 리졸브라 합니다.

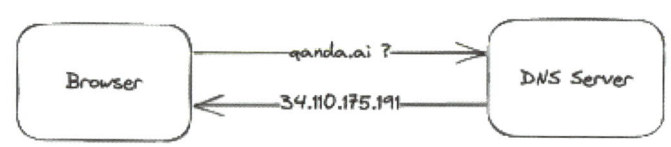

[2-23] 브라우저의 DNS 리졸브 과정

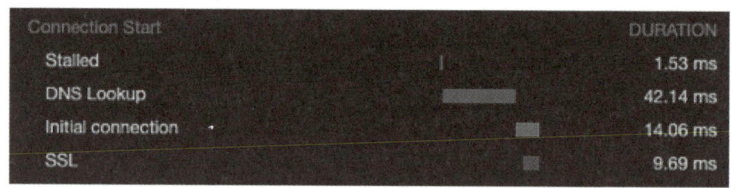

[2-24] 브라우저가 DNS 리졸브 할 때 나타나는 네트워크 탭의 정보(DNS Lookup)

브라우저의 주소창에 qanda.ai를 입력하고 엔터 키를 누르는 행위는 qanda.ai라는 도메인 이름이 가리키는 IP 주소에 위치한 목적지 웹 서버를 찾고, 해당 도메인의 루트 경로(/)에 대한 리소스를 요청하는 것입니다.

> **HTTP**
>
> 하이퍼텍스트 전송 프로토콜(Hypertext Transfer Protocol, HTTP)은 HTML 등 하이퍼텍스트를 전송하려고 만들어진 통신 프로토콜입니다. 이는 웹 브라우저와 웹 서버 간의 데이터를 교환하는 응용 계층 프로토콜로, 현대 인터넷의 기반인 핵심 기술 중 하나입니다.
>
> 하이퍼텍스트를 전송하려고 고안되었지만 현대의 HTTP는 단순히 HTML 문서뿐만 아니라 이미지, 비디오, JSON, XML 등 다양한 형식의 데이터를 전송할 수 있습니다. 또한 HTTP/1.1, HTTP/2, HTTP/3 등 여러 버전이 있으며 버전마다 새롭게 지원하는 기능들이 존재합니다. HTTP는 GET, POST, PUT, DELETE 등 다양한 메서드를 제공하여 RESTful API 설계의 기초이며, 현대 웹 서비스 개발에 필수적인 요소입니다.

일반적으로 웹 페이지를 제공하는 웹 서버는 루트 경로(/)로 들어오는 GET 요청을 받았을 때 기본 페이지를 제공합니다. 많은 웹 서버에서는 이 기본 페이지를 index.html로 설정하지만, 이는 서버의 구성에 따라 다를 수 있습니다. 결국 브라우저는 도메인 이름이 가리키는 IP 주소의 웹 서버 루트 경로(/)에 HTTP GET 요청을 보내고 서버로부터 응답받은 HTML 문서를 렌더링하여 사용자에게 웹 페이지를 보여줍니다.

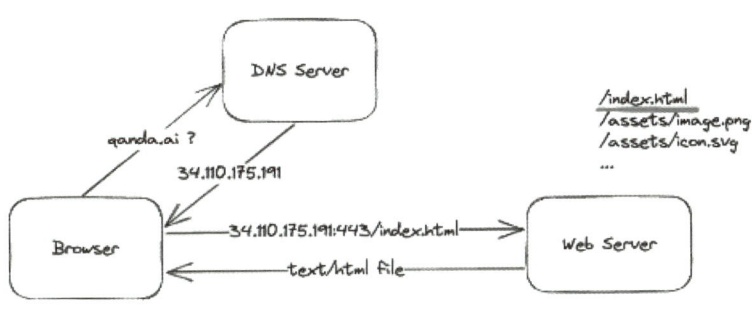

[2-25] 브라우저가 정적 웹 페이지를 가져오는 과정

2.2.1.1 DNS는 어떻게 구성되는가

브라우저가 웹 서버의 index.html 파일을 가져오려면 DNS 리졸브가 필요하며, 이것이 웹 페이지를 로드하는 첫 번째 단계임을 살펴보았습니다. 그렇다면 DNS는 무엇이며, 어떻게 구성될까요?

DNS는 도메인 네임 시스템(Domain Name System)의 약자로, 도메인 이름과 IP 주소를 연결하는 거대한 인터넷 전화번호부의 역할을 수행합니다. 이 전화번호부는 방대한 양의 도메인 주소와 IP 주소의 매핑을 효율적으로 관리하고자 여러 계층으로 나뉜 거대한 분산 시스템으로 구성되고 도메인 자체도 계층 구조입니다.

자세히 이해하도록 qanda.ai에서 로그인하는 페이지인 account.qanda.ai라는 도메인을 기준으로 도메인의 계층 구조에 대해 살펴보겠습니다. 이 경우 DNS는 account.qanda.ai라는 도메인을 닷(dot, .) 을 기준으로 세 개의 계층으로 나누어 관리합니다.

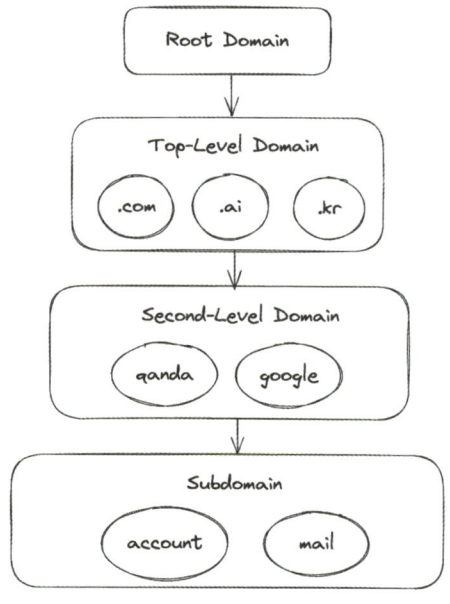

[2-26] DNS의 계층 구조

최상위 도메인

첫 번째 계층인 ai는 최상위 도메인을 가리킵니다. 도메인 이름에서 가장 오른쪽에 위치하며, 주로 특정 기관이나 조직, 국가에 대한 정보를 나타냅니다. 최상위 도메인이라는 의미로 TLD(Top-Level Domain)라고 불리며, .com .ai .kr 등 한 번쯤 들어봤을 만한 익숙한 도메인들이 이에 포함됩니다. TLD는 국제 인터넷 주소 관리 기구(Internet Corporation for Assigned Names and Numbers, ICANN)라는 단체에서 관리하며, ICANN에서 관리하는 TLD의 목록들을 직접 확인해볼 수도 있습니다.

새로운 TLD를 등록하는 것은 수십만 달러 수준으로 매우 비쌉니다. 따라서 일반적으로 새로운 웹 페이지에 대해 도메인 주소를 할당할 때는, 이미 등록된 TLD에 하위 도메인을 추가해서 qanda.ai와 같은 방식으로 도메인을 구성합니다.

한편, ai라는 도메인은 원래 kr처럼 동 카리브해의 작은 섬인 앵귈라의 국가 코드를 의미하는데 인공지능의 등장으로 인기가 높아져 비싼 도메인 중 하나가 되었습니다.

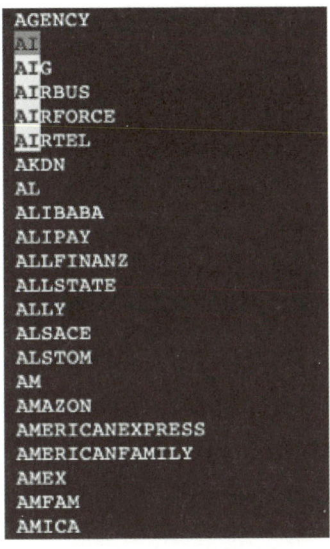

[2-27] ICANN에서 관리하는 TLD 목록

차상위 도메인

두 번째 계층인 qanda는 전체 주소에서 최상위 도메인(TLD) 바로 아래에 위치하는 고유한 구성 요소입니다. 차상위 도메인(Second-Level Domain, SLD)이라 불리며 주로 웹 페이지의 이름을 나타내어 웹 페이지를 운영하는 기업, 조직 또는 서비스의 이름을 반영합니다. SLD는 특정 TLD 내에서 유일무이해야 하며 일반적으로 웹 페이지를 만들고 도메인을 등록한다고 할 때는 SLD와 TLD를 결정하여 도메인 등록 기관에 해당 도메인과 웹 페이지의 IP 주소를 연결하는 것을 의미합니다.

SLD는 해당 조직의 브랜드나 정체성을 나타내는 중요한 부분으로, 마케팅과 브랜딩 전략에 직접적으로 영향을 미칩니다. SLD는 인터넷 사용자에게 직관적으로 조직이나 서비스의 성격을 전달하며, 기억하기 쉬운 SLD는 웹 페이지 방문자 수를 증가시키는 중요한 요소입니다.

서브 도메인

마지막 세 번째 계층인 account는 qanda.ai의 하위 도메인으로, qanda.ai라는 도메인을 소유하고 있다면 account.qanda.ai, mail.qanda.ai 등 여러 개의 하위 도메인들을 만들 수 있으며 dev.account.qanda.ai처럼 추가적인 여러 계층의 도메인을 만들 수도 있습니다. 보통은 조직 내의 특정 부서나 서비스를 구분하고자 하위 도메인을 사용합니다. mail.google.com의 mail도 서브 도메인이 google.com이라는 조직의 서비스를 나타내는 대표적인 예시라고 할 수 있습니다.

서브 도메인은 네트워크 내에서의 조직이나 논리적인 분리를 용이하게 합니다. 예를 들어 dev.account.qanda.ai가 개발 환경 서비스를 제공하는 동안 support.qanda.ai는 고객을 지원하는 별도의 서비스 도메인으로 설정될 수 있습니다. 이렇게 하위 도메인을 사용함으로써 하나의 조직이 하나의 SLD 아래에 여러 웹 페이지를 구축하고 관리하며, 각각의 하위 도메인이 서로 다른 IP 주소나 서버로 연결되게 할 수도 있습니다.

2.2.1.2 DNS 리졸브는 어떻게 일어나는가

도메인 이름은 TLD, SLD, 서브 도메인 등 계층적으로 구성되어 있습니다. 이렇게 도메인을 계층화하면 도메인과 IP 주소의 매핑 정보도 계층화시켜 분산 저장된다는 장점이 있습니다.

도메인 이름과 IP 주소 사이의 매핑 데이터를 DNS 레코드(DNS record)라 합니다. DNS 레코드는 네트워크 요청을 최소화하고자 브라우저와 브라우저가 설치된 호스트 머신(host machine) 그리고 네트워크의 여러 레이어에 캐시됩니다. 따라서 google.com처럼 많은 사람이 자주 방문하는 웹 페이지는 브라우저가 가장 가까운 곳에 캐시된 값을 사용하여 DNS 리졸브를 수행합니다. 하지만 전체 동작을 이해하고자, 어떤 레이어에도 캐시가 존재하지 않을 때 브라우저가 도메인 주소에서 IP 주소를 획득하는 과정에서 어떤 일이 일어나는지 살펴보겠습니다.

1. 루트 DNS 서버에 요청

브라우저는 특정 도메인에 대한 IP 주소를 찾으려 할 때, 브라우저와 브라우저가 설치된 호스트 머신에서 해당 DNS에 대한 IP 주소를 이미 캐시하는지를 확인합니다. 만약 브라우저에 캐시된 DNS 레코드를 찾지 못하면 호스트 머신의 시스템 DNS 캐시를 확인하며, 로컬 머신의 시스템 DNS 캐시에서도 레코드를 찾지 못하면 그제야 네트워크 요청을 보내 로컬 DNS 서버에 해당 도메인에 대한 DNS 레코드를 요청합니다.

로컬 DNS 서버는 KT, SKT, LG U+처럼 인터넷 서비스를 제공하는 업체인 ISP(Internet Service Provider)에서 DNS 리졸브를 제공하며, 로컬 머신 바깥에 존재합니다. 만약 로컬 DNS 서버에도 qanda.ai라는 주소에 대해 캐시된 DNS 레코드가 없다면 로컬 DNS 서버는 루트 도메인에 대한 매핑 정보를 관리하는 루트 DNS 서버에 쿼리해서 qanda.ai의 루트 도메인인 .ai의 TLD 서버의 위치를 찾아냅니다.

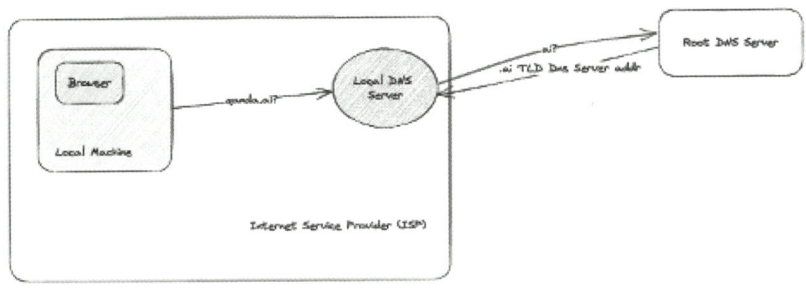

[2-28] 브라우저와 ISP, 루트 DNS 서버 사이의 관계

2. TLD 서버가 SLD 서버에 요청

루트 DNS 서버에 보낸 요청을 통해 .ai 도메인에 대한 매핑 정보를 관리하는 TLD 서버의 위치를 알았다면 로컬 DNS 서버는 이 정보를 바탕으로 TLD 서버에 요청을 보내야 합니다. 요청을 보내는 TLD 서버는 .ai 도메인에 대한 매핑 정보를 가집니다. qanda.ai 도메인의 매핑 정보를 관리하는 SLD 서버의 위치는 어디인지, somedomain.ai 도메인의 매핑 정보를 관리하는 SLD 서버의 위치는 어디인지를 알기 때문에 TLD 서버에 qanda.ai 도메인의 매핑 정보를 들고 있는 SLD 서버의 위치를 요청해야 합니다.

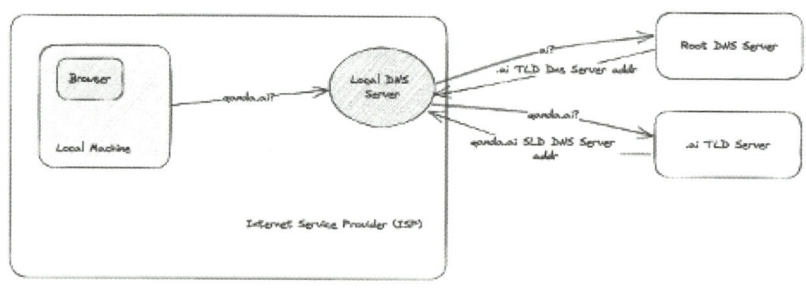

[2-29] 루트 DNS 서버 쿼리 이후 TLD 서버로의 쿼리

3. SLD 서버가 qanda.ai와 매핑된 IP 주소를 반환

SLD 서버는 특정 도메인과 그 하위 도메인에 대한 정확하고 완전한 데이터가 있는 DNS 서버입니다. SLD 서버는 도메인의 레코드에 대한 최종 권한을 가지며 DNS 레코드 요청에 대한 IP 주소를 제공합니다. 이제 로컬 DNS 서버는 SLD 서버에 요청한 결과로 qanda.ai 도메인에 대한 완전한 IP 주소를 얻었습니다.

이제 로컬 DNS 서버는 이 IP 주소를 자체 캐시에 저장하고 이 정보를 요청한 호스트 머신에 반환합니다. 이로써 브라우저는 qanda.ai 도메인의 IP 주소를 알게 되었으며, 브라우저의 자체 캐시, 로컬 머신의 시스템 DNS 캐시, ISP의 로컬 DNS 서버의 캐시에 qanda.ai 도메인에 대한 IP 주소가 캐싱되었습니다.

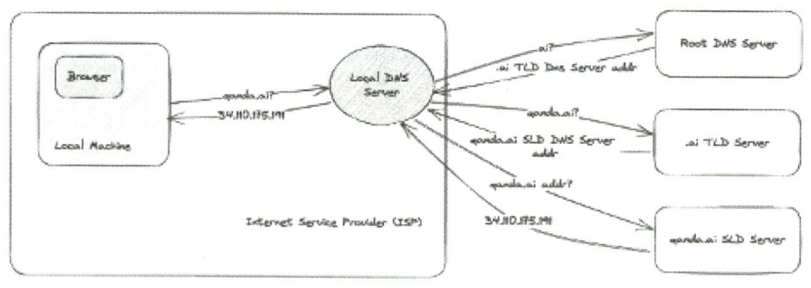

[2-30] TLD 서버 쿼리 이후 SLD 서버로의 쿼리

아무런 캐시가 없는 상태에서 브라우저가 도메인의 IP 주소를 알아내고자 많은 네트워크 통신이 오가는 것을 살펴보았습니다. 캐시가 없는 상태에서 DNS 리졸브 과정은 무시할 수 없는 시간을 차지하는 꽤 번거로운 작업입니다. 일반적으로 도메인 정보는 자주 바뀌는 정보가 아니므로 동일한 도메인에 리소스를 요청할 때마다 단지 해당 도메인의

IP 주소를 알아내려고 이렇게 많은 네트워크 요청을 보내며 DNS 리졸브 과정을 거치는 것은 비효율적인 일입니다.

이후 단계에서 더 자세하게 살펴보겠지만 브라우저는 하나의 웹 페이지를 렌더링하려고 수많은 네트워크 요청을 보냅니다. 단순히 index.html만 요청하는 것이 아니라 해당 HTML 파일 안의 CSS, 자바스크립트, 이미지 등 수많은 다른 리소스를 연달아서 요청해 이 모든 요청에 대해서 위와 같은 DNS 요청을 수행하기는 매우 비효율적입니다.

이러한 문제를 방지하려고 브라우저와 네트워크 그리고 DNS 정보를 관리하는 여러 서버는 도메인 레코드를 여러 레이어에 걸쳐서 캐시합니다. 이를 DNS 캐싱이라 합니다. DNS 캐싱은 주로 로컬 DNS 서버에서 이루어지지만 더 나은 성능을 위해 브라우저에 저장되거나 라우터(router), 로컬 머신의 OS에 저장되기도 합니다. 따라서 내가 아니더라도 같은 네트워크를 사용하는 다른 사용자가 이미 이전에 qanda.ai에 접근한 적이 있다면 qanda.ai 도메인에 해당하는 IP 주소가 이미 로컬 DNS 서버에 캐시되었을 확률이 높습니다.

브라우저 캐시

브라우저는 사용자가 이미 방문한 사이트의 DNS 정보를 일정 시간 동안 캐시에 저장해 놓습니다. 사용자가 동일한 사이트에 다시 방문하면 브라우저는 캐시를 가장 먼저 확인합니다. 만약 캐시된 값이 있고, 아직 유효하다면 브라우저는 이 값을 사용하여 해당 사이트에 접속합니다.

[2-31] chrome://net-internals/#dns에서 확인할 수 있는 브라우저 캐시

시스템 캐시

만약 브라우저의 캐시에서 DNS 정보를 찾지 못한다면 다음으로 호스트 머신의 캐시를 확인합니다. 호스트 머신의 운영 체제 또한 DNS 정보를 일정 시간 동안 캐시에 저장하므로, 이전에 다른 브라우저나 애플리케이션에서 해당 사이트에 접속한 기록이 있다면 이 시스템 캐시에서 DNS 정보를 찾을 수 있습니다.

라우터 캐시

브라우저는 DNS 리졸브를 수행하는 과정에서 수많은 네트워크 라우터를 거칩니다. 그리고 이 과정에서 사용되는 라우터 역시 대부분 DNS 정보를 캐시합니다. 만약 로컬 네트워크 내의 다른 디바이스가 동일한 사이트에 방문했다면 라우터의 DNS 캐시에서 해당 정보를 찾을 수 있을 것입니다.

로컬 DNS 서버 캐시

만약 위의 모든 캐시에서 DNS 정보를 찾지 못한다면 ISP의 DNS 서버에 요청을 보냅니다. ISP의 DNS 서버는 거대한 DNS 데이터베이스를 가지므로 여기서 해당 도메인의 IP 주소를 찾아서 응답해 줍니다.

[2-32] 도메인 리졸브 이후 브라우저가 알게 된 원격지 IP 주소

2.2.1.3 포트란 무엇인가

이제 브라우저는 사용자가 입력한 qanda.ai라는 도메인 주소가 가리키는 리소스 서버의 IP 주소를 알게 되었습니다. 하지만 실제로 qanda.ai로 요청을 보낸 결과를 보면 34.110.175.191이라는 IP 주소 뒤에 :443이라는 포트(port) 번호가 붙은 것을 알 수 있습니다. 분명 qanda.ai를 입력할 때 별도로 포트 번호를 입력하지도 않았는데 이 포트 번호

는 어디서 나와서 어떻게 붙었을까요? 이를 이해하려면 먼저 포트가 무엇인지를 살펴보아야 합니다.

포트의 사전적 정의는 '항구'입니다. 항구는 배가 특정 지역에 도착했을 때 배를 대고 물건을 싣고 내리는 구체적인 위치를 의미합니다. 웹 서버에 어떤 요청을 보낼 때, 단순히 웹 서버를 가리키는 IP 주소만 알아서는 안 됩니다. 이것은 마치 배에 물건을 실어보낼 때 '부산으로 보내주세요'라고만 이야기하고 물건이 정확한 위치에 도착하기를 바라는 것과 같습니다.

브라우저의 리소스 요청과 응답을 실어나르는 프로토콜인 HTTP는 웹 서버가 위치하는 주소인 IP뿐만 아니라 실제로 이 웹 서버의 어떤 프로세스에서 이 리소스 요청을 수행하는지도 알아야 합니다. 포트는 이를 나타내는 개념입니다. IP 주소는 '지역'의 위치로, 포트 번호는 해당 지역 내에 있는 '특정 항구'로 비유할 수 있습니다.

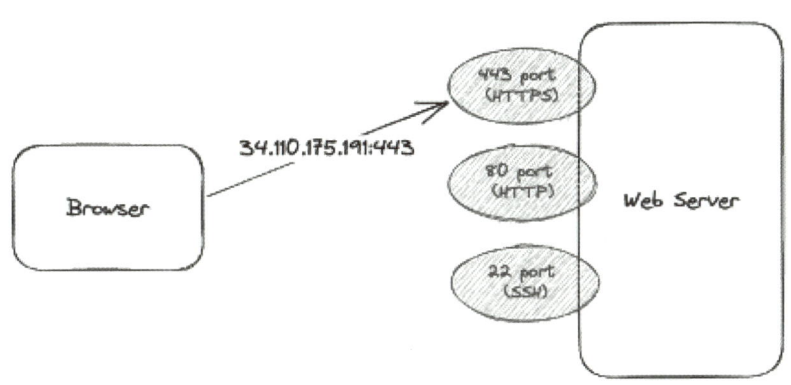

[2-33] 웹 서버와 포트 사이의 관계

대부분은 브라우저의 주소창에 방문하려는 웹 페이지의 주소를 입력할 때 도메인만 입력하고 별도로 포트 번호를 입력하지는 않습니다. 그러나 실제로 브라우저가 보낸 네트워크 요청을 살펴보면 DNS 리졸브 이후에 포트 번호를 자동으로 붙이는 것을 확인할 수 있습니다. 왜 사용자가 qanda.ai:443이라고 명시하지 않았는데, 브라우저가 이를 443 포트로 요청할까요?

이것은 인터넷 표준을 관리하는 인터넷 할당 번호 관리 기관(Internet Assigned Numbers Authority, IANA)에서 HTTP와 HTTPS의 기본 포트 번호를 각각 80, 443으로 지정하고 별도로 포트 번호를 지정하지 않았을 때 이 기본 포트 번호를 사용하자고 약속했기 때문입니다. 즉 브라우저에서 네트워크 요청을 보내는 프로토콜을 보고 포트 번호가 명시되지 않으면 기본값을 사용합니다.

따라서 URL을 입력할 때 사용자가 포트를 명시적으로 지정하지 않은 경우, HTTPS를 사용하면 443 포트가, HTTP를 사용하면 80번 포트가 기본적으로 사용됩니다. 이는 웹 브라우저, 웹 서버 및 네트워크 스택이 이 표준을 이해하기 때문입니다. 만약 https://google.com:8080같이 명시적으로 포트 번호를 지정하는 경우, 브라우저는 google.com이라는 도메인이 가리키는 IP 주소에 8080 포트로 접속하려고 시도할 것입니다.

> **브라우저의 기본 포트 번호**
>
> 브라우저가 사용하는 기본 포트 번호에 대한 규칙은 RFC 문서에 명시된 표준입니다. RFC 2616은 HTTP 1.1에 대한 표준을, RFC 2818은 HTTPS에 대한 표준을 정의합니다.

2.2.1.4 크로스 오리진과 같은 사이트

이제 브라우저는 사용자가 입력한 도메인 이름과 이 도메인 주소가 가리키는 정확한 웹 서버의 IP 주소 그리고 프로토콜에 따라 기본적으로 설정되는 포트 번호까지 알았습니다. 이렇게 리소스를 가져와야 하는 서버를 유일하게 식별하는 정보를 오리진(origin)이라고 부릅니다. 오리진은 프로토콜을 가리키는 스킴(scheme), 도메인 그리고 포트의 조합으로 구성됩니다. 이 구성 요소 중 하나라도 다르다면 서로 다른 오리진이 되며 이를 크로스 오리진(Cross Origin)이라 합니다.

오리진

[2-34] 오리진의 정의

똑같은 qanda.ai 도메인을 사용하더라도 http://qanda.ai:80과 https://qanda.ai:443은 포트와 스킴이 모두 달라 크로스 오리진이 됩니다. 서로 다른 오리진 간에 리소스 공유를 제한하는 정책인 크로스 오리진 리소스 공유(Cross Origin Resource Sharing, CORS)도 이러한 오리진의 정의에 기반하여 브라우저가 수행하는 보안 정책입니다.

사이트

```
                eTLD
           ┌─────────┐
https://www.example.com:443
        └──────────────┘
              eTLD+1
```

[2-35] 사이트의 정의

한편, 인증이나 세션을 관리하려고 HTTP 쿠키를 사용하다 보면 오리진 이외에도 사이트(site)라는 개념이 추가로 등장합니다. SameSite 쿠키가 대표적인 예시인데, 사이트는 쿠키와 같은 웹 리소스가 공유되는 범위를 제한하는 것을 오리진보다 조금 더 너그럽게 하려고 등장한 개념입니다. 이렇게 브라우저는 DNS 리졸브를 수행하고 이를 통해 알아낸 IP 주소와 포트를 사용하여 크로스 오리진(Cross Origin), 같은 사이트(Same Site) 여부를 검증하는 역할도 합니다.

> **유효 최상위 도메인**
>
> 유효 최상위 도메인(effective Top-Level Domain, eTLD)은 일반적인 TLD의 개념을 확장한 것으로 도메인 이름 시스템에서 공개로 등록 가능한 가장 높은 수준의 도메인을 나타냅니다. eTLD의 주요 목적은 쿠키와 같은 브라우저 보안 정책을 올바르게 적용하고 도메인의 실제 소유자를 식별하는 것입니다.
>
> 사이트는 eTLD에 하나의 서브 도메인 계층을 추가하여 정의됩니다. eTLD는 일반적으로 .com과 .ai 등 도메인 이름의 가장 최상위 부분을 의미하므로 qanda.ai에서 사이트는 qanda.ai가 됩니다. 따라서 https://account.qanda.ai와 https://help.qanda.ai는 크로스 오리진(Cross Origin)이지만 같은 사이트(Same Site)로 인식됩니다.
>
> 대부분은 eTLD는 TLD와 동일하지만, 몇몇 예외적인 케이스들이 존재합니다. 예를 들어 호주 내에서 사용되는 교육 기관용 도메인 .edu.au는 그 자체로 eTLD로 인정받습니다. 따라서 a.edu.au와 b.edu.au는 같은 사이트(Same Site)로 인정받지 못합니다.

> **지금까지의 여정**
>
> 1. 사용자가 도메인 주소를 입력하면 브라우저는 가장 먼저 이 도메인 주소를 IP 주소로 변경하는 일을 합니다. 이를 DNS 리졸브라고 합니다.
>
> 2. DNS는 계층 구조로 구성됩니다. 수많은 IP와 도메인의 매핑이 존재해, 이를 하나의 엔드 포인트에서 관리하기보다 계층 구조로 나누어 관리하는 것이 효과적입니다. 도메인은 마침표(.)를 기준으로 오른쪽에 위치할수록 높은 계층의 도메인을 의미하며, 가장 오른쪽에 있는 .ai, .com 등의 도메인을 TLD라고 합니다.
>
> 3. DNS는 네트워크 요청을 줄이려고 여러 계층에 캐시됩니다. 브라우저, OS, 라우터, ISP가 관리하는 로컬 DNS 서버, TLD, SLD 등. 따라서 일반적으로 웹 페이지를 요청할 때, 로컬 DNS 서버가 TLD에 직접 요청하는 경우는 거의 없습니다.
>
> 4. DNS 리졸브를 통해 알아내는 IP는 해당 IP 주소에 위치한 호스트 머신의 주소를 의미합니다. 따라서 정확하게 요청을 보내려면 해당 머신의 어떤 프로세스에서 이 요청을 처리해야 하는지도 알아야 하며, 이를 위해서는 포트를 알아야 합니다. 일반적으로 포트를 명시하지 않으면 표준 명세에 따라 HTTP는 80번, HTTPS는 443번 포트를 사용합니다.
>
> 5. 브라우저는 DNS 리졸브뿐 아니라 스킴, 도메인 이름, 포트 정보로 크로스 오리진(Cross Origin), 같은 사이트(Same Site) 등의 판별도 시도합니다.
>
> 6. 오리진(origin)과 사이트(site)는 의미가 같지 않습니다. 스킴(scheme)+도메인(domain)+포트(port)가 모두 일치해야 같은 출처(Same Origin)로 인정되는 반면, eTLD(effective TLD)+1만 일치해도 같은 사이트(Same Site)로 인정받습니다. 따라서 크로스 오리진(Cross Origin)이면서 같은 사이트(Same Site)인 경우가 존재할 수 있습니다. 한편, 2020년 이후로는 같은 사이트 판단 시 스킴(HTTP, HTTPS)도 고려되어 같은 도메인이라도 스킴이 다르면 다른 사이트로 취급됩니다.

2.2.2 보안을 향상하는 시큐어 커넥션 맺기

이제 브라우저는 사용자가 요청한 도메인 주소에서 HTTP가 이해할 수 있는 IP 주소는 물론 사용하는 프로토콜에 따라 미리 약속된 포트 번호까지 알게 되었습니다. 일반적으로 사용자는 브라우저의 주소창에 주소를 입력할 때 https://qanda.ai처럼 프로토콜을 명시적으로 입력하기보다는 별도의 프로토콜을 명시하지 않고 qanda.ai처럼 도메인 주소만 입력하는 경우가 많습니다. 이 경우 대부분의 브라우저는 HTTP가 아닌 HTTPS를 사용하여 연결을 시도합니다. http://qanda.ai처럼 HTTP를 사용하겠다고 명시적으로 입력하더라도 실제로 브라우저가 요청을 보낼 때 HTTPS를 사용하는 경우도 있고, HTTP를 사용하여 웹 서버에 요청하더라도 웹 서버에서 정상적인 응답을 주지 않고 HTTPS를 사용하는 주소로 리다이렉트(redirect)하라는 응답을 주기도 합니다.

[2-36] HTTPS 보안 연결을 권장하는 Permanent Redirect의 예시

이는 의도적으로 웹 서버와 브라우저가 HTTP 대신 HTTPS를 사용해 데이터를 주고받도록 강제하는 것인데, 이는 HTTP가 가진 보안상의 취약점 때문입니다. 웹 서버와 브라우저는 HTTP가 가진 보안상의 취약점을 개선하려고 HTTPS를 사용하며, HTTPS를 사용하려면 실제로 요청을 보내기 전에 보안 연결을 맺는 과정이 필요합니다. 따라서 웹 서버의 정확한 오리진을 알아냈다면 다음으로 브라우저는 해당 리소스를 가진 웹 서버와 보안 연결을 맺는 과정을 거칩니다.

2.2.2.1 HTTP의 취약점

HTTP는 이름 그대로 웹 브라우저와 서버 사이에서 하이퍼텍스트를 주고받고자 1991년에 처음 도입된 애플리케이션 레벨의 프로토콜입니다. 처음에 HTTP가 도입되었을 때, 웹은 기본적으로 공개적인 성격을 지닌 읽기 전용의 플랫폼이었으며, 정보 공유가 주된 목적이었습니다. 따라서 당시에는 보안을 크게 고려할 필요가 없었으며, 이 때문에

HTTP는 암호화가 고려되지 않은 평문 데이터가 그대로 노출된 상태로 네트워크를 오 가는 특성을 지닙니다.

[2-37] Wireshark를 사용해서 HTTP로 오가는 패킷을 도청한 결과

하지만 점점 웹이 온라인 뱅킹, 온라인 커머스 등 상업적이고 개인적인 사용으로 확장되면서 사용자 비밀번호, 집 주소, 계좌번호같이 제3자에게 공개되어서는 안 되는 민감한 정보들이 HTTP를 통해 네트워크를 타고 이동했습니다. 평문 데이터가 그대로 노출된 상태로 네트워크를 오가는 HTTP 특성상 데이터를 주고받는 브라우저와 서버 사이에서 패킷을 도청하는 제3자로 인한 보안 위험이 생깁니다.

이러한 공격을 통틀어 중간자 공격(man-in-the-middle-attack)이라고 하며, 민감한 개인 정보들을 HTTP를 통해 웹 서버로 보내는 일은 안전한 방식이 아니므로 HTTP는 보안이 고려된 새로운 방안이 필요했습니다.

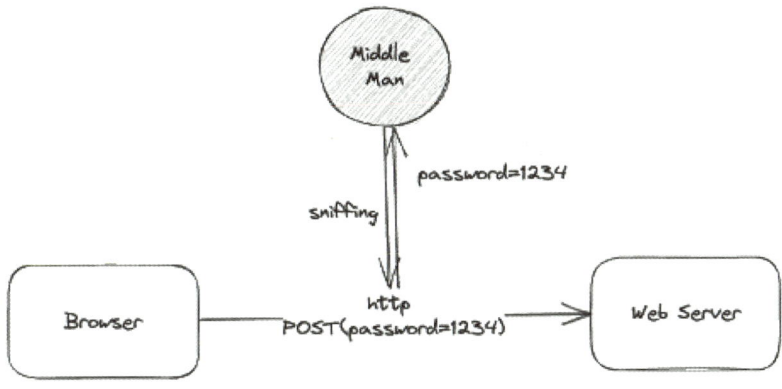

[2-38] 중간자 공격이 일어나는 과정

평문화된 데이터가 모두에게 공개된 네트워크를 통해 드나들고, 그렇기 때문에 허가되지 않은 제3자가 민감한 데이터를 읽을 수 있다는 것이 HTTP가 가진 보안 취약점이라면 어떻게 이 문제를 해결할 수 있을까요?

통신의 두 주체인 웹 브라우저와 서버가 암호화 및 복호화하는 방법을 둘이서만 공유하고, 이 방법으로만 데이터를 보내기 전에 암호화하고 데이터를 받은 이후에 복호화한다면 문제를 해결할 수 있을 것입니다. 그리고 이것이 HTTPS가 HTTP의 보안 문제를 해결하는 방법입니다.

2.2.2.2 HTTPS가 데이터를 안전하게 보호하는 방법

HTTPS는 HTTP의 보안 문제를 해결하기 위해 웹 브라우저와 서버 둘만을 암호화하고 복호화하는 세션 키(session key)를 만드는 과정을 거칩니다. 따라서 웹 브라우저에서 바로 서버로 요청을 보내고 응답을 받는 기존의 HTTP와는 다르게 HTTPS에서는 TLS 핸드셰이크라는 단계를 먼저 거치게 됩니다. 그리고 브라우저와 웹 서버가 서로의 데이터를 암호화, 복호화하는 데 사용될 공통된 세션 키를 생성하고 이를 사용하여 서버에 전송할 데이터들을 암호화한 후 요청을 보냅니다.

다음 그림에서 왼쪽의 네트워크 요청은 HTTPS를 사용하는 qanda.ai 홈페이지의 최초 커넥션 단계를 나타내며, 오른쪽의 네트워크 요청은 HTTP를 사용하는 샘플 페이지의 최초 커넥션 단계를 나타냅니다.

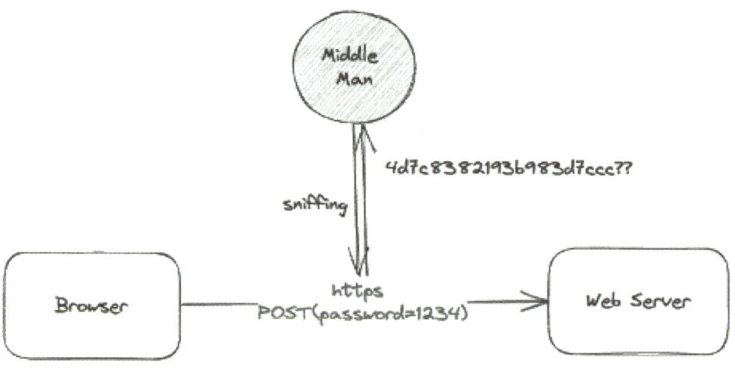

[2-39] HTTPS가 중간자 공격을 막는 방법

HTTPS를 사용하는 경우 최초 커넥션 단계 이후에 시큐어 소켓 레이어(Secure Sockets Layer, SSL)라는 단계를 추가로 거치는 것이 확인되는데 바로 이 단계를 거쳐 브라우저와 서버는 데이터를 암호화하고 복호화하는 세션 키를 생성합니다.

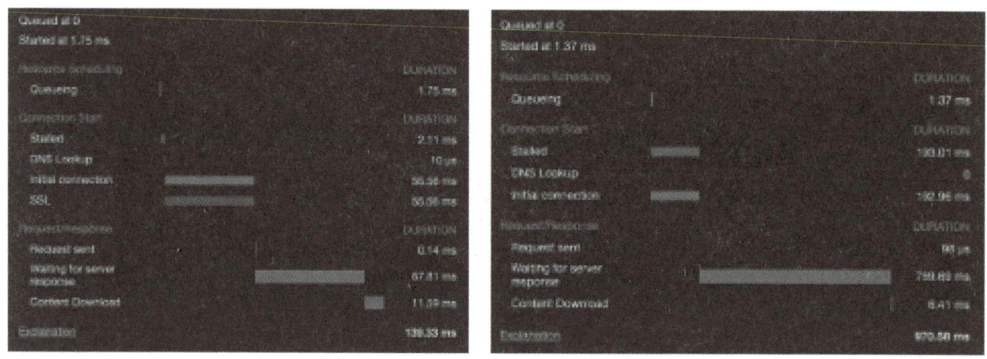

[2-40] HTTPS 요청에 필요한 추가 암호화 커넥션 단계(SSL)

TLS vs. SSL

HTTPS의 S에 해당하는 시큐어 레이어(Secure layer)를 설명할 때 TLS(Transport Layer Security)와 SSL(Secure Sockets Layer)이라는 용어가 자주 등장합니다. 둘 모두 HTTP가 갖지 못한 보안 취약점을 해결하려고 제안된 암호화 프로토콜입니다. TLS는 SSL에 여러 개선점을 거친 후속 버전이므로 HTTPS와 사실상 같은 개념입니다.

브라우저와 웹 서버가 세션 키를 만드는 과정을 이해하려면 먼저 비대칭 키 암호화와 대칭 키 암호화라는 두 가지 개념을 이해해야 합니다.

비대칭 키 암호화

비대칭 키 암호화는 공개 키(public key)와 개인 키(private key) 이렇게 두 가지 키를 사용하여 암호화하는 방식을 의미합니다. 공개 키는 누구나 액세스하는 키로, 일반적으로 데이터 암호화에만 사용됩니다. 반대로 개인 키는 노출되어서는 안 되는 키로, 공개 키로 암호화한 데이터 복호화에만 사용됩니다. 비대칭 키 암호화를 공개 키 암호화라고도 하며, 개인 키를 먼저 만들어 노출되지 않게 보관하고 개인 키를 사용하여 공개 키를 만들어 한 쌍을 만듭니다.

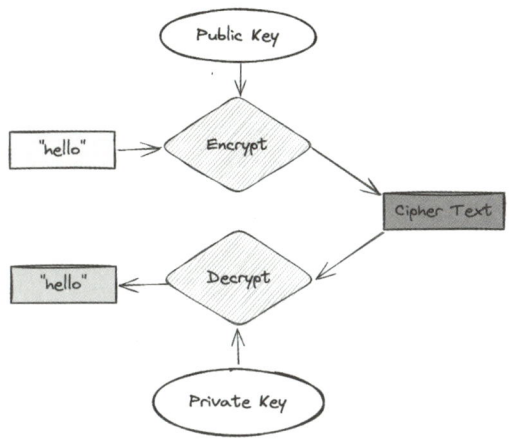

[2-41] 비대칭 키로 암호화·복호화 과정

예를 들어 암호화에 비대칭 키를 생성한다고 가정해 보겠습니다. 비대칭 키는 공개 키와 개인 키로 구성되므로 사용자가 비대칭 키를 생성하고 나면 공개 키 A와 개인 키 X가 생성됩니다. 이때 A는 모두에게 공개해도 되는 공개 키이고, X는 절대 공개되어서는 안 되고 별도로 보관해야 합니다.

만약 'hello'라는 평문을 공개 키 A로 암호화했다면 이 암호화된 평문은 오직 개인 키 X로만 다시 복호화할 수 있습니다. 반대로, 만약 'hello'는 평문을 개인 키 X로 암호화했다면 이 암호화된 평문은 공개 키 A로만 다시 복호화할 수 있습니다.

일반적으로 비대칭 키를 생성하고 이를 사용하여 암호화 및 복호화하는 일은 대칭 키를 사용하는 것에 비해 CPU 리소스를 많이 사용하는 방식입니다. 따라서 HTTPS에서 TLS 핸드셰이크(TLS handshake)를 통해 최초로 보안 연결을 맺을 때는 비대칭 키를 사용하지만, 보안 연결을 맺은 후 웹 서버와 브라우저에서 데이터를 암호화 및 복호화할 때는 대칭 키인 세션 키가 사용됩니다.

대칭 키 암호화

대칭 키 암호화란 하나의 키로 암호화와 복호화를 모두 수행하는 것입니다. A라는 키로 평문을 암호화하면 그 암호화된 평문은 동일하게 A라는 키로 복호화해서 원래의 평문으로 복원할 수 있습니다.

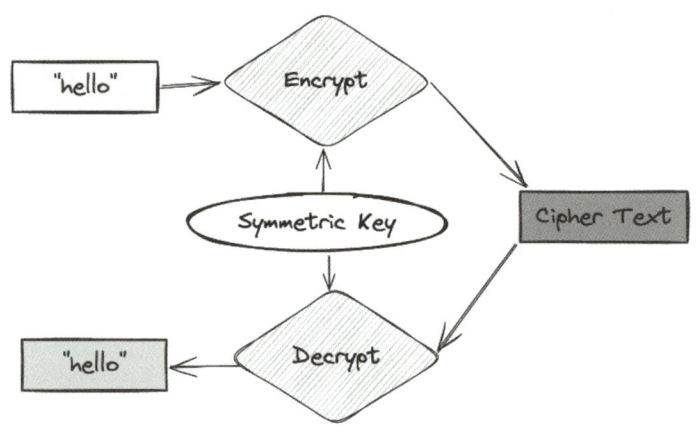

[2-42] 대칭 키로 암호화·복호화하는 과정

암호화에 대칭 키 A를 생성했다면 이 대칭 키로는 암호화도 가능하고 복호화도 가능합니다. 따라서 대칭 키는 다른 사용자들에게는 공개되어서는 안 되며, 오로지 통신을 주고받는 당사자들 사이에서만 공유되어야 합니다. 대칭 키 A로 암호화한 'hello'라는 의미를 갖는 암호문은 대칭 키 A로 다시 복호화할 수 있습니다.

TLS 핸드셰이크를 통한 보안 연결을 맺고 나면 웹 서버와 브라우저는 동일한 세션 키를 갖습니다. 이 세션 키는 대칭 키이므로 웹 서버가 세션 키로 암호화한 암호문을 브라우저가 세션 키로 복호화할 수 있습니다.

2.2.2.3 브라우저와 서버가 세션 키를 만드는 과정

세션 키를 만드는 대칭 키, 비대칭 키에 대한 기본적인 개념을 살펴보았으므로 이제 브라우저와 서버가 세션 키를 만드는 과정을 살펴보겠습니다.

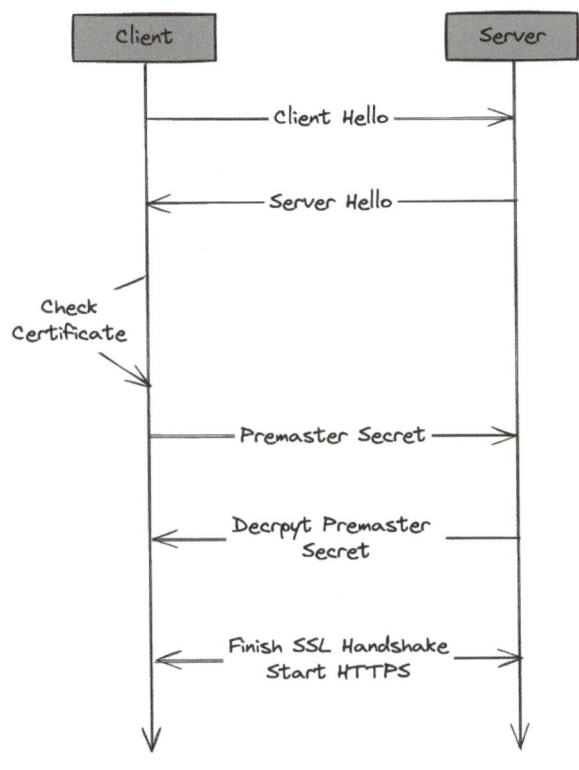

[2-43] TLS 핸드셰이크의 전체 과정

1. Client Hello

세션 키를 생성하는 첫 번째 단계는 브라우저가 웹 서버에 보안 연결을 요청하는 메시지를 보내는 것입니다. 이를 Client Hello 단계라고 합니다. 이때, 브라우저는 서버와 세션 키를 만드는 데 필요한 여러 정보를 보냅니다. 보내는 정보들은 다음과 같습니다.

- 브라우저가 사용하는 SSL 혹은 TLS 버전

    브라우저는 웹 서버에 자신이 지원하는 TLS 버전도 함께 보냅니다. 클라이언트가 여러

TLS 버전을 지원하는 경우, 그 버전들의 목록을 보내며, 서버는 이 중에서 자신이 지원하는 가장 최신 버전을 선택하여 사용합니다.

- 암호 스위트

    암호 스위트(cipher suite)는 통신 중 사용할 암호화 알고리즘과 키 교환 방법을 정의합니다. 여기에는 키 교환 알고리즘, 인증 알고리즘, 메시지 인증 코드(MAC) 알고리즘 그리고 암호화 알고리즘이 포함됩니다.

이 외에 기존에 생성되었던 세션 아이디나 브라우저가 임의로 생성한 난수(client random) 등이 포함되어 웹 서버에 전달됩니다. Client Hello 단계는 브라우저가 서버와 SSL 커넥션을 맺으려고 자신에 대한 정보를 서버에 전달하는 과정입니다.

2. Server Hello

서버는 Client Hello를 통해 브라우저가 제안한 정보 중에서 가장 적절한 정보를 선택하고 선택된 암호 스위트와 TLS 버전, 자신의 SSL 인증서를 클라이언트에게 전달합니다.

- 암호 스위트 선택

    클라이언트가 제안한 암호 스위트 목록 중에서 서버는 자신이 지원하고 선호하는 순서에 따라 최적의 암호 스위트를 선택합니다. 이 선택은 서버의 보안 설정, 지원하는 알고리즘 그리고 선호도에 따라 결정됩니다. 선택된 암호 스위트는 서버와 클라이언트 간의 통신에서 사용되는 암호화, 인증, 키 교환, MAC 알고리즘을 결정합니다.

- TLS 버전 선택

    클라이언트가 제안한 TLS 버전 목록 중에서 서버는 자신이 지원하는 가장 최신 버전을 선택합니다. 이는 서버와 클라이언트가 가장 안전하고 효율적인 프로토콜 버전을 사용하게 하려는 것입니다.

- 임의의 값

    Server Hello 메시지는 또한 임의의 바이트들을 포함합니다. 이 값은 나중에 세션 키를 생성하는 데 사용되며, 브라우저가 보낸 Client Hello 메시지에 있는 난수 값과 함께 사용됩니다. 이를 서버 생성 난수(server random)라고 합니다.

- 서버의 공개 키가 담긴 SSL 인증서

  SSL 인증서에는 서버의 공개 키와 신뢰할 수 있는 인증 기관(Certificate Authority, CA)에 의한 서명이 포함되어 있습니다.

3. 인증서 검증

브라우저와 웹 서버가 서로 Hello 요청을 주고받는 과정을 통해 세션 키를 생성하는 데 사용할 여러 난수 값과 TLS 버전 그리고 암호 스위트 등의 정보를 교환했습니다. 여기에 더해 브라우저는 서버의 SSL 인증서를 얻었습니다.

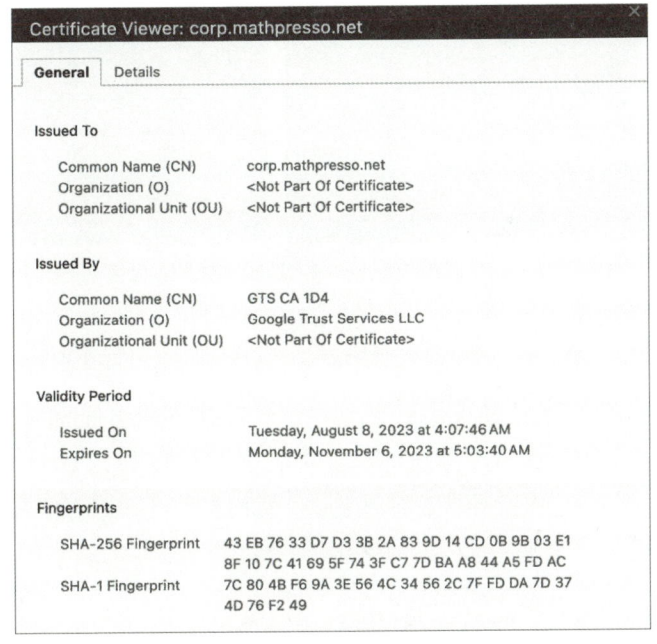

[2-44] 브라우저가 서버에서 받은 인증서

인증서는 웹 서버가 공인된 인증서 발급 기관인 CA에서 발급받는 디지털 문서입니다. 이 인증서에는 웹 서버의 공개 키, 웹 서버의 도메인 이름, 인증서의 유효 기간, 발급 기관과 CA의 개인 키로 서명된 디지털 서명이 포함됩니다. 앞서 비대칭 키를 설명하면서 언급했듯 CA의 개인 키로 암호화된 디지털 서명은 CA의 공개 키로는 복호화할 수 있습니다. 또한 CA만 가진 개인 키와는 달리 공개 키는 모두에게 공개되어 누구나 이 서명을 복호화해서 이 인증서를 발급한 CA가 누구인지를 검증할 수 있습니다.

브라우저는 자체로 관리하는 신뢰 CA 목록과 이들의 공개 키 정보를 가집니다. Server Hello 과정을 통해 웹 서버에서 SSL 인증서를 받으면 브라우저는 이 공개 키 목록을 사용해서 특정 CA가 발급했다고 적힌 인증서의 디지털 서명을 복호화합니다. 복호화된 결과를 통해 웹 서버가 전송한 인증서가 실제로 해당 CA가 발급한 인증서가 맞다고 판단되면 브라우저는 이 서버에서 전달받은 다른 데이터들을 유효한 것으로 간주하고 연결을 지속합니다.

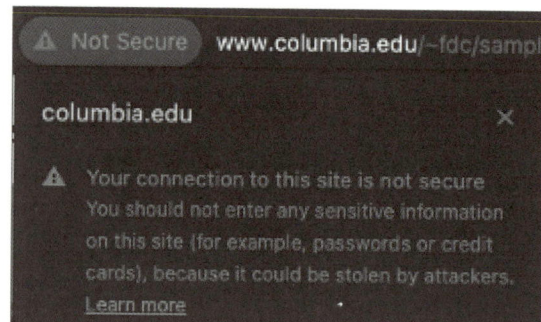 

[2-45] 브라우저에서 인증서의 진위 여부 및 보안 여부를 확인한 결과 화면

4. 프리마스터 키(premaster key) 생성 및 공유

이제 브라우저는 자신이 생성했던 난수(client random)와 서버에서 전달받은 난수(server random)를 가집니다. 브라우저는 한 번 더 난수를 생성해서 프리마스터 시크릿(premaster secret)을 만들고, 웹 서버 인증서에 포함된 웹 서버의 공개 키로 이것을 암호화하여 서버로 전송합니다.

앞서 비대칭 키 암호화 과정에서 살펴보았듯이 공개 키로 암호화한 암호문은 오직 개인 키로만 복호화됩니다. 따라서 브라우저가 웹 서버의 공개 키로 암호화한 프리마스터 시크릿은 오직 웹 서버의 개인 키로만 복호화됩니다.

5. 프리마스터 세션 키(premaster session key) 복호화

웹 서버는 브라우저에서 암호화된 프리마스터 시크릿을 받아서 자신의 개인 키로 이를 복호화합니다. 이로써 브라우저와 웹 서버는 모두 동일한 브라우저 생성 난수(client random), 서버 생성 난수(server random) 및 프리마스터 시크릿 정보를 갖습니다. 이를 바탕으로 브라우저와 웹 서버는 Client Hello, Server Hello 시 약속했던 TLS 버전과 암호화 스위트를 바탕으로 각자 세션 키가 생성됩니다.

6. 세션 키(session key) 생성 완료 및 연결 수립

이제 클라이언트와 서버 모두 같은 세션 키를 가지며 이 키를 사용하여 데이터를 암호화하고 전송합니다.

[2-46] Wireshark를 사용해서 HTTPS로 오가는 패킷을 도청한 결과

2.2.2.4 브라우저와 서버가 HTTPS를 안전하게 사용하는 방법

이렇게 TLS 핸드셰이크를 거치고 나면 브라우저와 웹 서버는 서로 간에 데이터를 암호화하고 복호화하는 대칭 키인 세션 키를 가지며 이를 통해 암호화된 데이터를 전송합니다. 이렇게 기존의 평문 데이터 전송 방식인 HTTP에 보안 레이어를 추가해서 암호화된 정보를 주고받도록 하는 것이 HTTPS의 핵심입니다.

웹 기술로 민감한 정보들이 전송되면서 HTTPS의 중요성은 더 높아졌고 이에 따라 웹

페이지들이 HTTPS를 사용해서 통신하는 것을 강제하도록 하는 규칙이 2012년 HTTP 스트릭트 트랜스포트 시큐리티(HTTP Strict Transport Security, HSTS)라는 이름으로 제안되었습니다. HSTS는 웹 서버가 브라우저의 보안을 위해 해당 사이트를 항상 HTTPS로만 접속하도록 응답 헤더를 통해 알려주는 보안 기능입니다. 웹 페이지 접속 요청에 대해 이 응답 헤더를 받은 브라우저는 이 웹 페이지를 저장해 두었다가 해당 페이지를 방문할 때 자동으로 HTTPS를 사용합니다.

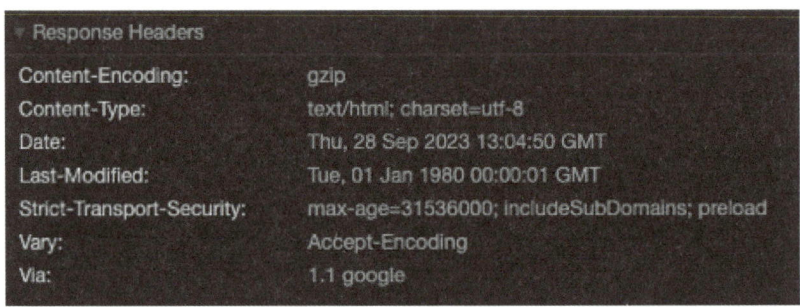

[2-47] HSTS가 적용된 웹 페이지의 HTML 응답 헤더

대부분의 최신 브라우저들은 기본적으로 HSTS 프리로드 리스트를 내장합니다. 이 리스트에 포함된 웹 페이지들은 사용자가 처음 방문할 때부터 HTTPS로만 접속하게 되며, HSTS 프리로드 리스트에 추가되지 않았지만 처음 방문한 웹 페이지에서 HSTS와 관련된 헤더를 응답으로 받았다면 이 프리로드 리스트에 추가됩니다. 크롬 브라우저의 경우 주소창에 'chrome://net-internals/#hsts'를 입력하면 현재 브라우저에 저장되어 자동으로 HTTPS로 접속되는 도메인들이 확인됩니다.

[2-48] chrome://net-internals/#hsts 입력 시 화면

규칙의 본질은 HTTP 대신 보안상 안전한 HTTPS를 사용하도록 권장하는 것입니다. 따라서 HSTS를 엄격하게 구현하지 않았더라도 웹 서버에서 HTTP로 들어오는 요청을 HTTPS로 리다이렉트하기도 하고 최신 브라우저에서는 애초에 프로토콜을 명시하지 않으면 기본적으로 HTTPS를 사용하도록 지원함으로써 웹에서 HTTPS를 사용하도록 유도하기도 합니다.

[2-49] qanda.ai를 HTTP로 접근하려 했을 때 받는 응답

qanda.ai나 google.com의 경우 HSTS Spec을 사용해서 HTTPS 요청을 강제하지는 않고, 그 대신 웹 서버에서 리다이렉트 응답을 통해 HTTP로 요청이 오면 HTTPS로 리다이렉트해 주는 식으로 구성됩니다.

2.2.2.5 HTTPS 요약

1. 웹이 처음 등장했을 때, 공개적인 읽기 전용의 플랫폼으로 구성되었습니다. 그래서 평문 데이터를 그대로 보내는 방식인 HTTP를 통한 통신에는 큰 문제가 없었지만, 이후 웹이 발달하면서 개인 정보 등 민감한 정보들이 네트워크상에서 공개된 상태로 돌아다니게 되었습니다. 이러한 정보들은 중간자 공격에 취약하므로 보안상의 문제가 제기되었습니다.

2. 따라서 웹 서버와 브라우저 사이에서 데이터를 암호화하고 복호화하는 방식으로 이러한 보안상의 문제를 해결하려고 하였으며, 이를 위해 HTTPS라는 프로토콜이 제안되었습니다.

3. HTTPS의 핵심은 브라우저와 웹 서버가 주고받는 데이터를 암호화하고 복호화하는 대칭 키인 세션 키를 만드는 과정이고, 이를 TLS 핸드셰이크라고 합니다.

4. TLS 핸드셰이크에서는 비대칭 키와 대칭 키 알고리즘이 모두 사용되며, 그 과정에서 웹 서버는 신뢰받는 인증서 기관인 CA에서 발급된 SSL 인증서를 사용합니다.

5. HTTPS는 보안상의 이점으로 인해 대부분의 웹 브라우저에서 HTTP보다 우선됩니다. 이를 구현하는 방법은 웹 서버마다 다릅니다. HSTS를 지켜서 Strict-Transport-Security Header를 응답 헤더에 추가하거나 HTTP로 요청하는 경우 HTTPS로 리다이렉트하도록 구현할 수 있습니다.

6. 일반적으로 브라우저의 주소창에 주소를 입력할 때, 도메인 이름만 입력하는 경우, 브라우저는 HTTPS 프로토콜을 사용하는 경우가 많습니다.

2.2.3 HTML 웹 페이지 요청하기

지금까지 브라우저에서 사용자가 요청한 웹 페이지의 HTML 리소스를 가져오기 위해 거치는 단계들을 살펴보았습니다. 브라우저는 사용자가 입력한 도메인 주소와 프로토콜 정보를 사용하여 웹 서버의 IP 주소와 포트 번호를 알아냈고, 브라우저가 이미 가진 HSTS 프리로드 리스트를 사용하거나 웹 서버에서 리다이렉트를 통해 HTTP 대신 HTTPS를 사용하도록 설정하였습니다. 그리고 브라우저와 웹 서버가 암호화된 데이터로 통신하려고 TLS 핸드셰이크를 거쳐 세션 키를 얻었습니다. 이제 브라우저는 서버와의 보안 연결을 사용하여 실제로 HTML 페이지를 요청하고 받아올 상태가 되었습니다.

2.2.3.1 브라우저가 파일을 이해하는 방법

웹 서버에서 HTML을 가져오는 요청은 보통 브라우저가 웹 서버에 처음으로 보내는 네트워크 요청입니다. 하지만 웹 서버는 HTML 파일뿐만 아니라 CSS나 자바스크립트, 이미지 파일도 가지며 확장자가 꼭 html일 필요는 없습니다. 그리고 실제로 네트워크를 통해 돌아다니는 데이터는 여러 청크로 나뉜 바이트의 배열에 불과합니다. 그렇다면 브라우저는 어떤 방식으로 웹 서버에서 내려준 데이터가 HTML 파일인지 아닌지를 구분할까요?

웹 서버는 브라우저에 보내는 HTTP 응답 헤더의 Content-Type 필드를 사용하여 지금 응답하는 이 데이터가 어떤 타입의 데이터인지를 브라우저에 알려줍니다. HTML 파일은 이 필드의 값이 text/html입니다. 브라우저와 웹 서버는 HTTP를 사용하여 데이터를 주고받으며 웹 서버는 브라우저가 요청한 여러 데이터를 전달할 때 데이터뿐만 아니라 이 데이터를 설명하는 메타 데이터를 HTTP 헤더에 포함시켜 같이 전달합니다.

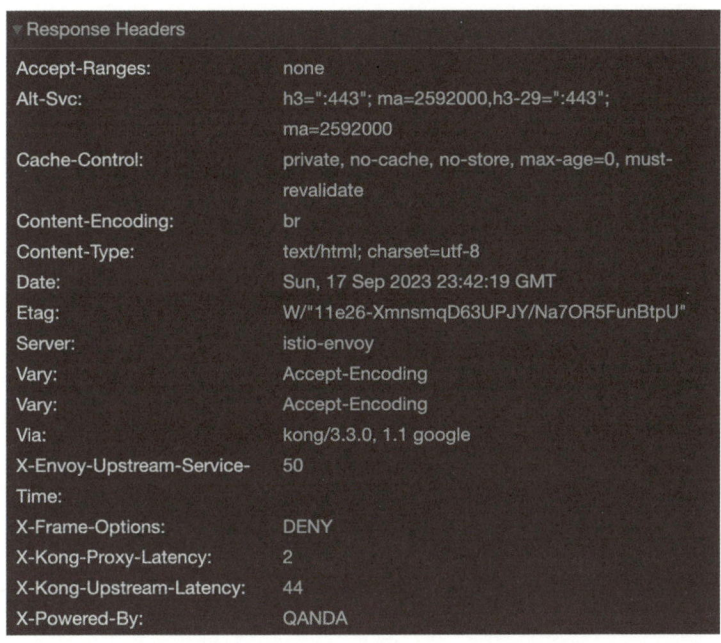

[2-50] 브라우저가 웹 서버에 qanda.ai/ko로 GET 요청을 보내면 가장 먼저 수신하는 데이터의 응답 헤더

실제로 https://qanda.ai/ko에 GET 요청을 보내서 받은 HTTP 응답 헤더를 보면 이 데이터가 어떤 데이터이고, 어떻게 해석해야 하는지에 대해 웹 서버가 자세하게 설명하고

있음이 확인됩니다. 대략 이 정보를 통해 브라우저는 다음과 같은 힌트를 얻습니다.

- Content-Type이 text/html이고 utf-8로 인코딩된 파일이므로 HTML 파일로 다뤄서 DOM 파싱을 해야 하는 데이터이고, 데이터의 바이트를 utf-8 문자열로 해석해야 한다.
- Content-Encoding이 br이다. 지집(gzip)보다 효율적인 브로틀리(brotli) 알고리즘으로 압축된 데이터라는 뜻이다. 압축되어 있기에 먼저 압축을 해제해야 한다.
- Cache-Control이 no-cache, no-store, must-revalidate이다. 따라서 이 데이터는 절대로 캐시하면 안 되는 데이터이다. 따라서 요청 시마다 데이터를 웹 서버에서 항상 새롭게 받아와야 한다.

이 외에도 HTTP 헤더에는 Age, Last-Modified, ETag, Connection, Content-Length, Content-Encoding 등 HTTP로 전송된 데이터가 어떤 상태이며 어떻게 해석해야 하는지를 설명하기 위한 여러 정보가 포함됩니다. 한편, HTTP 헤더에는 요청을 수신한 쪽이 요청을 송신한 쪽에 전달하는 응답 헤더 이외에도 송신자가 수신자에게 요청을 보낼 때 사용하는 요청 헤더도 존재합니다. 웹 서버가 응답 헤더를 통해 브라우저에 서버와 현재 전송하는 데이터에 대한 정보를 전달하는 것처럼 브라우저도 요청 헤더를 통해 서버에 브라우저와 현재 전송하는 데이터에 대한 정보를 전달합니다.

예를 들면 브라우저가 브로틀리(brotli) 등 새로운 압축 알고리즘을 지원한다거나 WebP 등 새로운 이미지 포맷을 지원한다는 사실을 요청 헤더를 통해 서버에 알려줍니다. 서버는 요청 헤더에 있는 이런 정보들을 사용하게 됩니다. 브라우저에서 브로틀리를 지원하므로 데이터를 더 효율적으로 압축해 내려준다거나 브라우저에서 WebP를 지원하므로 PNG 대신 WebP 이미지를 내려주는 식의 결정을 내립니다. 이후 다시 살펴보겠지만 효율적인 웹 서비스를 제공하도록 돕는 웹 프레임워크에서도 브라우저에서 전달되는 HTTP 요청 헤더를 사용하여 요청하는 브라우저에 맞는 가장 최적의 리소스를 제공합니다.

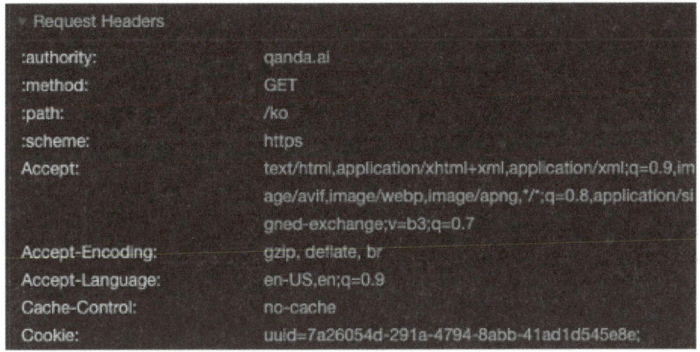

[2-51] 브라우저에서 웹 서버로 보내는 요청 헤더

2.2.3.2 HTML 요청 요약

1. DNS 리졸브와 HTTPS 보안 연결까지 맺어지고 나면 브라우저는 웹 서버에 HTML 파일을 요청합니다.
2. 브라우저는 웹 서버에 요청을 보낼 때, HTTP 요청 헤더를 사용하여 현재의 요청과 브라우저에 대한 정보를 서버에 보내고, 웹 서버는 HTTP 응답 헤더를 사용하여 전달받은 데이터가 HTML 파일이고 utf-8로 인코딩되었다는 정보를 브라우저에 전달합니다.
3. 브라우저는 이 응답 헤더의 Content-Type 필드를 보고 웹 서버에서 받은 데이터를 어떻게 해석할지 결정합니다. 만약 필드의 값이 text/html이라면 HTML 파일로 간주하고 이를 해석하는 DOM 파서(DOM parser)에 전달합니다.
4. HTTP 헤더는 HTTP 프로토콜을 사용하여 오가는 데이터에 대한 정보와 요청자, 수신자에 대한 정보를 포함합니다. 웹 서비스를 효율적으로 개발하도록 돕는 Next.js 등 프레임워크에서도 HTTP 헤더를 사용하여 리소스를 브라우저에 맞게 최적화합니다.

2.2.4 HTML 파싱 및 DOM 트리 구축

이제 브라우저는 웹 서버에서 HTML 파일을 전달받았고, HTTP 응답 헤더의 Content-Type 필드를 통해 이것이 HTML임을 확인하였습니다. 다음으로 브라우저가 해야 하는 일은 이 text/html 타입의 HTML 파일을 읽어가며 정해진 규칙에 따라 해석하는 일입니다. 이 과정을 거쳐 브라우저는 DOM 트리(DOM tree)를 만들어 HTML 텍스트 파일에 스타일을 적용하고 레이아웃을 그리기에 용이한 형태로 변환합니다.

[2-52] qanda.ai/ko의 HTML 문서 응답

2.2.4.1 DOM이란 무엇인가?

DOM은 Document Object Model을 뜻하며 브라우저에서 HTML이나 XML 문서를 구조화된 객체의 형태로 만들어 접근하고 조작하는 방법을 제공합니다. HTML이 웹 페이지가 어떻게 구조화되는지를 정적으로 표현한다면 DOM은 브라우저에서 이 HTML 파일을 해석해서 화면에 렌더링하려고 사용하는 동적인 표현입니다.

브라우저는 HTML 파일을 해석하여 DOM으로 변경한 뒤에 이를 기반으로 스타일을 적용하고 이벤트 리스너(eventlistener)를 붙이고 동적으로 여러 요소를 추가하거나 수정합니다. HTML과 DOM은 동일하게 웹 페이지를 표현하긴 하지만 다른 목적과 성격을 가

지며 별도의 인터페이스[10]로 정의됩니다.

실제로 다음과 같은 HTML 문서는 브라우저에서 DOM 파싱을 통해 각 요소가 노드 혹은 HTML 요소라는 이름의 트리 구조로 표현됩니다. 브라우저가 웹 페이지를 화면에 그리려면 HTML 문서를 해석해서 DOM 트리로 구성해야 하며 이 과정을 HTML 파싱 혹은 DOM 트리 구성이라고 합니다.

```html
<html>
  <head>
    <title>Antifragile Frontend</title>
  </head>
  <body>
    <h1>Welcome</h1>
    <p>Hello World!</p>
  </body>
</html>
```

```
- Document (root)
  - html
    - head
      - title
        - "Antifragile Frontend"
    - body
      - h1
        - "Welcome"
      - p
        - "Hello World!"
```

---

10. HTML 인터페이스는 www.w3.org/TR/2003/REC-DOM-Level-2-HTML-20030109/idl-definitions.html에, DOM 스펙은 www.w3.org/DOM/DOMTR에 정의되어 있습니다.

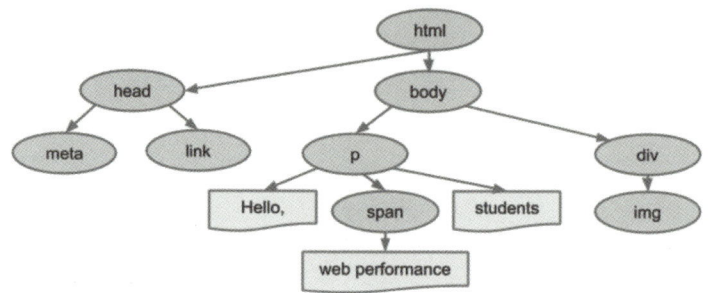

[2-53] HTML 문서의 DOM 표현 (출처: web.dev)

그렇다면 이 DOM 트리라는 것은 실제로 어떻게 생겼으며 브라우저에서는 이를 어떻게 관리할까요? 브라우저는 웹 서버에서 받은 HTML 스트링을 문법 규칙에 맞게 파싱한 후 <div>, <body> 등의 요소를 노드라는 이름의 객체로 만들어 메모리에 저장합니다.

각 노드에는 div, span처럼 HTML 요소를 식별하는 tagName과 스타일 정보를 비롯한 속성 정보를 저장하는 attribute 그리고 하위 노드를 표현하는 children이 포함됩니다. 이렇게 브라우저는 전달받은 HTML 문서를 상위 노드와 하위 노드들로 구성하여 트리 구조로 나타내고 이 전체 트리는 메모리에 저장되어 스크립트를 통해 DOM API의 형태로 접근됩니다.

[2-54] 브라우저 콘솔에서 조회한 HTML의 각 요소

브라우저의 콘솔에 document.getElementById('your-id'), document.getElementByTagName('div') 등의 형태로 브라우저에 렌더링된 DOM 노드에 접근할 수 있습니다. 이는 브라우저에서 text/html 타입의 HTML 문서를 파싱을 통해 객체로 변경하여 메모리에 저장하며, 이를 DOM API를 통해 접근하게 했기 때문입니다.

[2-55] 현재 페이지에서 브라우저가 가진 div 요소를 모두 검색한 결과

한편, 브라우저에서 관리하는 DOM 트리의 노드는 여러 종류이며 노드마다 지니는 속성들이 조금씩 다릅니다. 다음의 대표적인 세 가지 노드 이외에도 주석 노드(comment node) 등이 존재하며 브라우저마다 부르는 이름이 조금씩 다릅니다.

- 문서 노드(document node)

전체 문서를 대표하는 객체입니다. Document 객체로 표현되며, DOM 트리의 최상위에 위치합니다.

- 요소 노드(element node)

div, span 등 일반적인 HTML 요소를 나타내는 객체입니다. <div> 태그는 HTMLElement 객체이자, 이를 상속받아 div라는 요소의 여러 특징이 추가된 HTMLDivElement 객체로 표현됩니다.

- 텍스트 노드(text node)

요소 안의 텍스트를 나타내는 객체입니다. 위의 예시에서 "Hello World!" 텍스트는 Text 객체로 표현되며, <div> 요소 노드의 자식으로 포함됩니다.

2.2.4.2 HTML 파싱 중에 고려해야 하는 규칙들

일반적으로 C, 자바스크립트[11], Go 등 프로그래밍 언어로 작성된 코드를 파싱할 때는 EBNF(Extended Backus-Naur Form) 등 문맥 자유 문법을 사용합니다. 문맥 자유 문법은 기본적으로 언어가 가져야 할 문법 구조를 정의하고 문법 구조에 따라 텍스트 파일의 스트링을 하나씩 읽어가며 토큰을 만든 후에 이 토큰들을 기반으로 추상 트리 구조를 만듭니다. 다음은 Go 언어의 문법적 형태를 정의한 EBNF의 일부입니다.

```
FunctionType    = "func" Signature .
Signature       = Parameters [ Result ] .
Result          = Parameters | Type .
Parameters      = "(" [ ParameterList [ "," ] ] ")" .
ParameterList   = ParameterDecl { "," ParameterDecl } .
ParameterDecl   = [ IdentifierList ] [ "..." ] Type .
```

하지만 HTML은 크게 두 가지 이유로 일반적인 프로그래밍 언어처럼 파싱할 수 없습니다.

HTML은 문법 오류에 관대한 마크업 언어이며 브라우저 또한 이 관대함을 지원한다.

HTML은 웹 페이지의 구조와 내용을 정의하는 마크업 언어입니다. 글자 하나만 잘못 입력해도 파싱 시에 컴파일 에러(compile error)를 발생시키는 다른 프로그래밍 언어와는 다르게 HTML은 파싱에 대해 너그러운 특성이 있습니다. 예를 들어 HTML로 웹 페이지의 내용을 작성하다가 실수로 <div> 태그를 생성하고 상응하는 </div> 태그로 닫지 않거나 중첩된 요소를 올바르게 나열하지 않는 경우가 생기는데, 이런 실수가 발생해도 브라우저는 페이지를 여전히 적절하게 렌더링하는 방법을 찾습니다.

인터넷이 처음 등장한 시절부터 웹은 다양한 기술 수준의 사용자들이 정보를 공유하고 접근하도록 설계되었으며, 엄격한 논리를 지켜 수행되어야 하는 일반적인 프로그램이 아니라 읽기를 위한 정보를 공유하는 데 초점이 맞춰져 있었습니다. 이 때문에 HTML은 상대적으로 문서를 작성하는 사람들의 오류에 관대한 마크업 언어로 발전했습니다. 이러한 유연성은 HTML로 작성된 웹 페이지가 서로 다른 브라우저 사이에서 호환성을 유

---

11. 엄밀하게 말하면 자바스크립트의 경우에는 EBNF로 문법을 정의하지 않고 ECMA-262 문서에 정의된 BNF 변형을 사용합니다. 그러나 Context Free Grammar를 사용해서 문법 구조를 정의했다는 점에서 추가했습니다. Python처럼 아예 자체 문법 정의 방식을 사용하는 언어도 존재합니다.

지하고 오래된 표준을 완전히 준수하지 않는 웹 페이지가 새로운 브라우저에서도 작동하도록 도와줍니다.

따라서 브라우저의 HTML 파서는 오류를 자동으로 수정하거나 무시하여 유연하게 처리하며 이는 일반적인 프로그래밍 언어의 파서처럼 엄격한 문법 규칙을 갖지 않습니다. 이러한 차이점은 HTML을 파싱하고 분석하는 동안 발생할 많은 예외와 오류 처리를 관리해야 함을 의미하며 다른 프로그래밍 언어처럼 엄격한 문법을 지켜야 하는 파서를 사용할 수 없음을 의미합니다.

```
13.2.10 An introduction to error handling and strange cases in the parser
    13.2.10.1 Misnested tags: <b><i></b></i>
    13.2.10.2 Misnested tags: <b><p></b></p>
    13.2.10.3 Unexpected markup in tables
    13.2.10.4 Scripts that modify the page as it is being parsed
    13.2.10.5 The execution of scripts that are moving across multiple documents
    13.2.10.6 Unclosed formatting elements
```

[2-56] WHATWG에서 관리하는 브라우저가 지켜야 할 HTML 파싱 규칙의 일부

> **마크업 언어**
>
> 마크업 언어(markup language)는 프로그래밍 언어와 다릅니다. HTML, XML, SVG 등 마크업 언어는 데이터의 구조와 표현을 정의하는 데 사용되는 언어로, 분기나 반복 등 논리적인 기능을 수행할 수 없고 단지 데이터가 어떠한 형태로 표현되어야 하는가에 초점을 맞춥니다.

자바스크립트는 DOM에 접근하며, 이러한 자바스크립트를 실행하는 <script> 태그가 HTML에 포함된 경우 HTML이 파싱 도중 DOM의 구조가 변경될 수 있다.

HTML 문서의 <script> 태그 내에 있는 자바스크립트 코드는 DOM 요소를 변경할 수 있습니다. 따라서 브라우저가 HTML을 파싱하는 도중 <script> 태그를 만나면 기본적으로는 파싱을 멈추고 스크립트를 실행한 이후에 다시 파싱을 계속합니다.

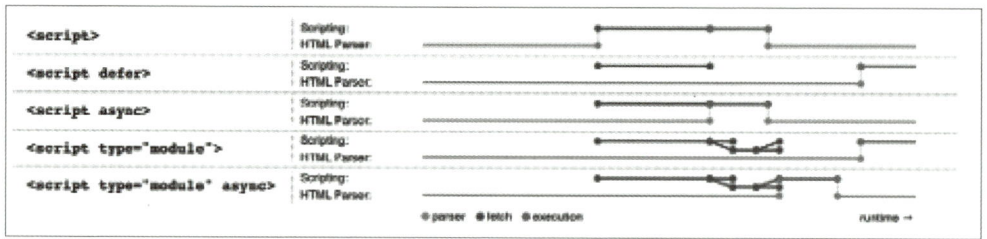

[2-57] 브라우저가 <script>를 처리하는 여러 가지 규칙

일반적인 프로그래밍 언어는 컴파일러(compiler)가 파싱 시점에 코드가 변하지 않고 정해진 문법 규칙에 따라 엄격하게 파싱됩니다. 그러나 HTML은 이와 다르게 정해진 문법 규칙이 있는데도 오류를 허용하는 관대한 성격을 지닙니다. 브라우저가 HTML 파싱 시점에 <script> 태그에 의한 자바스크립트 실행에 의해 코드, 즉 문서의 내용이 변경될 수 있습니다.

따라서 HTML은 다른 프로그래밍 언어에서 사용되는 상향식 파서나 하향식 파서로 파싱하기가 어렵고 HTML만을 위한 고유한 파서로 파싱되어야 합니다. 이 파서는 브라우저마다 구현이 조금씩 다르며, 일반적으로 성능을 위해 C++ 언어로 작성됩니다.

```
HTML_BEGIN_STATE(AfterAttributeValueQuotedState) {
    if (isTokenizerWhitespace(cc))
        HTML_ADVANCE_TO(BeforeAttributeNameState);
    else if (cc == '/')
        HTML_ADVANCE_TO(SelfClosingStartTagState);
    else if (cc == '>')
        return emitAndResumeIn(source, HTMLTokenizer::DataState);
    else if (cc == kEndOfFileMarker) {
        parseError();
        HTML_RECONSUME_IN(DataState);
    } else {
        parseError();
        HTML_RECONSUME_IN(BeforeAttributeNameState);
    }
}
END_STATE()
```

[2-58] Chromium의 HTML 파싱 코드의 일부

파싱 절차를 거치고 나면 브라우저는 HTML의 구조화된 객체 표현인 DOM 트리를 얻습니다. DOM 트리가 완성되고 나면 이후에 살펴볼 CSSOM 트리의 완성 여

부와 상관없이, 브라우저는 주어진 HTML 문서가 DOM으로 변환이 완료되었다는 DOMContentLoaded 이벤트를 발생시키며, 이 이벤트가 발생한 이후부터는 DOM 요소들이 아직 화면에 그려지지 않은 상태라도 스크립트를 통해 DOM을 조작할 수 있습니다.

2.2.4.3 DOMContentLoaded 이벤트와 Load 이벤트

일반적으로 브라우저는 HTML 파싱을 마치고 DOM 트리를 구축하고 나면 DOMContentLoaded 이벤트를 발생시키고, 브라우저가 HTML 문서의 첫 바이트를 받은 시점부터 DOM 트리를 구축한 시점까지의 시간이 얼마나 걸렸는지를 알려줍니다. 그런데 다음과 같이 브라우저는 DOMContentLoaded 이벤트 이외에 Load 이벤트도 발생시킵니다. 그리고 Load 이벤트가 발생하는 데 걸린 시간은 항상 DOMContentLoaded 이벤트가 발생하는 데 걸린 시간보다 깁니다.

> DOMContentLoaded: 370 ms | Load: 897 ms

[2-59] 브라우저의 개발자 도구 하단에서 확인되는 DOMContentLoaded와 Load 이벤트

Load 이벤트는 DOM 트리 구축뿐 아니라 이 DOM 트리가 화면에 각각의 노드들이 참조하는 여러 외부 리소스, 예를 들면 <img> 태그가 src 속성으로 참조하는 외부 이미지 혹은 <link> 태그가 src 속성으로 참조하는 외부 스타일 시트들까지 모두 로드되었을 때 발생되는 이벤트입니다. 따라서 Load 이벤트는 항상 DOMContentLoaded 이벤트가 발생한 이후에 발생합니다.

만약 DOM 트리가 구축되었으나 각 요소가 참조하는 외부 리소스들이 아직 로드되지 않았다면 DOMContentLoaded 이벤트는 발생하였으나 Load 이벤트는 발생하지 않은 상태입니다. 이 차이를 이해하는 것은 사용자 경험에 중요할 수 있는데, 가령 DOM을 조작하는 스크립트는 Load 이벤트가 발생하지 않더라도 DOMContentLoaded 이벤트만 발생했다면 수행되지만 로드된 외부 리소스를 조작하는 행위는 Load 이벤트가 발생한 이후에 수행되어야 하기 때문입니다.

2.2.4.4 HTML 파싱 요약

1. 브라우저는 HTML 파일을 파싱해서 DOM이라는 객체 표현으로 바꿉니다.

2. HTML은 웹 페이지의 정적 표현이고, DOM은 웹 페이지를 동적으로 변경하게 해주는 일종의 동적 표현입니다.

3. 브라우저는 HTML의 각 요소를 노드라는 형태의 객체로 메모리에 저장합니다. 이 노드에는 문서 노드, 요소 노드, 텍스트 노드 등 여러 종류이며, 각 요소를 포함하는 tagName, attribute, children을 속성으로 갖습니다.

4. HTML을 파싱하는 HTML 파서는 다른 프로그래밍 언어의 파서와는 다르게 문맥 자유 문법으로 파싱할 수 없습니다. 그 이유는 HTML이 기본적으로 오류에 너그러운 성질을 가지며 파싱하는 도중 자바스크립트의 실행을 통해 문서의 구조, 즉 DOM을 수정하기 때문입니다.

5. HTML 파싱이 마무리되어 DOM 트리가 구축되면 브라우저는 DOMContentLoaded 이벤트를 발생시키며 스크립트를 통해 DOM에 접근 가능한 상태가 됩니다.

2.2.5 CSS 파싱 및 CSSOM 트리 구축

DOM은 HTML 문서의 각 요소가 가진 계층 구조를 표현하는 모델이므로, 각 요소가 어떤 크기와 어떤 색깔로, 어디에 그려져야 할지 등의 스타일 정보를 알지는 않습니다. 웹에서 이러한 스타일 요소를 다루는 문법은 CSS이므로, 브라우저는 HTML뿐만 아니라 스타일 요소도 파싱해서 구조화해야 합니다. 스타일 요소의 구조화된 객체 모델을 CSS 오브젝트 모델(CSS Object Model, CSSOM)이라고 합니다.

DOM 트리가 HTML이 어떤 구조로 이루어지는지를 나타낸다면 CSSOM 트리(CSSOM tree)는 각 요소에 적용될 스타일이 어떤 구조로 이루어지는지를 나타냅니다. 브라우저는 DOM 트리와 CSSOM 트리를 바탕으로 실제로 화면에 무엇을 어떻게 그릴지를 결정하는 렌더 트리를 구성합니다.

2.2.5.1 CSSOM이란 무엇인가

DOM이 HTML 문서의 구조적 표현이라면 CSSOM은 스타일 정보, 즉 CSS 문서의 구조적 표현으로 볼 수 있습니다. CSS도 HTML과 마찬가지로 스타일 정보를 나타내는 정적인 텍스트 파일일 뿐이지만 브라우저가 이를 파싱하여 CSSOM으로 만들고 나면 메모리에 저장되는 객체가 되어 스크립트를 통해 접근 가능한 상태입니다.

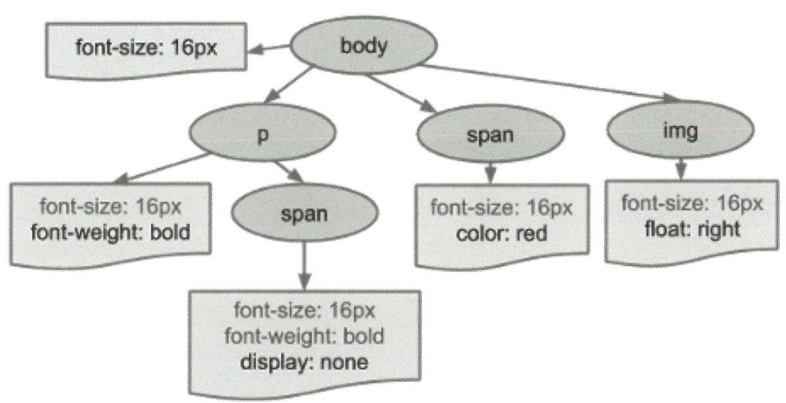

[2-60] 각 요소에 적용되는 스타일 정보를 트리 형태로 구조화된 객체들로 정의한 CSSOM (출처: web.dev)

한편, 오류에 관대하고 중간에 <script> 태그를 사용해 구조를 변경했던 HTML과는 다르게 CSS는 문법적으로 엄격하게 정의됩니다. 따라서 CSS 공식 문서에는 BNF 문법을 통해 CSS가 어떠한 문법을 지켜야 하는지를 명시하며 크로미엄은 이 문법을 지켜 파싱하도록 구현된 플렉스(FLEX)와 바이슨(Bison) 파서를 사용하여 CSSOM 트리를 구축합니다. 다음은 CSS의 문법적 형태를 정의한 EBNF의 일부입니다.

```
import
  : IMPORT_SYM S*
    [STRING|URI] S* media_list? ';' S*
  ;
media
  : MEDIA_SYM S* media_list '{' S* ruleset* '}' S*
  ;
media_list
  : medium [ COMMA S* medium]*
  ;
medium
```

```
    : IDENT S*
    ;
page
    : PAGE_SYM S* pseudo_page?
      '{' S* declaration? [ ';' S* declaration? ]* '}' S*
    ;
pseudo_page
    : ':' IDENT S*
    ;
operator
    : '/' S* | ',' S*
    ;
combinator
    : '+' S*
    | '>' S*
    ;
```

2.2.5.2 CSS의 단계적 속성

CSS(Cascading Style Sheet)라는 이름에서도 알 수 있듯, 폭포처럼 위에서 아래로 흐른다는 의미의 단계적(cascading) 속성은 CSS의 핵심 중 하나입니다. 스타일 규칙은 위에서 아래로, 즉 상위 요소에서 하위 요소로 흐르듯이 적용됩니다. 이는 여러 스타일 규칙이 겹칠 때 어떤 규칙이 우선해 적용될지 결정하는 데 중요한 역할을 합니다. 우선순위 결정에는 크게 세 가지 주요 요소가 있습니다.

- **중요성**: 특정 스타일에 !important 키워드가 붙으면 이 키워드가 없는 다른 모든 스타일보다 우선해 적용됩니다.
- **구체성**: 선택자의 구체성에 따라 우선순위가 달라집니다. 예를 들어, 아이디 선택자가 클래스 선택자보다 더 구체적으로 간주되어 우선 적용됩니다.
- **정의된 순서**: CSS의 이름에서 살펴보듯 스타일 시트 내에서 나중에 정의된 규칙이 먼저 정의된 규칙보다 우선하여 적용됩니다.

때로는 이러한 CSS의 우선순위 결정 로직으로 인해 여러 문제점이 발생하기도 합니다. 예를 들어 스타일 시트가 복잡하거나 여러 개의 스타일 규칙이 서로 충돌하는 경우 예상치 못한 우선순위 결정으로 인해 스타일이 의도치 않게 적용되는 경우가 발생합니다.

2.2.5.3 브라우저의 디폴트 CSS

똑같은 HTML 파일과 CSS 파일을 사용해서 웹 페이지를 렌더링했는데, 서로 다른 브라우저에서 스타일이 미묘하게 다르게 표현되는 경우가 있습니다. 이는 앞서 언급했던 CSS의 단계적 속성 때문인데, 기본적으로 브라우저마다 제공하는 디폴트 CSS(default CSS)가 스타일의 최상단에 존재하기 때문입니다.

[2-61] 크롬에서 정의하는 디폴트 CSS

디폴트 CSS의 경우 구체적으로 '어떤 요소에는 어떤 스타일을 적용해야 한다'라는 기본 명세가 없어 브라우저마다 조금씩 다르게 설정됩니다. 즉 <p> 태그에 아무런 스타일을 적용하지 않았다면 서로 다른 브라우저에서 이 <p> 태그에 대한 디폴트 스타일을 다르게 적용해 마진이나 패딩 혹은 폰트 등 기본 스타일이 조금씩 다를 수 있습니다.

따라서 내가 명시하지 않은 스타일이 적용되었거나 서로 다른 브라우저에서 조금씩 다르게 스타일이 표시되는 것은 이 디폴트 CSS 때문이며, 어떤 브라우저라도 항상 동일한 스타일을 적용하려고 스타일 정규화(style normalzation)라는 개념이 등장했습니다. 최근에는 이런 기능을 여러 프레임워크나 렌더링 라이브러리에서 기본적으로 제공해 주기도 합니다.

2.2.5.4 CSS 파싱 요약

1. DOM이 HTML 요소들의 계층 구조를 나타내는 모델이라면 CSSOM은 각 요소에 적용될 스타일들의 계층 구조를 나타내는 모델입니다. 브라우저가 웹 페이지를 그리려면 각 요소가 어떤 크기와 어떤 색깔로, 어떤 위치에 그려져야 할지를 알아야 하며, 이를 나타내는 문법이 CSS이고, 이 문법의 객체 표현이 CSSOM입니다.

2. HTML과는 다르게, CSS는 문맥 자유 문법으로 엄격하게 표현됩니다. 따라서 맞는 문법과 틀린 문법을 엄격하게 구분합니다.

3. CSS는 그 이름에서 설명해 주듯이 위에서 아래로 흐르는 성질을 갖습니다. 따라서 동일한 요소에 여러 번 속성을 주입한다면 가장 아래에 주입된 속성만 적용됩니다.

4. 브라우저마다 자신만의 디폴트 CSS를 갖습니다. 따라서, 명시적으로 이를 정규화하지 않는 경우 자신이 명시하지 않은 곳에서 브라우저마다 같은 요소에 다른 스타일이 적용됩니다.

2.2.6 렌더 트리 구성

이렇게 DOM 트리와 CSSOM 트리가 점진적으로 구성되고 나면 브라우저는 이를 바탕으로 실제로 화면에 무엇이 그려져야 하는지를 의미하는 계층 구조인 렌더 트리(render tree)를 구성합니다. 렌더 트리를 구성하는 작업 또한 DOM, CSSOM 트리 구성과 마찬가지로 점진적으로 일어나며 HTML, CSS 파싱과 마찬가지로 렌더링 엔진에 의해 일어납니다. 크롬에서는 블링크라는 렌더링 엔진에 의해 이 과정이 수행되며, 렌더러 프로세스의 메인 스레드에서 동작하므로 HTML 파싱과 CSS 파싱에 의존적으로 수행됩니다.

2.2.6.1 렌더 트리와 HTML과의 관계

렌더 트리는 HTML과 CSS를 바탕으로 화면에 무엇이 그려져야 할지를 표현한다는 점에서 DOM 요소와 부합해야 하지만 DOM 트리의 요소와 렌더 트리의 요소가 1:1로 대응되지는 않습니다. 이는 CSS의 여러 속성 때문입니다. 대표적인 몇 가지 예시를 살펴보면 다음과 같습니다.

- \<head\> 태그처럼 화면에 렌더링되지 않는 비시각적 DOM 요소는 DOM 트리에는 존재하지만 렌더 트리에는 나타나지 않습니다.

- display 속성에 none 값이 할당된 요소는 DOM 트리에는 존재하지만 렌더 트리에는 나타나지 않습니다.
- 한 줄에 충분히 표시할 수 없는 문자가 여러 줄로 바뀔 때 새 줄은 별도의 렌더 객체로 추가되는 경우가 있습니다.
- 한편, 어떤 렌더 객체는 DOM 노드에 대응하지만 트리의 동일한 위치에 있지 않습니다. 예를 들어 float 처리된 요소나 position 속성 값이 absolute로 처리된 요소는 흐름에서 벗어나 트리의 다른 곳에 배치되기도 합니다.

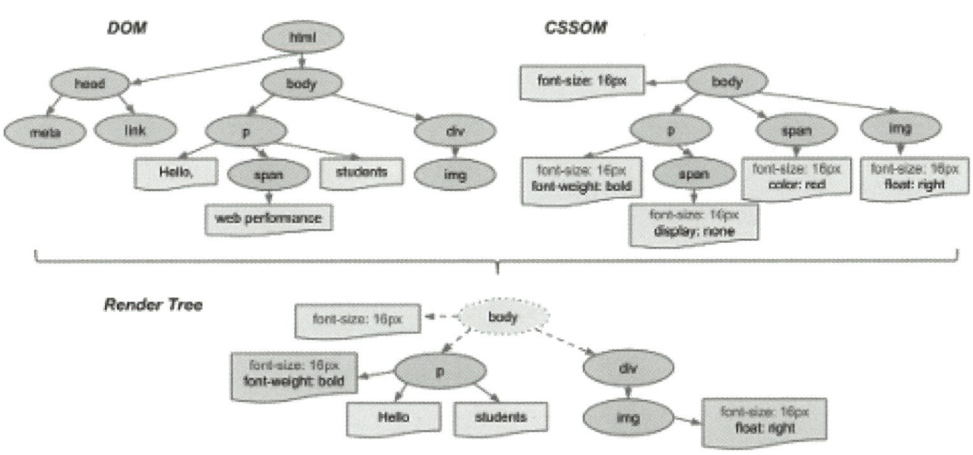

[2-62] DOM 트리와 CSSOM 트리를 바탕으로 만들어지는 레이아웃 트리 (출처: web.dev)

따라서 렌더 트리는 HTML/CSS 파싱 내용을 바탕으로 실제 화면에 그려져야 하는 요소들을 나타낸 표현이며 DOM 트리와 반드시 1:1로 대응되지는 않습니다.

2.2.6.2 렌더 트리 요약

1. DOM 트리와 CSSOM 트리가 완성되면 브라우저는 이를 조합해 렌더 트리를 만듭니다.
2. 렌더 트리는 실제로 화면에 나타나야 하는 요소들의 계층 구조를 표현한 것으로 DOM 트리나 HTML 문서와 완벽하게 1:1로 대응하지는 않습니다.
3. 브라우저는 렌더 트리의 요소들을 기반으로 레이아웃을 계산하고 페인트 단계를 거쳐 화면에 웹 페이지를 그립니다.

2.2.7 레이아웃 계산

렌더 트리가 완성되고 나면 브라우저는 HTML 문서와 CSS 문서에서 실제로 화면에 어떤 요소들을 그려야 하는지를 알게 됩니다. 이제 다음 단계는 이 요소들을 화면에 그리려고 구체적인 위치와 크기 정보를 계산합니다. 렌더 트리에서 margin: 10px로 표현된 div 박스를 그려야 한다는 정보를 얻었다면 브라우저는 이 정보를 통해 뷰포트(viewport)[12]의 어떤 좌표에 어떤 두께로 그려야 하는지, 다른 요소들이 이미 있다면 이를 고려해 어떻게 배치할지를 구성하고 계산해야 합니다.

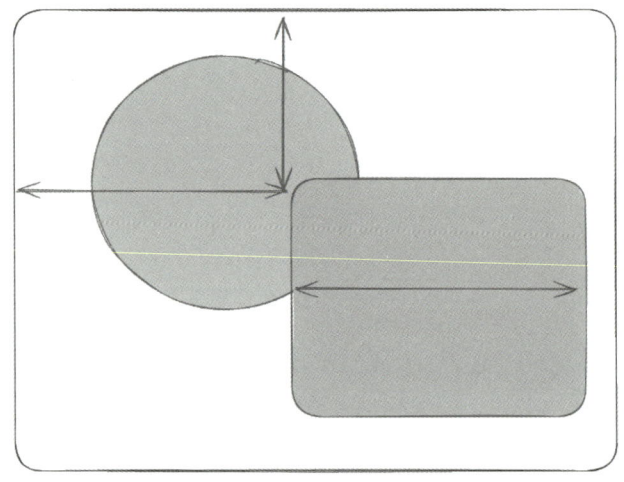

[2-63] 스타일 정보와 HTML 요소만으로는 화면에 무엇을 어떻게 표시해야 할지 알 수 없다

렌더 트리에서 이러한 정보들을 구성하는 단계를 레이아웃 계산 단계라고 합니다. DOM이 업데이트되어 이 계산 과정을 DOM의 일부 혹은 전체에 대해 다시 반복하는 경우, 이를 리플로(reflow)라고 합니다.

레이아웃은 화면에 그려져야 할 모든 요소의 정보가 있는 렌더 트리에서 시작하므로 최상단에 위치하는 루트 노드부터 재귀적으로 진행됩니다. 루트 노드는 (0,0)의 좌표를 가지며 루트 노드의 크기는 사용자 화면에 나타나는 브라우저 윈도우의 크기, 즉 뷰포트의

---

12. 뷰포트는 현재 화면에 보이는 다각형(보통 직사각형)의 영역입니다. 웹 브라우저에서는, 현재 창에서 문서를 보는 부분을 말합니다. 뷰포트 바깥의 콘텐츠는 스크롤하기 전엔 보이지 않습니다.

크기입니다. 레이아웃 단계에서는 루트 노드에서 재귀적으로 하위 노드들의 layout() 혹은 reflow() 메서드를 호출해 나가면서 각 노드의 위치와 크기를 계산합니다.

레이아웃을 계산하는 것은 굉장히 어려운 과제입니다. 프런트엔드 엔지니어는 display: flex 또는 line-height: 1.4와 같은 CSS 문법으로 요소들이 브라우저에 어떻게 그려져야 할지를 선언합니다. 하지만 실제로 브라우저에서 요소의 위치와 크기를 결정할 때 각 요소를 둘러싼 여러 맥락이 반드시 고려되어야 합니다. 따라서 일반적으로 브라우저는 웹페이지를 렌더링하는 과정에서 연산 시간의 많은 부분을 이 레이아웃 과정에 사용하며, 크롬 브라우저의 경우 하나의 팀이 레이아웃 과정을 담당합니다.

2.2.7.1 요소의 크기를 결정하는 기준, 박스 모델

레이아웃을 계산하는 과정은 매우 복잡하며 브라우저마다 구현과 동작 방식이 조금씩 달라 상세한 모든 로직을 이해하는 것은 이 책에서 다루는 범위를 벗어납니다[13]. 여기서는 레이아웃 계산 과정이 구체적으로 어떻게 일어나는지에 대해서는 다루지 않고 레이아웃을 계산할 때 모든 브라우저가 공통으로 고려하는 요소인 박스 모델에 대해서만 간단하게 살펴보겠습니다. 레이아웃 계산 과정에서 브라우저가 렌더 요소의 크기를 결정할 때 기준으로 삼는 것은 CSS의 박스 모델에 기반한 바운딩 박스(bounding box)입니다.

```
> $1.getBoundingClientRect()
< ▼ DOMRect {x: 0, y: 0, width: 833, height: 924, top:
      0, …}
      bottom: 924
      height: 924
      left: 0
      right: 833
      top: 0
      width: 833
      x: 0
      y: 0
    ▶ [[Prototype]]: DOMRect
```

[2-64] 바운딩 박스를 브라우저 콘솔에 출력한 결과

---

13. 크로미엄에서 레이아웃이 동작하는 자세한 원리가 궁금하다면 크로미엄의 렌더링 엔진인 블링크의 여러 공개 자료를 살펴보기를 추천합니다.

브라우저에서 화면에 그려지는 모든 요소는 박스로 표현됩니다. 실제로 화면에 그려지는 요소의 모양이 사각형이 아니라도 브라우저는 모든 요소를 박스 모델에 기반한 스타일이 적용된 박스로 인식하고 이들을 조합하여 화면을 구성하고 요소들을 배치합니다. 박스 모델은 콘텐츠(content), 패딩(padding), 보더(border), 마진(margin)의 네 가지 요소로 구성됩니다.

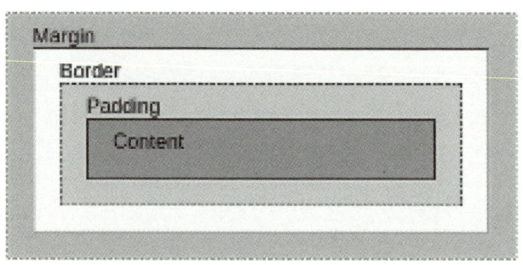

[2-65] 콘텐츠, 패딩, 보더, 마진으로 구성되는 CSS의 박스 모델

- **콘텐츠**: 텍스트, 이미지 혹은 다른 미디어 등의 실제 콘텐츠가 포함되는 영역입니다. CSS로 width, height 속성을 변경하는 것은 이 콘텐츠 영역의 크기를 변경하는 것이지만 box-sizing 속성을 어떻게 주는지에 따라 달라집니다.

- **패딩**: 콘텐츠와 보더 사이의 영역입니다. 콘텐츠에 대한 내부 여백 역할을 하며, 콘텐츠 영역을 더 크게 만들어 줍니다. 콘텐츠 영역에 적용되는 배경 색상이나 배경 이미지는 이 패딩 영역에까지 영향을 미칩니다.

- **보더**: 패딩과 마진 사이를 구분하는 선으로, 요소의 바깥쪽 테두리를 형성합니다.

- **마진**: 요소와 주변 요소 사이의 외부 간격을 설정하며, 배경색이나 이미지를 포함하지 않습니다.

박스 모델의 각 영역은 요소의 최종 크기와 위치를 결정하는 데 중요한 역할을 합니다. CSS를 학습할 때 접하는 수많은 속성은 이 박스를 구성하는 콘텐츠, 패딩 등 요소들의 스타일을 변경합니다. 브라우저는 레이아웃 계산 과정을 통해 HTML 요소마다 바운딩 박스를 적용하고 CSS를 통해 바운딩 박스의 스타일을 설정합니다. 그 후 이를 기반으로 부모 요소와 인접한 다른 요소들을 고려해 바운딩 박스가 실제 뷰포트의 어느 좌표에 어떻게 그려질지를 계산합니다.

2.2.7.2 레이아웃 계산 요약

1. 렌더 트리가 구성되고 나면 렌더 트리의 각 요소가 사용자의 뷰포트에 어떻게 그려져야 할지 계산하는 작업이 필요합니다. 이를 레이아웃 계산 과정이라고 합니다.

2. 레이아웃 계산은 굉장히 복잡한 작업입니다. 각 요소의 바운딩 박스를 구하고 이들이 실제로 그려질 좌표와 크기를 구해야 합니다. 레이아웃 과정은 전체 브라우저 렌더링 사이클에서 가장 많은 연산을 소모하는 작업입니다.

3. 브라우저가 레이아웃 과정에서 각 요소를 계산할 때 기본으로 잡는 단위는 박스입니다. 브라우저는 각 요소를 박스를 기준으로 콘텐츠, 패딩, 보더, 마진이 들어 있는 박스 모델로 바라보며, CSS도 이 박스 모델을 기준으로 요소에 스타일을 적용합니다.

4. CSS의 속성들은 이 박스 모델의 각 요소가 어떻게 보일지를 결정합니다.

2.2.8 페인트

이제 브라우저는 레이아웃 계산 과정을 통해 각 요소가 뷰포트의 어떤 위치에 어떤 크기의 상태로 그려져야 하는지 알게 되었습니다. 이제 이 정보를 바탕으로 각 요소에 색상 정보들을 추가한 뒤에 뷰포트에 그려내면 됩니다. 하지만 그전에 거쳐야 하는 과정이 하나 남아 있습니다. 브라우저는 지금까지 주어진 정보들만으로는 아직 정확히 사용자 화면에 보여줄 내용이 무엇인지를 결정할 수 없기 때문입니다. 브라우저는 각 요소를 3차원의 레이어로 구성하므로 한 요소가 다른 요소보다 위에 쌓여야 하는지 아래에 쌓여야 하는지 등 공간 정보를 결정해야 올바른 순서대로 요소들이 화면에 표현됩니다.

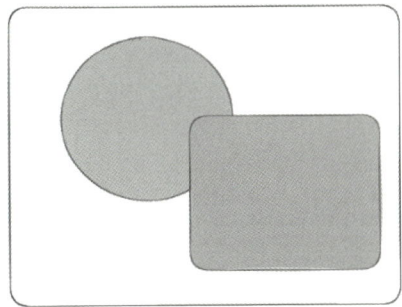 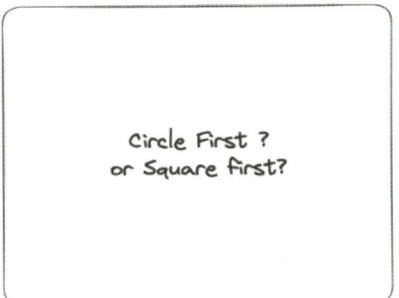

[2-66] 지금까지 주어진 정보로는 원을 먼저 그려야 할지 사각형을 먼저 그려야 할지 알 수 없다

따라서 레이아웃을 계산한 후 브라우저는 어떤 요소들을 어떤 순서대로 쌓아 올려야 하는지를 결정한 후에 각 요소를 주어진 스타일에 맞게 칠하는 작업을 진행해야 합니다. 이 과정을 통틀어 페인트라 합니다. 즉, 페인트는 단순히 요소들을 칠하는 작업뿐 아니라 3차원 공간에 각 요소를 어떻게 배치할지를 결정하는 과정을 포함하는 작업입니다.

2.2.8.1 쌓임 맥락

그렇다면 브라우저는 한 요소가 다른 요소보다 아래에 칠해져야 한다는 사실을 어떻게 결정할까요? 이를 이해하려면 CSS의 쌓임 맥락(stacking context)에 대해 이해해야 합니다.

> 쌓임 맥락은 가상의 Z축을 사용한 HTML 요소의 3차원 개념화입니다.
> Z축은 사용자 기준이며 사용자는 뷰포트 혹은 웹 페이지를 바라본다고 가정합니다.
> 각 HTML 요소는 자신의 속성에 따른 우선순위를 사용해 3차원 공간을 차지합니다.
>
> – MDN

즉, 쌓임 맥락은 사용자가 브라우저에 그려진 화면을 위에서 아래로 내려다본다고 가정하고 이를 기준으로 어떤 요소가 다른 요소보다 위에 위치해야 하는가를 개념화한 것입니다.

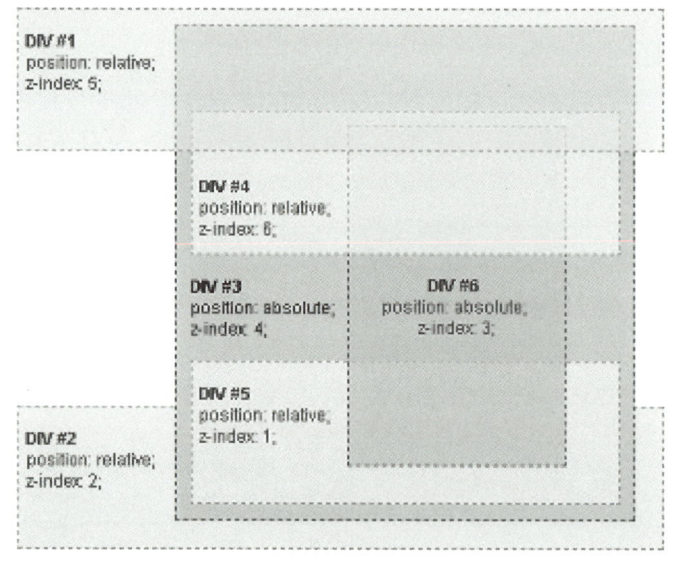

[2-67] 쌓임 맥락의 구조 예시 (출처: developer.mozilla.org)

각 쌓임 맥락은 독립적이며 계층 구조를 지닙니다. 즉 하나의 HTML 문서 안에 여러 겹의 쌓임 맥락이 있을 수 있습니다. 자식 요소들은 부모 요소의 쌓임 맥락 내에서만 의미가 있습니다. 만약 어떤 요소를 화면의 제일 위쪽으로 가져오려고 z-index를 아무리 높이더라도 의도한 대로 동작하지 않는다면 그것은 해당 요소의 부모의 쌓임 맥락이 다른 요소의 쌓임 맥락보다 아래에 쌓이기 때문입니다.

쌓임 맥락은 주로 다음과 같은 속성을 가진 요소에 의해 생성됩니다. 브라우저가 쌓임 맥락을 기준으로 요소들이 그려질 순서를 결정하면 비로소 요소의 배경, 색상, 테두리, 그림자 등의 스타일을 적용하는 과정이 진행됩니다. 브라우저는 요소의 스타일을 적용할 때 일반적으로 배경과 테두리를 먼저 그리고 콘텐츠와 그림자 및 아웃라인 등 나머지는 나중에 적용합니다.

- position 속성이 absolute, relative, fixed, sticky인 요소
- opacity 속성의 값이 1보다 작은 요소
- transform, filter, perspective, clip-path, mask, mask-image, mask-border 속성의 값이 none이 아닌 요소
- mix-blend-mode 속성의 값이 normal이 아닌 요소
- isolation 속성의 값이 isolate인 요소
- z-index 속성의 값이 auto가 아닌 요소
- flex 컨테이너의 자식 요소(z-index 값이 auto가 아닌 경우)
- grid 컨테이너의 자식 요소(z-index 값이 auto가 아닌 경우)
- contain 속성의 값이 layout, paint 또는 composite인 요소
- will-change 속성의 값이 stacking-related property를 포함하는 요소
- 모바일 브라우저에서 position: fixed 또는 position: sticky 속성을 가진 요소

브라우저가 쌓임 맥락을 기준으로 요소들이 그려질 순서까지 결정하고 나면 비로소 요소의 배경, 색상, 테두리, 그림자 등의 스타일을 적용하는 과정이 진행됩니다. 브라우저는 요소의 스타일을 적용할 때, 일반적으로 요소의 배경과 테두리를 먼저 그린 후 요소의 콘텐츠와 그림자 및 아웃라인 등의 나머지 요소를 그립니다.

2.2.8.2 페인트 요약

1. 용어가 주는 직관적인 느낌과는 다르게 페인트 과정은 단순히 요소들을 칠하는 과정뿐 아니라, 위치와 크기가 정해진 각 요소가 어떤 순서대로 화면에 그려져야 하는지, 어떤 요소가 어떤 요소 위에 그려져야 하는지 등 우선순위를 결정하는 과정도 포함합니다.
2. 브라우저는 페인트 과정에서 한 요소를 다른 한 요소보다 먼저 그려야 하는지를 결정하려고 쌓임 맥락을 고려합니다. 브라우저에서는 이 쌓임 맥락을 결정할 여러 도구를 제공합니다.
3. 요소의 페인트 우선순위를 결정하고 나면 브라우저는 CSS를 바탕으로 요소를 스디일링힙니다. 이 과정이 끝나고 나면 비로소 브라우저는 어떤 요소들을 어떤 크기로, 어떤 위치에, 어떤 순서로, 어떤 스타일을 적용해서 그려야 할지 알게 됩니다.

2.2.9 픽셀화&컴포지션

이제 브라우저는 HTML 문서와 각 HTML 요소에 적용될 스타일을 기술한 CSS 문서 그리고 실행해야 하는 자바스크립트 파일을 모두 가졌습니다. 이를 바탕으로 DOM과 CSSOM으로 표현되는 문서의 동적 구조, 각 요소가 그려질 위치와 스타일 그리고 각 요소가 그려져야 하는 순서까지도 모두 알았습니다. 이제 브라우저는 이 정보들을 바탕으로 뷰포트에 화면을 표시하면 됩니다.

2.2.9.1 결국 화면에 보이는 것은 픽셀

DOM 트리, CSSOM 트리, 렌더 트리, 레이아웃 계산, 페인트 등 복잡한 과정들을 거치지만 결국 사용자에게 보이는 것은 GPU를 통해 화면에 그려지는 픽셀입니다.

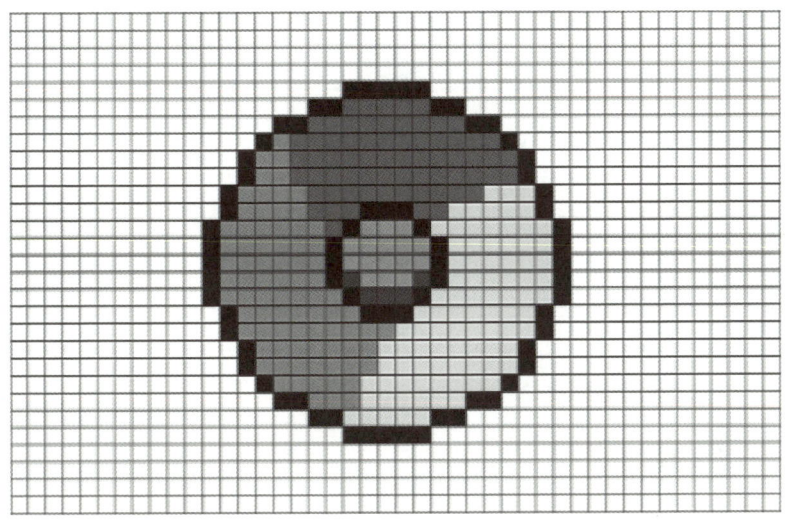

[2-68] 픽셀로 그려진 그림. 기본적으로 브라우저는 화면을 이렇게 그린다

따라서 브라우저는 앞선 단계들을 거치며 얻은 정보를 바탕으로 각 픽셀이 어떻게 표시되어야 할지를 정해야 합니다. 이 과정은 크게 픽셀화(rasterization)와 컴포지션(composition)을 통해 이루어집니다. 두 과정을 거치고 나면 브라우저는 2차원 픽셀 데이터의 배열을 얻습니다. 브라우저가 이 픽셀 데이터를 운영 체제에 전달해 화면에 표시하고 나면 비로소 사용자는 화면에 표시된 웹 페이지를 눈으로 보게 됩니다.

2.2.9.2 화면을 구성하는 여러 레이어

브라우저는 화면을 여러 레이어로 구성합니다. 예를 들어 다음과 같은 쇼핑몰 페이지를 생각해 보겠습니다. 헤더와 푸터가 있는 전형적인 모바일 웹 페이지입니다. 사용자에게는 한 겹의 2차원 웹 페이지이지만, 실제로 브라우저에서는 이 하나의 페이지를 여러 레이어로 나누어 3차원으로 쌓아 올리는 작업을 수행합니다.

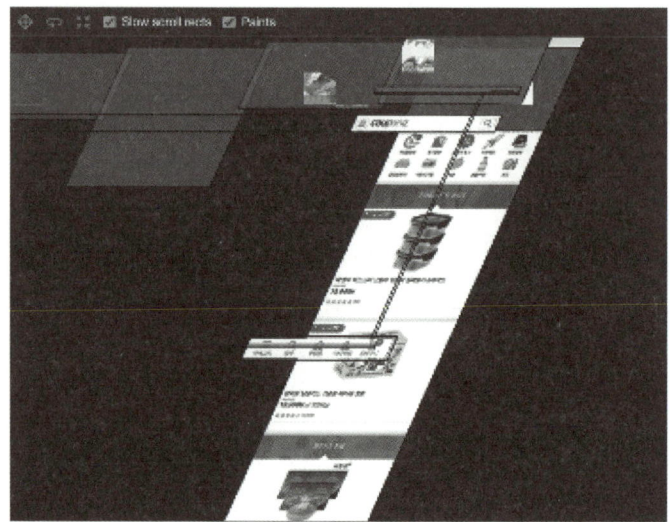

[2-69] 커머스 웹 페이지를 여러 레이어로 나누어 관리하는 예시

레이어 화면은 크롬의 개발자 도구에서 레이어 탭을 클릭하면 확인되는 화면으로, 실제로 크롬 브라우저에서 구성한 여러 겹의 레이어를 시각화해서 보여 줍니다. 우리가 보기에 하나의 화면이라고 생각했던 것이 실제로는 상단의 광고 영역, 헤더 영역, 메인 스크롤 영역, 하단의 푸터 영역을 비롯해서 하나의 화면이 여러 레이어로 나뉜 것이 확인됩니다. 브라우저는 다양한 기준을 기반으로 화면의 특정 영역을 다른 영역과 분리된 레이어로 나누며, 각각의 레이어를 별도로 픽셀화합니다.

2.2.9.3 픽셀화

픽셀화는 브라우저가 그려야 할 레이어를 실제 화면에 표시하려고 픽셀 단위의 데이터로 변환하는 과정을 의미합니다. 브라우저가 여러 과정을 거쳐 뷰포트에 표시할 레이어들을 생성하면 렌더러 프로세스는 각 레이어의 정보를 활용해 GPU가 이해하는 형태로 픽셀화 과정을 수행합니다. 결국 브라우저도 사용자 기기의 디스플레이를 사용하여 원하는 내용을 표시해야 하며 이 디스플레이에 내용을 표시하려면 표시하려는 내용을 픽셀로 변환해야 하기 때문입니다. 이 픽셀화 과정이 끝나고 나면 브라우저는 픽셀화된 레이어들을 조합하여 사용자에게 보여줄 화면을 GPU를 통해 보여줍니다.

한편, 브라우저가 그려야 하는 각 레이어의 크기는 뷰포트보다 큰 경우가 많습니다. 예를 들어 세로로 긴 스크롤이 필요한 쇼핑몰 페이지에서는 상품 목록과 같은 콘텐츠가 포함된 메인 레이어의 크기가 사용자의 뷰포트 크기보다 큽니다. 이는 사용자가 페이지를 스크롤할 때, 미리 픽셀화된 레이어를 실시간으로 조합하여 즉시 보여주기 위함입니다.

성능 최적화의 관점에서 브라우저는 필요에 따라 특정 레이어들을 사전에 픽셀화하며 사용자의 상호 작용에 의해 추가 레이어들을 픽셀화합니다. 이 과정은 브라우저의 메모리 사용량을 최소화하고 렌더링 성능을 향상하려는 전략의 일부입니다. 특히, 대규모 이미지나 복잡한 애니메이션을 포함한 무거운 레이어는 사용자가 해당 내용에 도달하기 전에 사전 픽셀화되어, 스크롤처럼 상호 작용 시 빠른 로딩과 부드러운 사용자 경험을 제공합니다.

2.2.9.4 컴포지션

컴포지션의 사전적 정의는 '요소들을 한데 모아 어떤 형태를 만드는 것'입니다. 브라우저에서 수행하는 컴포지션의 의미도 이와 다르지 않습니다. 픽셀화를 먼저 설명해서 픽셀화가 일어난 다음에 컴포지션이 일어난다고 생각하지만, 컴포지션은 더 넓은 의미에서 픽셀화를 포함하는 개념입니다.

브라우저에서 수행하는 컴포지션은 픽셀화된 여러 레이어를 하나의 완성된 프레임으로 결합하는 렌더링의 최종 단계입니다. 컴포지션 과정을 마치고 나면 브라우저는 사용자의 디스플레이에 그려질 화면의 최종 스크린 샷을 얻습니다. 컴포지션은 다음과 같은 과정을 거쳐 진행됩니다.

1. **레이어의 결정과 분리**

   브라우저의 렌더링 엔진은 레이아웃 트리에 정의된 각 요소를 복잡성, 애니메이션의 유무, 자주 변경되는지 여부 등 특정 기준에 따라 독립적인 레이어로 분리합니다.

   브라우저에 따라 레이어를 결정하고 분리하는 과정이 먼저 일어나는 경우가 있습니다. 특히 최신 브라우저에서는 레이아웃 트리를 구성하는 과정에서 레이어가 분리되는 경우도 있습니다.

2. **픽셀화**

   분리된 각 레이어는 앞서 설명한 픽셀화 과정을 통해 픽셀 데이터로 변환됩니다.

3. 최종 컴포지션

픽셀화를 거치고 나면 브라우저의 렌더링 엔진은 현재 사용자의 뷰포트에 표시되어야 하는 레이어들을 선택하고 이들을 최종적인 프레임으로 결합합니다. 이 과정에서 레이어의 순서, 투명도, 변환(transformation) 등을 고려하여 화면에 그려낼 최종 스크린 샷을 생성합니다.

최종 컴포지션 단계는 매우 중요한데, 이는 브라우저가 가진 레이어들의 일부만이 화면에 표시된다는 것을 의미하기 때문입니다. 브라우저가 이해하는 레이어의 일부만을 화면에 표시해 스크롤하거나 레이어의 일부가 바뀌었을 때 브라우저는 전체 화면을 다시 렌더링힐 필요 없이 필요한 레이어의 위치만 조정한 후 컴포지션만 다시 하는 방식으로 효율적인 렌더링을 수행합니다.

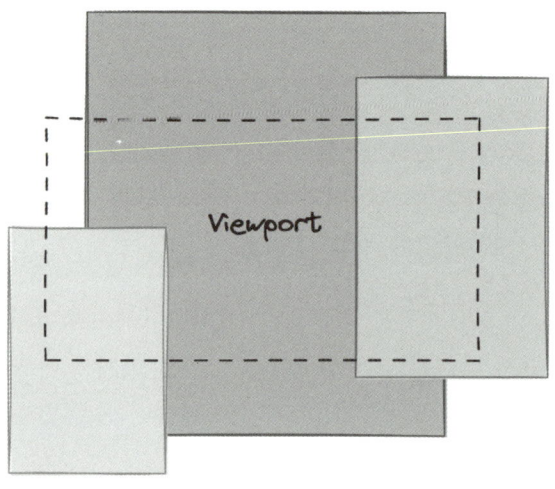

[2-70] 브라우저의 컴포지션

컴포지션을 수행하면 결과물은 GPU에 전달되어 실제 사용자 기기의 픽셀에 그려집니다. 이 단계까지 마치고 나면 비로소 사용자는 렌더링된 웹 페이지를 볼 수 있습니다.

한편, 브라우저에서 레이어를 분리하는 기준은 여러 가지입니다. 주로 CSS 속성에 의해 분리되는데, 공식 문서에서 안내하는 대표적인 몇 가지 기준을 살펴보면 transform, opacity, filter, animation, will-change 등 특정 요소들에 독립적으로 적용되어야 하는 스타일들이 적용되면 해당 요소는 레이어가 분리되어 별도로 관리되고, 화면에 표시될 때 컴포지션을 통해 결합됩니다.

브라우저는 사용자가 주소창에 입력한 도메인 주소에서 이런 많은 과정을 거쳐 화면에 웹 페이지의 내용을 표시합니다. 프런트엔드 엔지니어에게는 이 전반적인 과정을 이해하는 것이 중요한데, 웹 페이지를 개발하면서 사용하는 수많은 라이브러리와 프레임워크는 모두 이 과정의 일부분을 개선하거나 편하게 만들어 주려고 등장하기 때문입니다.

브라우저가 어떻게 웹 페이지를 렌더링하는가에 대한 큰 그림을 이해했다면 시간이 지남에 따라 빠르게 변화하는 프런트엔드 라이브러리와 프레임워크의 흐름 속에서 중심을 잡고 변화에서 강건한 학습을 할 것입니다.

2.2.9.5 픽셀화&컴포지션 요약

1. 컴포지션은 픽셀화를 포함하는 개념으로 브라우저 렌더링 프로세스의 마지막 단계입니다. 컴포지션 과정을 마치고 나면 브라우저는 사용자 디스플레이에 표시될 픽셀 정보에 대한 2차원 배열을 얻습니다.
2. 컴포지션은 세 가지 단계로 구성됩니다. 레이어의 결정과 분리, 픽셀화, 픽셀화된 레이어의 조합. 브라우저는 컴포지션을 통해 스크롤, 요소의 변경 등이 발생했을 때도 효율적으로 화면을 렌더링합니다.

2.3 브라우저가 렌더링을 효율적으로 하려면

사람의 눈은 초당 60개의 프레임이 전환될 때 끊김 없이 자연스러운 동작이 일어난다고 인지합니다. 초당 60개의 프레임 전환은 브라우저가 하나의 프레임을 렌더링하는 데 16ms를 넘기지 않아야 한다는 의미입니다. 만약 브라우저가 한 프레임을 렌더링할 때 16ms 이상 걸린다면 중간에 프레임이 손실되는 현상인 프레임 드롭(frame drop)이 발생합니다.

[2-71] 16ms마다 화면을 렌더링하지 못해 발생하는 프레임 드롭

프레임 드롭이 발생하면 사용자는 웹 페이지가 버벅거린다고 느낍니다. 따라서 사용자가 버벅거림을 느끼지 않는 성능 좋은 웹 페이지를 제공하려면 웹 페이지를 렌더링할 때 각 프레임의 렌더링 시간이 16ms를 넘기지 않도록 주의해야 합니다.

> **프레임과 주사율**
>
> 주사율은 디스플레이가 1초 동안 얼마나 많은 이미지(프레임)를 보여줄지를 나타내는 수치입니다. 이는 헤르츠(Hz) 단위로 표현됩니다. 예를 들어 60Hz의 주사율을 가진 디스플레이는 1초에 60개의 개별 프레임을 표시합니다.
>
> 인간의 시각 체계는 대략 60Hz 정도의 주사율에서 움직임을 부드럽고 연속해서 인식하기 시작합니다. 이 속도에서는 개별 프레임 간의 전환이 눈에 거의 띄지 않아, 동작이 자연스럽게 보입니다.

화면을 렌더링한다는 것은 앞서 살펴본 것처럼 DOM 트리 생성, CSSOM 트리 생성, 레이아웃 트리 생성 등 여러 단계를 거치는 렌더링 파이프라인의 전체 혹은 일부 단계를 업데이트하는 것을 의미합니다. 이는 대체로 브라우저에서 16ms 내에 마무리하는 작업이지만, 복잡한 요소들의 상호 작용을 업데이트해야 하거나 계산이 많이 들어가는 레이아웃 변경이 발생하는 경우 전체 과정을 16ms 안에 수행할 수 없는 경우가 생깁니다.

브라우저가 어떻게 화면을 렌더링하는지를 전반적으로 이해했다면 사용자에게 제공하는 웹 서비스에 프레임 드롭이 발생했을 때 가진 옵션들을 바탕으로 문제들을 진단하고, 이를 해결할 여러 방법을 제시합니다. 이전 장에서 살펴보았던 브라우저의 렌더링 과정에 대한 이해를 바탕으로 브라우저가 렌더링을 더 효율적으로 하게 하는 여러 방법에 대해 알아보겠습니다.

2.3.1 레이어 분리

화면에 렌더링해야 하는 요소들에 변경 사항이 생기더라도 브라우저가 항상 모든 렌더링 단계를 다시 수행하지는 않습니다. 경우에 따라 반드시 필요한 단계들만 다시 수행합니다. 어떤 경우에는 레이아웃 단계를 건너뛰기도 하고 어떤 경우에는 페인트 단계까지 건너뛰기도 합니다. 모든 단계를 매번 다 수행하는 것이 아니라 상황에 따라 단계들을 건너뛴다는 것은 이를 잘 활용하면 브라우저의 렌더링 속도를 향상해 프레임 드롭 현상이 줄어든다는 의미입니다.

2.2 브라우저가 화면을 렌더링하는 과정에서 살펴본 픽셀화&컴포지션의 내용을 되짚어 보면 브라우저는 픽셀화 단계에서 각 레이어를 픽셀화하고 픽셀화된 레이어를 컴포지션 단계를 통해 조합하여 화면에 표시합니다. 레이어 자체의 내용이 변경되지 않고 화면 내에서 기존 레이어의 배치만 바뀌는 경우 브라우저는 레이아웃과 페인트 단계를 건너뛰고 이미 픽셀화된 정보를 바탕으로 컴포지션 단계만 다시 수행합니다. 레이아웃과 페인트 단계는 브라우저가 많은 리소스를 소모하는 일이므로 이 과정을 건너뛴다면 렌더링 성능이 상당 부분 개선됩니다.

만약, 특정 레이어의 스타일이나 위치가 변경되어 레이아웃이나 페인트 단계를 다시 수행하게 되더라도 브라우저는 변경에 영향을 받는 해당 레이어에 필요한 연산만을 다시 수행하면 됩니다. 따라서 하나의 화면을 자주 변경되는, 혹은 함께 변경되는 요소들로 묶어 하나의 레이어로 분리하면 렌더링 성능이 개선됩니다.

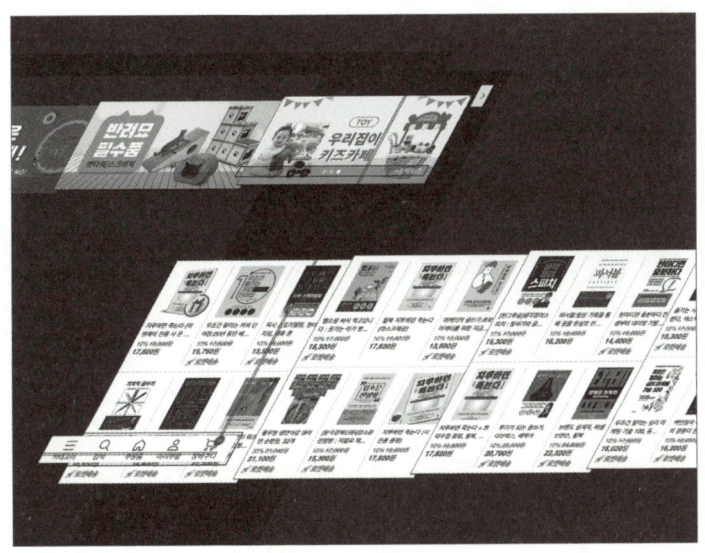

[2-72] 레이어가 잘 분리된 쇼핑몰 웹 페이지의 레이어 탭

이해를 돕고자 널리 사용되는 쇼핑몰 웹 페이지를 살펴보겠습니다. 검색 바와 로고가 있는 상단 헤더와 카테고리, 장바구니 등의 메뉴가 있는 하단 헤더 그리고 상품을 표시하는 사용자가 스크롤하는 메인 콘텐츠 영역으로 구성됩니다. 크롬 브라우저의 레이어 탭을 통해 살펴본 위 웹 페이지는 서로 다른 의미가 있는 영역들을 별도의 레이어로 분리하여 렌더링 성능을 개선합니다.

만약 사용자가 콘텐츠를 더 보려고 웹 페이지를 아래로 스크롤하면 브라우저는 레이아웃과 페인트 단계를 건너뛰고 컴포지션 단계만 수행하여 스크롤된 페이지를 렌더링합니다. 상단 헤더와 콘텐츠 영역, 하단 푸터 모두 레이어로 분리되고, 각 레이어가 이미 픽셀화되기 때문입니다. 만약 사용자가 아직 레이어에 그려지지 않은 영역까지 스크롤하려 한다면 그제야 브라우저는 데이터를 불러와 콘텐츠 영역의 레이어에 대해서만 다시 레이아웃과 페인트 단계를 수행합니다. 여전히 상단 헤더와 콘텐츠 영역은 아무런 영향을 받지 않으며, 새롭게 그려진 콘텐츠 영역의 레이어와 함께 컴포지션되어 화면에 렌더링됩니다.

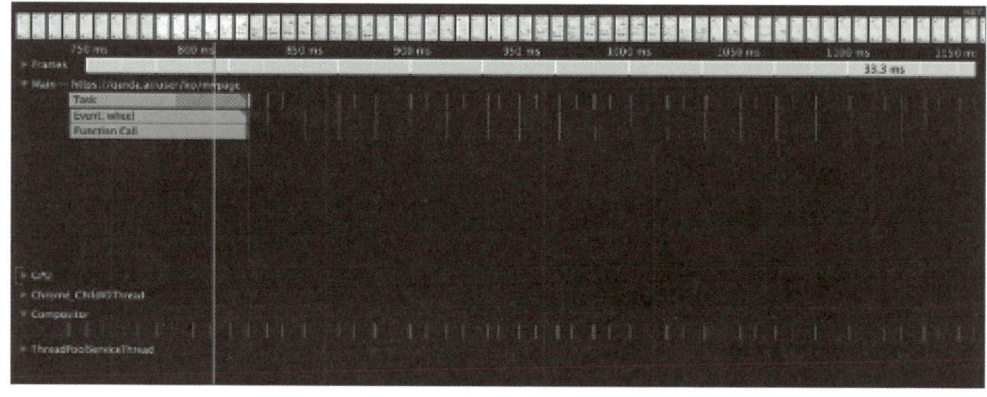

[2-73] 스크롤하는 동안 컴포지션을 수행하는 크롬 브라우저의 퍼포먼스 탭

성능 좋은 웹 페이지를 만들려면 화면을 사용자에게 의미 있는 단위로 나누어야 합니다. 각 요소가 별도의 레이어로 분리될 수 있도록 브라우저에게 속성으로 알려주어야 합니다. 다만, 너무 많은 요소를 레이어로 분리하는 것은 오히려 브라우저에 부담을 주므로 모니터링을 통해 적절한 수준을 찾아야 합니다.

2.3.2 자바스크립트 효율적으로 처리하기

브라우저에서 많은 것을 수행하게 되면서 브라우저에서 실행되는 자바스크립트의 양도 점점 많아졌습니다. 이는 복잡한 애니메이션이나 3D 렌더링 등 무거운 연산을 브라우저에서 직접 처리하게 함으로써 좋은 사용자 경험을 제공하게 해주지만 동시에 렌더링 성능 문제를 야기하기도 합니다.

모던 브라우저의 자바스크립트 엔진 성능이 비약적으로 향상되었지만, 과도한 연산은 여전히 한 프레임에 주어진 16ms의 시간을 초과하여 프레임 드롭을 발생시킵니다. 브라우저는 하나의 메인 콜 스택에서 렌더링과 관련된 대부분의 작업을 처리하므로 자바스크립트가 메인 콜 스택(call stack)에서 실행되는 동안에는 다른 작업을 할 수가 없습니다. 따라서 하나의 프레임에서 처리되는 자바스크립트의 양을 적절하게 조절하는 방법이 필요합니다.

[2-74] 한 프레임에서 실행되는 자바스크립트가 너무 무거우면 프레임 드롭이 발생한다

브라우저에서는 이 문제를 해결하려고 여러 도구를 제공합니다. 도구들은 크게 두 가지 속성으로 구분합니다.

- 메인 스레드에서 실행되는 연산들을 적절히 나누어 효율적으로 실행하게 하는 경우로 requestAnimationFrame, requestIdleCallback 등의 도구가 여기에 해당합니다.
- 무거운 연산을 별도의 스레드에서 실행하게 한 후 결과를 메인 스레드로 넘겨주는 경우로 서비스 워커(service worker), 웹 워커(web worker) 등의 도구가 여기에 해당합니다.

2.3.2.1 requestAnimationFrame

공식 문서에서 소개하는 requestAnimationFrame(이하 rAF)의 정의는 다음과 같습니다.

> window.requestAnimationFrame() 메서드는 브라우저에 수행하기를 원하는 애니메이션을 알리고 다음 리페인트 바로 전에 브라우저가 애니메이션을 업데이트할 지정된 함수를 호출하도록 요청합니다.
>
> – MDN

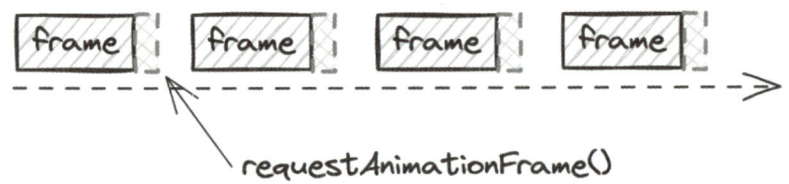

[2-75] requestAnimationFrame의 동작 타이밍

브라우저는 다음 리페인트를 수행하기 직전 rAF에 등록된 콜백(callback) 함수를 실행합니다. 메인 스레드에서 현재 실행되는 프레임 작업을 방해하지 않아 rAF를 사용하면 메인 스레드의 작업을 방해하지 않고 간단한 애니메이션 등 UI 작업을 효율적으로 수행합니다.

리페인트 직전에 브라우저가 등록한 콜백 함수의 호출을 보장해 주어 스크립트의 실행 타이밍을 엔지니어가 신경 쓸 필요가 없습니다. 다만, 브라우저가 해당 콜백을 실행한 후에 리페인트가 일어나 rAF를 통해 실행되는 스크립트는 애니메이션 등 간단한 시각적 변화를 수행하는 작업에 적합합니다. rAF를 통해 실행되는 콜백의 스크립트가 지나치게 오래 걸리거나 무거우면 프레임 드롭이 발생합니다.

즉, rAF는 애니메이션 처리 등 가벼운 스크립트를 브라우저가 화면을 갱신하는 사이클에 맞추어 콜백으로 수행해 프레임과 프레임 사이 메인 스레드에서 동작하는 여러 자바스크립트의 실행을 방해하지 않아 웹 페이지의 성능을 높여 줍니다.

2.3.2.2 requestIdleCallback

공식 문서에서 소개하는 requestIdleCallback(이하 rIC)의 정의는 다음과 같습니다.

> window.requestIdleCallback() 메서드는 브라우저의 idle 상태에 호출될 함수를 대기열에 넣습니다. 이를 통해 개발자는 애니메이션 및 입력 응답 등 대기 시간이 중요한 이벤트에 영향을 미치지 않고 메인 이벤트 루프에서 백그라운드 및 우선순위가 낮은 작업을 수행합니다. 함수는 일반적으로 선입선출(First-In-First-Out, FIFO) 방식으로 호출됩니다. 하지만, timeout 옵션이 지정된 callback은 제한 시간이 지나기 전에 이들을 실행하려고 순서에 맞지 않게 호출됩니다.
>
> – MDN

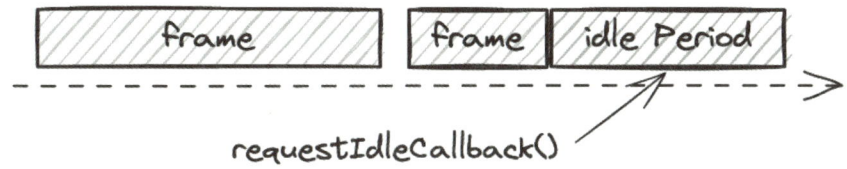

[2-76] requestIdleCallback의 동작 타이밍

rIC는 rAF와는 다른 방식으로 동작합니다. rIC는 브라우저가 유휴 상태일 때, 즉 중요한 렌더링 작업이나 사용자 입력 처리가 없어 메인 스레드의 콜 스택이 비었을 때 스케줄된 콜백을 실행합니다. 메인 스레드의 콜 스택의 상태와 상관없이 프레임마다 실행되는 rAF와는 다르게 rIC는 콜 스택이 가득 차서 브라우저가 유휴 상태에 도달하지 않는다면 실행되지 않을 수도 있습니다. 따라서 rIC는 로깅이나 지연 로딩 등 백그라운드 작업들을 브라우저의 렌더링 단계를 방해하지 않고 실행하도록 도와줍니다.

이렇게 브라우저는 rAF와 rIC 등 스크립트 실행 API를 제공함으로써 엔지니어들이 브라우저의 렌더링 사이클을 잘 이해하고 서로 다른 우선순위를 갖는 여러 작업을 잘 분배하도록 도와줍니다.

2.3.2.3 workers

한편, rAF나 rIC를 사용하기에는 적절하지 않지만 그렇다고 메인 스레드에서 처리하기에는 웹 페이지의 성능에 문제가 생기는 여러 작업이 존재합니다. 흔히 만나는 작업들은 다음과 같습니다.

- **복잡한 데이터 처리 및 계산**: 큰 배열의 정렬, 통계 데이터 추출 및 계산, 캔버스 렌더링을 위한 그래픽 데이터 처리 등 복잡한 알고리즘의 처리 및 대량의 데이터 작업
- **파일 및 데이터베이스 조작**: 대용량 파일의 읽기/쓰기 작업이니 인덱스 DB 등 클라이언트 사이드 데이터베이스에 대한 여러 쿼리의 처리 작업
- **실시간 데이터 처리**: 웹 소켓을 통한 실시간 데이터 처리나 비디오 및 오디오 처리 등 실시간 스트리밍 작업
- **암호화 작업**: 클라이언트 사이드에서 수행되는 암호화 및 해시 계산 등 보안 관련 작업
- **시뮬레이션 및 게임 로직**: 복잡한 물리 계산이나 게임의 로직 처리

웹 워커와 웹 워커의 일종인 서비스 워커는 브라우저에서 위와 같은 무거운 연산을 메인 스레드가 아닌 별도의 백그라운드 스레드에서 실행하게 해줍니다. 이를 통해 메인 스레드는 UI와 인터랙션 처리에 집중하며 이는 웹 페이지의 반응성을 크게 향상합니다. 다만 워커의 사용은 웹 페이지의 복잡성을 증가시키고 호환성 문제가 있어 실제로 필요한 경우에만 서로 다른 브라우저의 호환성을 확인한 후 사용하는 것이 좋습니다.

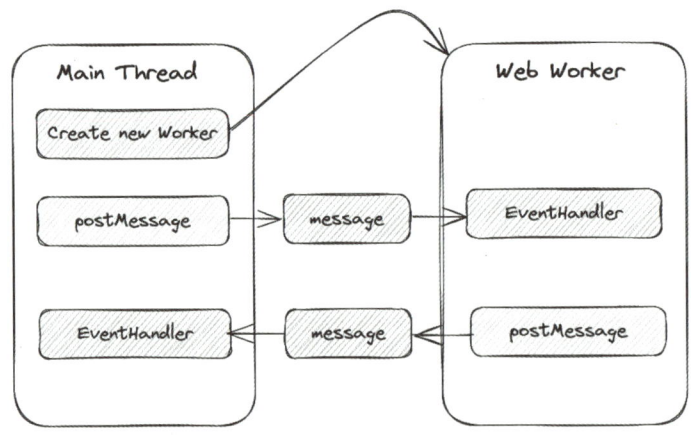

[2-77] 메인 스레드가 아닌 별도의 스레드에서 동작하는 웹 워커

2.3.3 요청 묶어서 처리하기

웹 페이지에 사용자의 상호 작용은 종종 많은 DOM 요소의 변경이 필요합니다. 예를 들어 할 일 목록에 오늘의 할 일을 추가하거나 버튼을 클릭해 사용자 정보를 업데이트하는 등의 작업은 관련된 여러 DOM 요소를 업데이트하게 합니다. 이러한 변경 사항을 브라우저에서 제공하는 DOM API를 사용하여 하나하나 즉시 DOM에 반영하려고 하면 각 요소의 변경마다 별도의 API를 호출해야 합니다. 이는 사용자의 입장에서는 한 번에 일어나야 하는 업데이트임에도 불구하고 브라우저로 하여금 여러 번 화면을 재구성하게 해서 성능 저하를 일으킵니다.

이 문제는 특히 복잡한 UI를 가진 대규모 웹 페이지에서 두드러집니다. 브라우저의 DOM은 기본적으로 변경에 대해 매우 민감하여 작은 변경이라도 전체 페이지의 레이아웃 계산을 다시 수행해야 하며, 이는 사용자에게 눈에 띄는 성능 저하를 야기합니다. 브라우저에는 DOM의 변경 사항을 효율적으로 관리하고 성능 저하를 방지하는 방법이 필요합니다.

이를 위해, 브라우저는 요청을 한 번에 묶어서 처리하는 배치 처리(batching) 방식을 사용합니다. 사용자 입장에서 한 번에 일어나는 것이 자연스러운 변경 사항을 모아 한 번에 처리함으로써 브라우저의 렌더링 엔진이 불필요한 계산을 수행하는 것을 줄이는 방식입니다. 한 번의 사용자 상호 작용으로 여러 개의 DOM 요소를 추가하는 작업이 있을 때 브라우저는 발생하는 모든 변경 사항을 모아 한 번에 DOM에 반영함으로써 렌더링 과정을 단 한 번만 거칩니다. 이는 렌더링 성능을 크게 향상하며 웹 페이지의 반응성을 유지합니다.

이러한 방식을 응용하여 렌더링 성능을 개선한 것이 바로 리액트의 가상 돔(virtual dom)입니다. 리액트를 다루는 이후의 장에서 더 자세하게 살펴보겠지만, 가상 돔은 메모리 내에 저장되는 DOM의 경량 버전으로, 실제 DOM에 적용하기 전에 변경 사항을 빠르게 모으고 최적화합니다. 사용자와의 상호 작용이나 데이터의 변화가 발생하면 리액트는 해당 변화를 브라우저의 돔에 바로 반영하기 전에 먼저 메모리상의 가상 돔에 적용합니다. 이를 통해 리액트는 실제 DOM에 최소한의 변경만을 한 번에 반영해, 효율적으로 렌더링 성능을 개선하고 사용자 경험을 최적화합니다.

여정 돌아보기

2.1 브라우저의 구성 요소에서는 브라우저를 구성하는 여러 요소에 대해 살펴보았습니다. 웹의 근간을 이루는 브라우저는 HTML 문서를 파싱해서 화면에 표시하는 렌더링 엔진뿐 아니라 브라우저 엔진, 네트워킹 엔진, UI 백엔드 등 여러 요소로 구성되며 이들이 여러 프로세스와 스레드로 나뉘어 긴밀하게 협력하며 목적을 달성합니다. 또한 서로 다른 브라우저라도 동일한 HTML 문서를 거의 동일하게 렌더링하는데, 이것은 브라우저가 각자의 입맛에 맞게 개발된 것이 아니라 웹 서비스와 브라우저가 지켜야 하는 표준 인터페이스에 맞춰 개발되었기 때문입니다.

2.2 브라우저가 화면을 렌더링하는 과정에서는 브라우저가 구성 요소들의 상호 작용을 통해 웹 페이지를 렌더링하는 과정에 대해 살펴보았습니다. 브라우저는 웹 페이지를 사용자에게 렌더링하려고 DNS를 리졸브해서 웹 서버의 IP 주소를 알아내는 것부터, 픽셀화와 컴포지션을 거쳐 사용자 디스플레이에 내용을 표시하기까지 수많은 일을 수행합니다.

2.3 브라우저가 렌더링을 효율적으로 하려면에서는 웹 페이지를 더 효과적으로 렌더링하기 위해 고려하는 것들에 대해 살펴보았습니다. 컴포지션을 잘 사용하려고 레이어를 분리하거나 rAF, rIC 등 브라우저에서 제공하는 여러 콜백 함수를 사용하거나 사용자의 입장에서 한 번에 실행되어도 괜찮은 요청들을 묶어서 처리하는 배치 처리에 대해 살펴보았습니다.

웹 서비스를 개발하는 프런트엔드 엔지니어에게 브라우저에 대한 지식의 중요도는 간과되기 쉽습니다. 그러나 브라우저는 웹에 대한 매우 중요한 통찰과 오랜 시간을 거쳐 살아남은 여러 중요한 옵션을 제공합니다. 새롭게 등장하고 변경되는 수많은 개발 도구는 모두 브라우저가 제공하는 이 기다란 여정의 어딘가에 위치합니다. 그렇기 때문에 브라우저에 대한 지식을 옵션으로 보유하는 것은 지금까지 등장한 그리고 앞으로 등장할 모든 도구를 자세하게 알아야 할 필요가 없게 해줍니다.

3

리액트

웹 페이지를 렌더링하는 과정을 구성하는 모든 것은 브라우저와 웹 서버 사이의 약속인 프로토콜들을 기반으로 이루어집니다. 이 약속들이 정의하는 것은 HTML, CSS, 자바스크립트, HTTP 등에 관한 것이며 리액트는 이 기본적인 약속들에서 웹 페이지 개발을 더 편리하게 하도록 만들어진 도구에 불과합니다. 리액트가 없어도 웹 페이지는 사용자 화면에 전달되어 렌더링되며, 실제로 리액트가 등장하기 전에도 다양한 웹 페이지가 사용자에게 제공되었습니다. 이처럼 리액트가 사라진 후에도 웹 페이지는 여전히 사용자에게 잘 제공될 것입니다.

웹 서비스를 사용자에게 제공하는 데 리액트는 필수불가결한 요소가 아닙니다. 리액트는 웹이라는 거대한 플랫폼 위에서 동작하는 서비스의 개발을 돕는 도구입니다. 이 도구가 어떤 것을 문제로 정의했고 어떤 방식을 사용하여 정의한 문제를 해결하려 하는지를 이해하는 것이 목표입니다.

3.1 리액트와 리액트가 아닌 것

일반적으로 리액트를 사용해서 웹 서비스를 개발한다고 하면 create-react-app이나 create-next-app 등 명령줄 도구를 통한 프로젝트 세팅으로 시작됩니다. 몇 줄의 커맨드로 프로젝트 개발과 배포를 하는 전체적인 과정이 쉽고 빠르게 진행되므로 리액트를 사용한다는 것과 리액트와 함께 많은 라이브러리를 사용해서 웹 서비스를 개발하는 것을 동일하게 간주하기 쉽습니다.

[3-1] create-react-app

하지만 이렇게 웹 서비스를 개발하는 것과 리액트를 사용하는 것 자체는 다르며, 둘 사이에 무수히 많은 다른 과정이 포함된다는 것을 이해해야 합니다. 이를 위해서는 일반적으로 웹 서비스를 개발하는 과정에 필요한 요소들을 살펴보면서 리액트인 것과 리액트가 아닌 것을 구분하는 과정이 먼저 필요합니다.

3.1.1 리액트는 번들러가 아니다

번들링(bundling)은 여러 개의 파일을 하나의 파일로 결합하는 과정을 의미하고 번들러(bundler)는 번들링을 지원하는 도구를 의미합니다. 하나의 웹 서비스를 구성하는 소스 코드는 일반적으로 기능과 도메인에 따라 나뉜 수많은 파일로 구성됩니다. 서비스를 개발할 때 이렇게 용도와 기능에 맞게 파일들을 나누어 관리하는 것은 서비스의 구조를 명확하게 하고 파일마다 역할과 책임을 나누어 기능의 추가와 수정을 용이하게 한다는 장점이 있습니다.

```
src/
├── components/
│   ├── atoms/
│   │   ├── Button/
│   │   │   ├── Button.js
│   │   │   └── Button.css
│   ├── molecules/
│   │   ├── SearchBar/
│   │   │   ├── SearchBar.js
│   │   │   └── SearchBar.css
│   ├── organisms/
│   │   ├── Header/
│   │   │   ├── Header.js
│   │   │   └── Header.css
│   │   ├── ProductList/
│   │   │   ├── ProductList.js
│   │   │   └── ProductList.css
│   ├── Templates/
│   │   ├── DefaultTemplate/
│   │   │   ├── DefaultTemplate.js
│   │   │   └── DefaultTemplate.css
├── pages/
│   ├── HomePage/
│   │   ├── HomePage.js
│   │   └── HomePage.css
│   ├── AboutPage/
│   │   ├── AboutPage.js
│   │   └── AboutPage.css
├── shared/
└── public/
```

[3-2] 일반적으로 웹 서비스를 개발할 때 사용하는 파일과 디렉터리 구조의 한 예시

그러나 실제로 여러 파일을 사용하여 화면에 원하는 내용을 표시하는 것은 보기보다 쉬운 일이 아닙니다.

서로 다른 파일 간의 의존성 문제

브라우저는 웹 서버에서 HTML을 받아오고, HTML이 참조하는 자바스크립트 파일을 HTML 표준 스펙에 맞게 실행합니다. 소스 코드에 포함된 여러 라이브러리의 소스 코드를 포함하면 하나의 화면에 필요한 스크립트 파일들은 수백 개에서 수천 개에 달합니다. 서로 다른 소스 코드는 서로 간에 복잡한 의존성이 있으며, 소스 코드의 실행 순서에 따라 전체 화면의 렌더링 결과가 달라질 수 있습니다. 예를 들어 헤더 안의 버튼을 렌더링

하는 스크립트는 헤더를 렌더링하는 스크립트가 실행된 이후에 실행되어야 합니다. 그렇지 않으면 정상적으로 헤더가 렌더링되기를 기대할 수 없습니다. 따라서 화면이 항상 의도한 대로 렌더링되려면 브라우저에서 실행되는 스크립트 순서의 일관성이 보장되어야 합니다.

비효율적인 네트워크 딜레이

브라우저가 화면을 그리려고 외부로 요청하는 모든 리소스는 리소스가 위치한 웹 서버, 혹은 정적 스토리지에서 네트워크를 요청해 가져와야 합니다. 모든 네트워크 요청에는 물리적인 시간 딜레이가 있고, 스크립트가 완전히 로드되기 전까지 브라우저는 해당 스크립트가 실행되어 화면에 표시할 내용을 그릴 수 없습니다.

앞서 설명한 것처럼, 하나의 웹 페이지를 그리려면 수백 개의 스크립트가 필요하고 이 스크립트의 실행 순서의 일관성을 보장해야 하는 상황에서 브라우저는 스크립트들이 로드될 때까지의 물리적인 네트워크 딜레이를 기다려야 합니다. 이는 전반적인 웹 페이지의 성능을 현저하게 떨어뜨립니다.

번들러는 이러한 문제들을 해결합니다. 소스 코드에 포함되는 수많은 파일을 적절한 단위로 묶어서 의존성을 해결하고 큰 하나의 파일로 만들어 줍니다. 이 과정에서 사용되지 않는 코드들을 제거하거나 난독화해서 전체 소스 코드의 용량을 줄이고 익명의 사용자에게 서비스의 소스 코드가 직접적으로 노출되는 것을 방지합니다. 번들러가 하나의 화면을 렌더링하는 데 필요한 수많은 파일을 몇 개의 압축된 자바스크립트 번들로 제공해 브라우저는 이전에 비해 훨씬 적은 수의 네트워크 요청으로 화면을 빠르게 렌더링합니다.

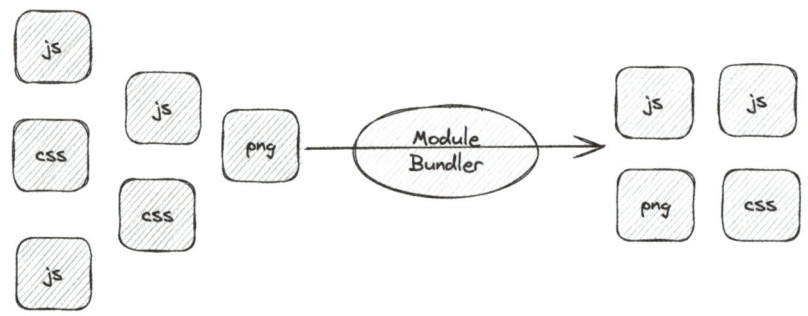

[3-3] 번들러가 동작하는 방식

create-react-app 등의 도구를 사용하면 번들러가 기본적으로 설정되어 리액트가 번들러의 기능까지 수행한다고 생각하기 쉽습니다. 하지만 리액트는 번들러가 아닙니다. 리액트만으로는 여러 컴포넌트 파일의 중복을 제거하고 번들링하는 과정을 수행할 수 없습니다. 이러한 번들링 과정에는 웹팩(Webpack), 롤업(Rollup) 등의 도구들이 사용되며, 리액트를 사용해 작성된 자바스크립트 파일들은 이러한 번들링 도구를 통해 번들링됩니다. 즉, 리액트 자체는 번들링과 상관없으며 리액트 문법으로 작성된 소스 코드가 번들링 도구를 통해 번들링됩니다.

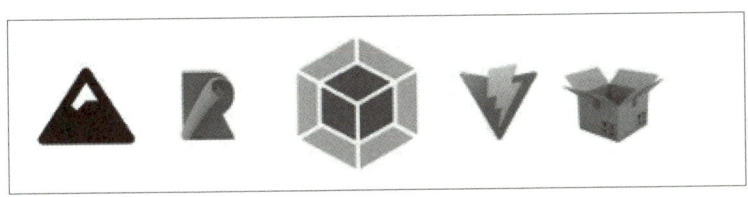

[3-4] 널리 알려진 번들링 도구들

3.1.2 리액트는 스타일링 도구가 아니다

리액트를 사용하면 화면에 그려질 컴포넌트와 렌더링 우선순위를 위한 로직이 작성됩니다. 그러나 해당 컴포넌트의 각 요소가 어떤 위치에, 어떤 색깔과 배경으로 그려지는지는 리액트가 하는 것이 아니라 브라우저가 합니다.

리액트의 역할은 사용자가 선언적으로 명시한 컴포넌트의 요소와 속성들을 브라우저가 그리는 DOM 문법으로 바꾸어 줍니다. 각 DOM 요소에 적용되는 스타일은 오직 해당 요소에 적용되는 CSS 속성이 무엇인가에 의해서만 결정됩니다.

리액트는 사용자가 명시한 컴포넌트의 요소들에 스타일을 주입하는 방법을 강제하지 않습니다. CSS 파일을 임포트(import)하거나 특정 요소의 스타일 태그에 스타일을 직접 입력합니다. 중요한 것은 이러한 스타일을 적용하는 기능들을 리액트에서 제공하지 않습니다. 리액트는 그저 사용자가 화면에 그리기 원하는 요소들을 렌더링하고 각 요소에 적용된 여러 속성과 스타일을 그대로 브라우저에 전달할 뿐입니다. 어떻게 속성들을 전달하는지는 사용자에게 달려 있으며, 리액트가 강제하지 않습니다.

```
import React, { Component } from 'react';
import styled from 'styled-components';

const Wrapper = styled.div`
    background: black
`

const Title = styled.h1`
    color: white
`

class App extends Component {
    render() {
        return (
            <Wrapper>
                <Title>Hello Styled Components!</Title>
            </Wrapper>
        )
    }
}

export default App;
```

[3-5] 리액트에서 요소에 스타일을 주입하는 하나의 예시

3.1.3 리액트는 서버가 아니다

리액트는 UI 라이브러리입니다. 라이브러리는 특정 목적을 달성하는 자바스크립트 코드들의 모음을 의미합니다. 사용자가 JSX 문법으로 렌더링되기 원하는 화면의 모습을 선언적으로 작성하면 리액트 코드는 브라우저의 자바스크립트 엔진에 의해 실행되어 화면을 그려냅니다.

서버 사이드 렌더링도 같은 방식으로 동작합니다. 리액트가 서버 사이드 렌더링(Server Side Rendering, SSR)을 하고자 브라우저 런타임이 아닌 Node.js 등 서버 사이드 런타임에서 동작하는 경우, 일반적인 클라이언트 사이드 렌더링(Client Side Rendering, CSR) 과정과 마찬가지로 사용자가 작성한 JSX 문법의 소스 코드를 리액트가 HTML 스트링의 형태로 변환해 줍니다. 서버 사이드에서는 화면을 직접 그릴 수 없어 브라우저에 제공할 HTML 스트링이 필요하며, 이 스트링을 클라이언트로 내려보내 브라우저가 렌더링하게 합니다.

다시 말해서, 리액트는 자바스크립트가 실행되는 브라우저 런타임이나 서버 사이드 런타임에서 동작하는 스크립트입니다. 리액트 소스 코드가 서버 사이드에서 동작하더라도 별도의 서버가 요청받아서 리액트 스크립트를 브라우저 런타임이 아닌 서버 사이드 런타임에서 실행시킬 뿐입니다. 리액트는 그저 사용자가 JSX 문법으로 작성한 코드를 런타임이 이해하는 웹 API의 모음이나 HTML 스트링의 형태로 변환하는 역할만을 수행합니다.

리액트를 개발 환경에서 실행하거나 Next.js 등 리액트를 포함하는 웹 프레임워크의 사용에 익숙하다면 이 부분을 모호하게 이해하고 넘어가기 쉽습니다. 리액트는 주소와 포트 번호로 별도의 프로세스 혹은 스레드에서 요청을 처리하는 서버의 기능을 수행하지 않습니다. 다만 런타임 환경에서 사용자가 작성한 소스 코드를 브라우저가 이해하고 화면에 그리는 형태로 바꾸어 주는 라이브러리의 역할을 충실하게 수행할 뿐입니다.

3.1.4 리액트는 검색 엔진 최적화 도구가 아니다

검색 엔진 최적화(Search Engine Optimization, SEO)는 웹 페이지를 검색 엔진의 결과 페이지에서 더 높은 순위에 노출하는 과정입니다. 사용자가 특정 키워드나 콘텐츠의 일부를 검색했을 때 검색 결과의 상위에 노출될수록 웹 페이지는 더 많은 사용자에게 도달합니다. 웹 페이지가 많은 사용자에게 도달한다는 것은 곧 고객 유입률, 결제 전환율과 같은 가치 창출에 직결되는 지표들이 개선된다는 의미입니다. 따라서 검색 엔진 최적화를 잘해 놓는 것은 웹 페이지의 가치를 높이는 데 크게 기여합니다.

구글과 같은 검색 엔진은 사용자가 검색한 내용과 가장 관련 있는 결과를 보여 주려고 크롤러(crawler)를 통해 웹 페이지의 구조, 내부 링크, 사이트 맵 등의 정보를 수집한 뒤 이를 바탕으로 검색 결과의 우선순위를 결정합니다. 따라서 검색 엔진에서 제공하는 검색 결과의 상위권에 웹 페이지가 노출되도록 하려면 검색 엔진의 크롤러가 수집하는 여러 요소와 검색 엔진에서 권장하는 여러 사항을 고려해야 합니다.

이를 위해 웹 페이지의 내용을 특정 키워드나 문구에 맞게 조정하거나 URL 구조를 체계적으로 변경하고 사이트 맵을 생성하고 메타 태그를 최적화하는 방법들을 고려해야 합니다. 그러나 이러한 기능은 리액트에서 제공하는 것이 아닙니다.

[3-6] 검색 엔진이 반환하는 검색 결과

리액트는 검색 엔진을 최적화하는 데 필요한 여러 요소와는 관련이 없습니다. 오히려 처음에 빈 HTML을 내려주고, 브라우저에서 스크립트를 실행하여 콘텐츠를 채워넣는 리액트의 렌더링 방식은 검색 엔진 최적화에 좋지 않은 영향을 끼치기도 합니다.

리액트로 웹 서비스를 개발한다면 검색 엔진을 최적화하는 여러 요소를 직접 준비해야 합니다. 리액트만으로는 제공할 수 없는 요소들을 제공하려고 서버 사이드 렌더링을 비롯한 여러 최적화를 제공하는 Next.js 프레임워크가 등장하기도 했습니다.

3.1.5 리액트는 그래픽이나 3D 렌더링에 최적화된 도구가 아니다

리액트는 일관적으로 동작하는 컴포넌트 요소들이 트리 구조로 구성될 때 효과적으로 동작하는 렌더링 라이브러리입니다. 이는 리액트가 모든 종류의 웹 서비스에 효과적으로 동작하는 은탄환(silver bullet)이 아님을 의미합니다. 어떤 경우에는 리액트로 개발했을 때 웹 서비스의 성능이 오히려 저하되기도 합니다.

그렇다면 UI가 일관적으로 동작하는 컴포넌트의 요소들이 트리 구조로 구성된다는 것은 무엇일까요? 말이 조금 복잡한 것 같으니 두 부분으로 나눠 살펴보겠습니다.

일관적으로 동작하는 컴포넌트

리액트에서 컴포넌트는 UI를 구성하는 기본 단위입니다. 복잡한 UI를 버튼, 헤더, 모달, 리스트처럼 UI상에서 의미가 있고 재사용 가능한 단위로 구성하는 것은 리액트의 핵심 철학 중 하나입니다. 따라서 리액트를 효과적으로 사용하려면 전체 UI를 재사용 가능하고 독립적인 컴포넌트로 나누도록 구성하는 것이 좋습니다.

컴포넌트가 일관적으로 동작한다는 것은 컴포넌트의 렌더링 결과가 동일한 입력값이 주어졌다면 항상 동일하다는 의미입니다. 예를 들어 버튼 컴포넌트에 빨간색 배경 화면이라는 속성(props)을 주고 렌더링한다면 컴포넌트를 렌더링한 위치나 시점과 상관없이 항상 빨간색 배경 화면을 갖는 버튼이 렌더링되어야 합니다. 리액트 컴포넌트는 여러 곳에서 재사용되어야 하므로 일관성을 갖는 컴포넌트는 리액트에서 가장 중요한 요소 중 하나입니다. 일관적으로 동작하는 컴포넌트는 독립적이고 재사용 가능한 UI의 기본 단위입니다.

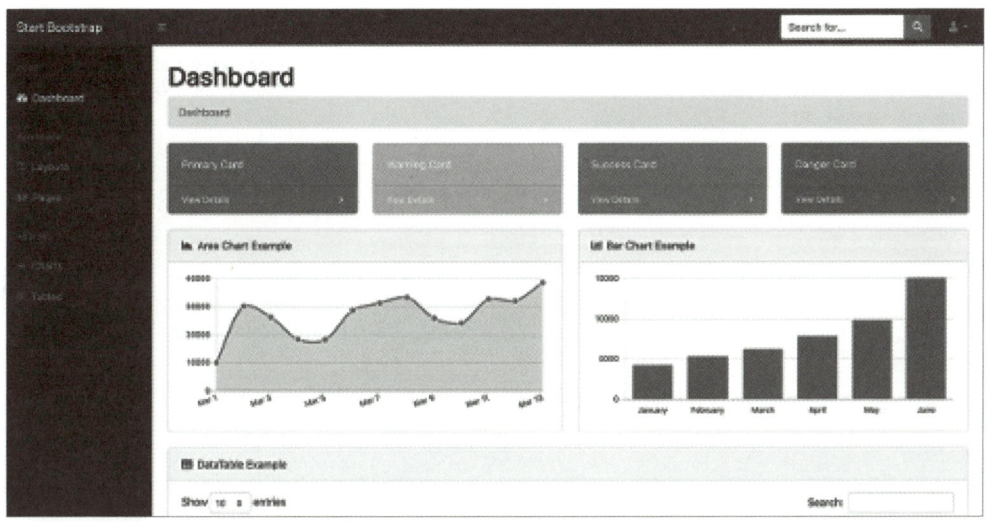

[3-7] 일관적으로 동작하는 컴포넌트들로 구성된 화면의 예시

컴포넌트 요소들의 트리 구조

리액트를 사용하면 독립적이고 재사용 가능한 컴포넌트들의 조합으로 하나의 화면이 구성됩니다. 이때 하나의 화면은 컴포넌트들의 트리 구조로 구성됩니다. 하나의 화면을 독립적이고 재사용 가능한 컴포넌트들의 트리 구조로 구성하면 데이터 흐름이 명확해지고 변경 사항을 감지하기 쉽습니다. 또한 사용자와의 상호 작용으로 인해 화면이 업데이트되어야 하는 경우, 리액트가 변화를 효율적으로 추적하고 필요한 부분만 업데이트하기 쉽습니다.

쇼핑몰, 블로그, 백 오피스를 위한 관리자 페이지 등 대부분의 웹 서비스는 독립적이고 재사용 가능한 컴포넌트들의 트리 구조로 구성하기에 용이합니다. 따라서 이러한 서비스를 개발할 때 리액트를 사용하면 효과적으로 화면을 렌더링하고 사용자와 상호 작용할 수 있습니다. 하지만 3D 파이프 스크린 세이버나 캔버스를 사용한 노트 필기 서비스의 경우 컴포넌트 요소들의 트리 구조, 즉 일관적인 동작으로의 표현이 어렵습니다. 이러한 경우에는 리액트를 사용하는 것은 효과적이지 않습니다.

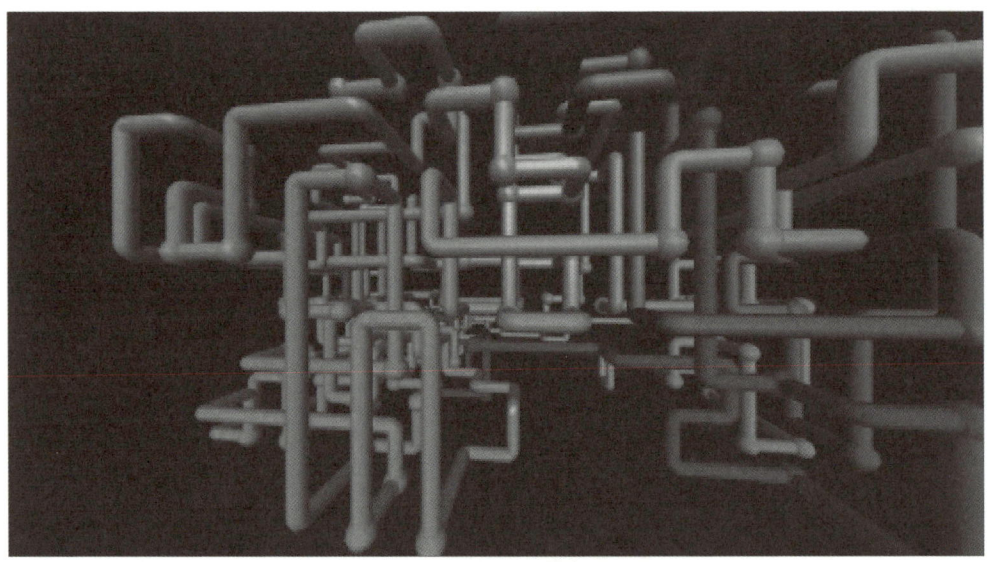

[3-8] 리액트를 사용해서 렌더링하기에 적합하지 않은 예시(3D 파이프 스크린 세이버)

react-konva, react-three-fiber 등 3D 렌더링이나 캔버스를 지원하는 리액트 기반의 다른 라이브러리들을 사용할 수는 있지만 리액트 자체에서 이러한 기능을 지원하지는 않습니다.

3.1.6 리액트는 UI를 위한 웹과 네이티브 라이브러리이다

리액트 공식 문서에서는 리액트를 다음과 같이 정의합니다.

UI를 위한 웹과 네이티브 라이브러리

이것이 리액트의 전부이며 그 외의 것은 모두 리액트가 아닙니다. 리액트는 엔지니어에게 JSX 문법을 제공하고 엔지니어는 이 문법을 통해 화면에 표현하기 원하는 모습과 관련된 로직을 작성합니다. 리액트는 엔지니어가 작성한 소스 코드를 브라우저가 화면에 그리는 형태로 변환해 주고, 브라우저는 이를 화면에 그립니다. 이것 이외의 다른 모든 것은 리액트 바깥에서 라이브러리를 사용하거나, 프레임워크를 사용하거나, 직접 구현해야 합니다. 그렇다면 리액트 팀에서 이야기하는 'UI를 위한 웹과 네이티브 라이브러리'라는 것은 무엇일까요?

사용자 인터페이스

UI는 사람과 컴퓨터 시스템 간의 상호 작용을 가능하게 하며 사용자가 웹 서비스를 쉽게 사용하도록 하는 것이 목표입니다. 사람과 웹 페이지 사이에서 일어나는 상호 작용은 다음과 같은 요소를 포함합니다. 리액트는 이를 돕는 라이브러리입니다.

- **시각적 요소**
  텍스트, 이미지, 버튼, 슬라이더 등 사용자가 보고 상호 작용하는 모든 시각적 구성 요소를 의미합니다. 웹 서비스에서 사용자는 주로 시각적 요소를 통해 시스템과 상호 작용합니다.

- **입력 방식**
  사용자가 시스템에 명령을 내리거나 정보를 입력하는 방법을 의미합니다. 사용자는 키보드 입력, 마우스 클릭, 모바일에서는 터치 스크린 조작을 통해 시스템과 상호 작용합니다.

- **사용자 피드백**
  시스템이 사용자의 행동에 대해 응답하는 방식을 의미합니다. 사용자가 시스템에 대해 어떤 동작을 취했다면 시스템은 이에 대해 적절한 피드백을 제공해야 합니다. 예를 들어 버튼을 클릭했다면 버튼이 눌리는 효과, 데이터를 가져올 때까지 버튼이 로딩 상태로 바뀌는 효과, 데이터가 가져오고 나서 화면이 변경되는 것이 모두 사용자 피드백에 해당합니다.

웹과 네이티브 라이브러리

리액트는 '웹과 네이티브' 라이브러리입니다. 리액트를 사용하면 웹에서 화면을 렌더링하는 데 사용했던 로직을 그대로 iOS, 안드로이드 등 네이티브 환경에서 화면을 렌더링하는 데 사용합니다. 웹 서비스에서는 화면을 구성하는 요소들이 웹 표준 스펙에 맞추어 렌더링되어야 하며 네이티브 환경에서는 각 네이티브 환경의 표준 스펙에 맞추어 렌더링되어야 하기에 리액트는 이를 위해 react-dom과 react-native 라이브러리를 분리했습니다. 그러나 해당 라이브러리를 제외한 핵심 로직들은 모두 같은 라이브러리를 사용합니다. 각 요소의 생명 주기와 상태 관리 로직, 렌더링 우선순위를 스케줄하는 로직이 웹과 네이티브에서 동일해 웹이나 네이티브 환경과 상관없이 리액트를 사용합니다.

3.2 리액트의 동작 원리

리액트를 사용하지 않아도 웹 서비스를 사용자에게 제공하는 데는 아무런 문제가 없습니다. HTML과 HTML이 참조하는 여러 리소스를 가져오고, 스크립트를 실행해서 웹 서비스를 사용자와 상호 작용 가능한 상태로 만들고 사용자 화면에 표시하는 역할은 결국 브라우저가 수행하기 때문입니다. 그러나 서비스 내에 사용자와 상호 작용하며 변경되는 요소의 개수가 많을수록, 브라우저에서 제공하는 표준 웹 API만으로는 사용자에게 부드러운 경험을 제공하기가 어렵습니다. 물론, 표준 웹 API만으로도 복잡한 UI와 상호 작용을 구현할 수는 있습니다. 하지만 브라우저에서 제공하는 기본적인 API만으로 웹 서비스를 개발하는 경우 모든 세부 사항을 엔지니어가 직접 처리해야 하기에 소스 코드가 필요 이상으로 복잡해지고 웹 서비스의 성능 자체에도 문제가 생길 가능성이 높습니다.

상태 관리의 어려움

정적인 일부 읽기 전용 웹 서비스를 제외한다면 사용자와의 상호 작용이 포함된 웹 서비스는 사용자가 웹 서비스를 사용하는 동안 관리해야 하는 상태가 존재합니다. 예를 들어 카운터를 조작하는 서비스는 사용자가 서비스를 사용하는 동안 현재의 카운터를 상태로서 관리하고 사용자가 버튼을 클릭해 서비스와 상호 작용하면 카운터를 업데이트한 뒤 화면을 다시 렌더링해야 합니다.

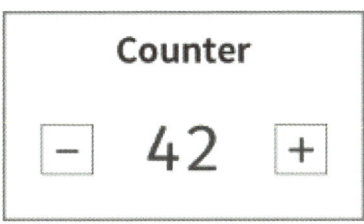

[3-9] 단순한 카운터 프로그램

물론 자바스크립트에서 제공하는 변수나 클로저 등 기본적인 기능을 사용해서 상태를 직접 관리할 수도 있습니다. 그러나 웹 서비스에서 상태가 변경되었다는 것은, 단순히 변경된 값을 메모리에서 업데이트하는 것뿐 아니라 변경된 상태에 맞춰 필요한 경우 화면을 다시 그리는 것을 포함합니다. 따라서 웹 서비스에서는 상태의 변경과 화면의 렌더링 주기가 밀접하게 연관됩니다.

적은 개수의 상태를 관리하는 경우에는 큰 문제가 발생하지 않겠지만, 일반적으로 웹 서비스에는 로그인된 사용자 정보를 포함하여 수많은 상태가 각자의 렌더링 주기와 연관되어 동작합니다. 이들을 외부 도구의 도움 없이 엔지니어가 일일이 관리하는 것은 번거로운 일이며 문제가 발생하기 쉽습니다.

DOM 직접 조작의 특성

웹 서비스에서 사용자와의 상호 작용은 대개 화면 구성 요소의 변경을 수반합니다. 브라우저는 표준 웹 API를 통해 각 요소에 접근하여 구성 요소를 변경할 수 있습니다. 예를 들어 웹 서비스의 header 요소 안에 있는 텍스트를 변경하려는 경우 다음과 같이 합니다.

```
document.querySelector('header').textContent='변경된 텍스트';
```

DOM 변경이 발생하면 브라우저는 이를 화면에 그리기 위해 레이아웃 계산, 리플로, 리페인트, 픽셀화, 컴포지션 작업을 수행합니다. 이는 필수적인 과정이며 브라우저는 이를 매우 효율적으로 수행하도록 최적화되어 있습니다.

복잡한 웹 서비스에서는 버튼 클릭 같은 하나의 상호 작용이 여러 DOM 요소의 변경을 필요로 하는 경우가 많습니다. 이를 개별적으로 처리하면 브라우저가 여러 번의 렌더링을 거쳐야 할 수도 있습니다. 이때, 여러 DOM 변경을 어떻게 효율적으로 배치 처리할 것인지가 중요한 고려 사항이 됩니다.

물론 렌더링 과정은 브라우저가 화면에 요소를 표시하려면 반드시 필요하지만, 작은 변경 사항마다 전체 과정을 반복하는 것은 비효율적입니다. 복잡한 웹 서비스에서는 버튼 클릭 같은 하나의 상호 작용이 DOM 내의 수십 개의 요소에 영향을 미치는 변경 사항인 경우가 많기 때문입니다. 각 변경 사항마다 이 모든 과정을 반복하는 것은 비효율적일뿐더러 사용자가 자연스럽다고 느끼는 16ms 내에 수행되기 어려운 경우도 종종 발생합니다. 변경 사항이 업데이트되는 데 16ms가 넘는 시간이 소요되면 프레임 드롭이 발생하고 이는 서비스의 반응 속도를 저하시켜 사용자 경험을 해칩니다.

웹 서비스에서 상태 변화에 따른 UI 업데이트가 점점 더 복잡해지면서 여러 UI 요소의 상태 의존성을 관리하고 동기화하는 것이 중요한 과제가 되었습니다. 표준 웹 API를 사용하여 DOM을 직접 조작하는 방식은 이러한 복잡한 상태 의존성을 관리하는 데 적합하지 않습니다. 리액트는 이런 문제에 대한 해결책으로 등장한 라이브러리입니다. 리액트는 선언적인 방식으로 UI를 구성하고 상태 변화에 따른 UI 업데이트를 자동으로 처리함으로써 복잡한 상태 의존성을 효과적으로 관리할 수 있게 도와줍니다.

3.2.1 전체적인 그림

일반적인 정적 웹 페이지는 브라우저가 네트워크 요청을 통해 가져오는 HTML 파일에는 브라우저가 표시해야 할 콘텐츠들이 <div>, <span> 등 HTML 태그의 형태로 들어 있습니다. 브라우저는 이 태그들을 DOM 트리로 변환한 후에 스타일을 적용하여 화면에 렌더링합니다.

[3-10] 일반적인 정적 웹 페이지나 서버 사이드 렌더링된 웹 페이지의 최초 응답 결과

그러나 리액트를 사용해 개발된 웹 서비스는 브라우저가 네트워크를 요청해 처음 가져오는 HTML 파일의 <body> 태그 안에는 <div> 태그 하나만 존재하고 그 외의 어떤 태그도 존재하지 않습니다. 대신, 여러 메타데이터나 링크들을 포함하는 <head> 태그에는 브

라우저가 처음 실행할 자바스크립트 파일을 하나 링크합니다. 브라우저가 이 자바스크립트 파일을 불러와 실행하면 파일 안에 번들링된 리액트의 소스 코드가 사용자가 작성한 소스 코드를 기반으로 웹 API와 상호 작용하여 빈 HTML에 내용을 채워 넣습니다.

```
<!DOCTYPE html>
<html lang="en">
  <head>
    <meta charset="utf-8" />
    <link rel="icon" href="/favicon.ico" />
    <meta name="viewport" content="width=device-width, initial-scale=1" />
    <meta name="theme-color" content="#000000" />
    <meta
      name="description"
      content="Web site created using create-react-app"
    />
    <link rel="apple-touch-icon" href="/logo192.png" />
    <!--
      manifest.json provides metadata used when your web app is installed on a
      user's mobile device or desktop. See https://developers.google.com/web/fundamentals/web-app-ma
    -->
    <link rel="manifest" href="/manifest.json" />
    <!--
      Notice the use of  in the tags above.
      It will be replaced with the URL of the `public` folder during the build.
      Only files inside the `public` folder can be referenced from the HTML.

      Unlike "/favicon.ico" or "favicon.ico", "/favicon.ico" will
      work correctly both with client-side routing and a non-root public URL.
      Learn how to configure a non-root public URL by running `npm run build`.
    -->
    <title>React App</title>
  <script defer src="/static/js/bundle.js"></script></head>
  <body>
    <noscript>You need to enable JavaScript to run this app.</noscript>
    <div id="root"></div>
    <!--
      This HTML file is a template.
      If you open it directly in the browser, you will see an empty page.

      You can add webfonts, meta tags, or analytics to this file.
      The build step will place the bundled scripts into the <body> tag.

      To begin the development, run `npm start` or `yarn start`.
      To create a production bundle, use `npm run build` or `yarn build`.
    -->
  </body>
</html>
```

[3-11] 리액트를 사용해서 렌더링된 웹 페이지의 최초 응답 결과

이렇게 리액트를 사용해 만들어진 웹 페이지는 브라우저가 콘텐츠 영역이 빈 HTML을 다운로드하고, HTML에서 가져온 리액트 스크립트를 실행함으로써 동적으로 콘텐츠를 채우는 방식으로 동작합니다. 만약 브라우저에서 스크립트를 비활성화하고 동일한 페이지를 렌더링한다면 리액트 스크립트가 동작하여 빈 페이지에 콘텐츠를 채워넣을 수 없어 화면에는 아무것도 렌더링되지 않습니다.

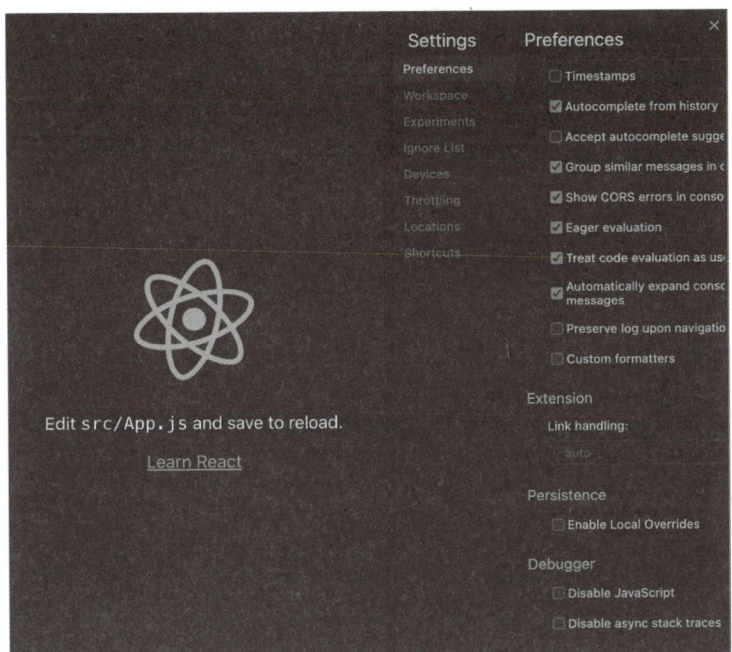

[3-12] 스크립트를 활성화한 리액트 렌더링 페이지

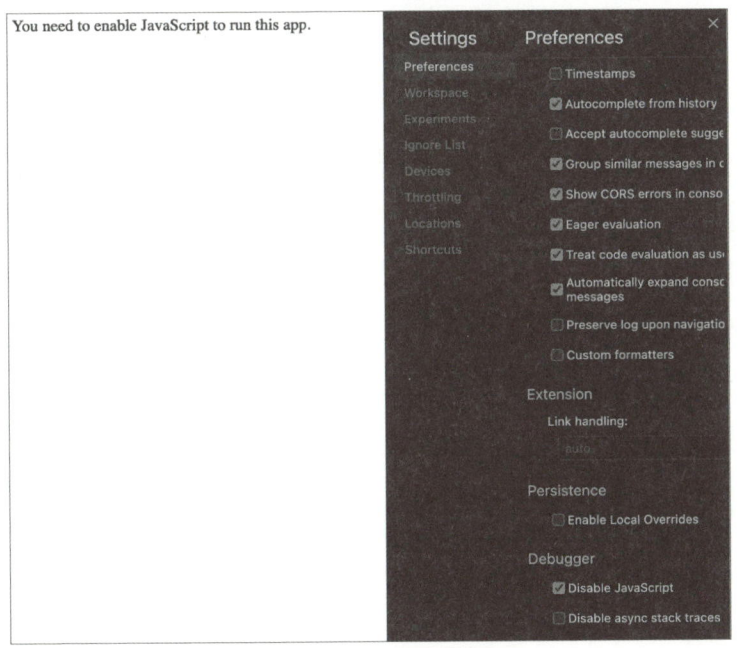

[3-13] 스크립트를 비활성화한 리액트 렌더링 페이지

3 리액트

리액트는 브라우저가 웹 페이지를 렌더링하는 전체 과정 가운데 일부로서 동작합니다. 브라우저가 HTML 파일을 다운로드하여 이 HTML 파일이 링크하는 자바스크립트를 실행하면 리액트는 그 안에서 동작해 빈 콘텐츠를 채우는 역할을 수행합니다. 초기 렌더링 이후에 리액트는 클릭, 타이핑, 터치 등 사용자의 비동기적인 이벤트를 받아 화면을 효과적으로 업데이트하는 역할을 수행합니다. 리액트는 기본적으로 이 기능만을 수행하는 라이브러리입니다.

3.2.2 가상 돔

사용자에게 한 번 렌더링된 이후 내용이 거의 바뀌지 않는 정적 웹 페이지는 웹이 처음부터 이러한 정적 콘텐츠를 주고받기 용이한 방식으로 설계되어 별도의 렌더링 스크립트 없이 브라우저에 HTML과 CSS를 전달하기만 하면 됩니다. 그러나 사용자 상호 작용이 빈번하게 일어나는 반응형 웹 페이지는 첫 렌더링 이후 사용자와의 상호 작용에 의해 지속해서 화면이 변경되어야 합니다.

브라우저에서는 자바스크립트와 표준 웹 API를 사용하여 화면을 직접적이고 효율적으로 업데이트할 수 있습니다. 그러나 리액트는 선언적 UI와 컴포넌트 기반 아키텍처를 통해 복잡한 UI 상태 관리를 더 쉽게 만들고자 했고 이러한 추상화는 필연적으로 성능 오버헤드를 발생시킵니다. DOM을 직접 조작하는 것이 더 빠르지만 리액트는 개발 경험과 유지보수성 향상을 위해 다른 접근 방식을 선택했습니다.

이러한 성능 오버헤드를 최소화하기 위해 리액트는 가상 돔(virtual dom)이라는 개념을 도입했습니다. 핵심 아이디어는 다음과 같습니다.

1. 전체 렌더 트리에서 변경된 부분만 업데이트한다.
2. 비슷한 시점에 발생하는 여러 변경 사항은 묶어서 한 번에 반영한다.

리액트의 가상 돔은 리액트의 선언적 프로그래밍 모델이 가져오는 이점을 유지하면서도 성능 저하를 최소화합니다.

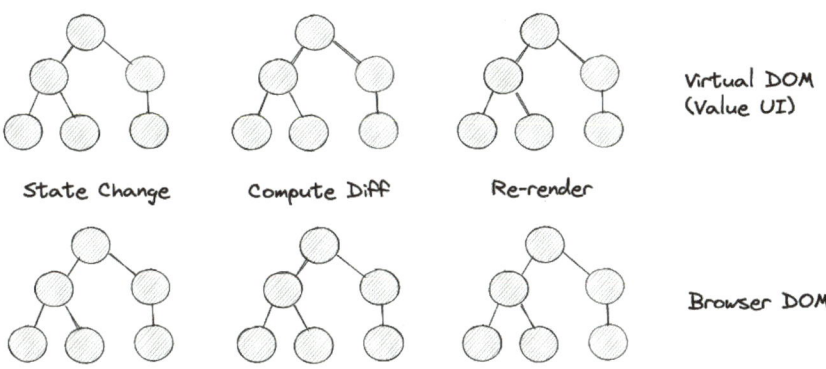

[3-14] 가상 돔이 동작하는 방식

리액트에서 가상 돔은 메모리상에 값으로 유지되는 UI를 의미합니다. 브라우저에 표시되어야 하는 UI를 리액트가 정의한 객체의 형태로 메모리상에 유지하고, 이를 필요할 때마다 브라우저의 DOM과 상호 작용하는 'react-dom' 패키지를 통해 화면에 동기화하는 방식을 사용합니다.

UI를 메모리에 유지한다는 것은 사용자가 JSX 문법을 사용해 선언적으로 작성한 컴포넌트를 DOM 트리와 유사한 형태로 메모리에 유지한다는 의미입니다. 예를 들어 사용자가 <div>hello world</div>라고 작성한 JSX 문법의 소스 코드는 가상 돔 내에서 다음과 같은 객체 형태로 저장됩니다.

```
{
  type: 'div',
  props: {
      children: 'Hello'
  }
}
```

물론 실제로 저장되는 객체는 이보다 훨씬 복잡합니다. 위 객체에 표현된 속성 외에도 컴포넌트의 상태와 속성, 부모 컴포넌트에 대한 참조, 작업 우선순위 및 사이드 이펙트 (side effect) 처리와 같이 리액트 내에서 전체 컴포넌트 트리가 의도한 대로 동작하게 하려고 필요한 추가 속성들이 같이 저장됩니다.

JSX 문법을 사용해서 HTML 태그와 유사한 형태로 작성된 리액트 컴포넌트는 이렇게 컴포넌트의 속성과 정보를 나타내는 자바스크립트 객체로 구성되어 가상 돔에 저장됩니다. UI를 구성하는 컴포넌트의 변경 사항이 브라우저의 DOM에 반영되기 전에 먼저 가상 돔에 반영되는 구조는 리액트가 반응형 웹 서비스를 효율적으로 렌더링하려고 제안한 두 가지 핵심 아이디어를 구현합니다.

1. 전체 트리에서 변경된 부분만 업데이트한다

리액트는 컴포넌트의 상태가 변경될 때마다 변경된 UI를 표현하는 새로운 가상 돔을 생성합니다. 새로운 가상 돔이 생성되면 리액트는 이전에 생성된 가상 돔과 비교하여 변경된 요소를 탐지하고 변경된 부분만을 실제 DOM에 반영합니다.

이 전체적인 과정을 재조정(reconciliation)이라 하며, 리액트는 재조정 과정을 통해 사용자가 선언한 기존 인터페이스와 변경 사항이 발생한 새로운 인터페이스 사이에 변경된 부분만을 실제 DOM에 반영합니다.

DOM을 직접 업데이트하는 것은 리플로, 리페인트를 포함한 무거운 렌더링 사이클을 다시 수행하는 것이므로 오래 걸리고 비싼 작업이지만, 가상 돔을 업데이트하는 것은 메모리상의 객체만 업데이트하는 것이라 훨씬 빠르고 효율적인 작업입니다. 리액트는 전체 트리에서 변경된 부분만을 탐지하려고 메모리 기반의 가상 돔을 활용함으로써 전체적인 렌더링 효율을 높입니다.

2. 비슷한 시점에 발생하는 여러 업데이트는 한 번에 묶어서 반영한다

배치 처리는 일반적으로 데이터 처리 같은 여러 작업 요청을 모아 두었다가 특정 시점에 몰아서 한 번에 처리하는 것을 의미합니다. 리액트는 UI의 변경 사항을 가상 돔에 반영할 때 배치 처리 방식을 사용합니다.

즉, 상태 업데이트나 비동기 이벤트 핸들러 호출 등의 이벤트로 인해 UI에 변경 사항이 생겼을 때, 리액트는 이를 즉시 가상 돔에 반영하는 것이 아니라 비슷한 시점에 발생하는 변경 사항들을 모아 한 번에 반영합니다.

[3-15] 리액트의 배치 처리 (출처: react.dev)

UI에 변경 사항이 발생했을 때 새로운 가상 돔을 만들어 기존 가상 돔과의 차이를 계산하는 과정을 렌더(render)라 하고 변경 사항들을 모아 실제 DOM에 반영하는 과정을 커밋(commit)이라 합니다. 리액트는 배치 처리를 사용해 가상 돔을 변경하는 렌더 과정을 최소화하고, 이를 기반으로 변경 사항을 실제 DOM에 반영하려고 브라우저의 렌더링 엔진에 보내는 커밋 요청을 최소화하여 효율적으로 화면을 그립니다.

가상 돔을 사용하는 리액트의 접근법은 리액트의 선언적 UI 철학을 효과적으로 구현합니다. 변경 사항을 화면에 반영하는 과정을 가상 돔과 브라우저 사이의 상호 작용을 통해 구현해 엔지니어가 언제 어떻게 DOM을 조작해야 할지, 변경 사항을 어떤 기준으로 배치 처리해야 할지를 알아야 할 필요가 없습니다.

엔지니어는 단지 UI가 사용자와의 상호 작용 전과 후 어떤 상태이기를 원하는지를 JSX 문법을 통해 선언하기만 하면 됩니다. 그러면 리액트가 효율적인 방식으로 이를 브라우저 DOM에 반영합니다.

3.2.2.1 재조정

리액트가 가상 돔을 사용하여 변경 사항을 효과적으로 탐지하고 이를 브라우저 DOM에 반영하는 전반적인 과정을 재조정이라 합니다. 재조정은 렌더와 커밋 두 가지 단계로 나누어 수행됩니다.

[3-16] 재조정의 동작 방식 (출처: react.dev)

1. 렌더 단계

재조정의 첫 번째 단계는 렌더입니다. 리액트에서 렌더는 변경 사항이 생겼을 때, 이를 반영한 새로운 가상 돔을 만들고, 기존 트리와의 차이점을 계산하여 브라우저 DOM에 어떤 변화가 필요할지 결정하는 단계를 의미합니다. 따라서 커밋이 완료되지 않은 상태로 렌더만 완료된 상태라면 사용자는 아직 브라우저 화면에 반영된 변경 사항을 확인할 수 없습니다.

컴포넌트의 상태(state)나 속성(props)이 변경되면 리액트는 이를 기반으로 새로운 가상 돔을 생성합니다. 새로운 가상 돔이 생성되면 리액트는 자체적인 재조정 알고리즘을 사용해 기존 가상 돔과의 차이를 효과적으로 계산하여 실제 브라우저 DOM에 업데이트되어야 할 요소들을 찾아냅니다. 업데이트되어야 하는 요소들은 커밋 단계를 거쳐 최종적으로 브라우저 DOM에 반영됩니다.

렌더 과정에서 주목할 만한 점은 렌더 과정이 중간에 중단 가능하다는 것입니다. 모든 과정이 중단 없이 이루어져야 하는 커밋과는 다르게 메모리상의 객체로 표현되는 가상 돔을 업데이트하는 렌더는 중간에 언제든지 중단되며, 중단된 부분부터 다시 실행합니다.

2. 커밋 단계

렌더 단계를 거치고 나면 리액트는 새로운 가상 돔과 기존의 가상 돔 사이의 변경 사항을 브라우저 DOM에 반영합니다. 중요한 부분은, 리액트가 새로운 가상 돔 전체를 반영하는 것이 아니라 기존의 DOM과 비교해 변경된 부분만을 반영한다는 것입니다.

변경 사항을 브라우저 DOM에 반영한 후 리액트는 다양한 생명 주기 메서드를 실행합니다. HTTP 요청, 상태 변경 등 사이드 이펙트를 처리하거나 메서드 내에서 DOM을 조작하는 행위가 수행된다면 이는 브라우저 DOM이 확정된 상태에서 예측 가능하고 안정적인 방식으로 수행되어야 합니다. 따라서 몇몇 주요한 생명 주기 메서드는 커밋 단계에서 변경 사항이 브라우저 DOM에 반영된 이후에 수행되며, 렌더 단계와는 다르게 중간에 중단되지 않고 한 번에 진행됩니다.

브라우저의 DOM을 조작하는 것은 비용이 많이 드는 일입니다. 사용자와의 상호 작용이 많은 반응형 웹 서비스는 이 비용을 최소화하는 것이 성능과 사용자 경험에 중요한 영향을 미칩니다. 리액트는 가상 돔을 사용하여 브라우저 DOM에 반영해야 하는 요소의 개수를 최소화하고 배치 처리를 통해 동시에 발생하는 여러 업데이트를 한 번에 반영합니다. 이는 브라우저의 렌더링 엔진이 처리해야 할 작업을 줄여주며, 결과적으로 웹 서비스의 반응 속도와 성능을 향상합니다.

3.2.2.2 Value UI

한편, 지금까지 리액트가 메모리상에서 관리하는 UI를 나타내려고 가상 돔이라는 용어를 사용했습니다. 그러나 메타(Meta)에서 리액트 핵심 엔지니어로 기여했던 댄 아브라모프(Dan Abramov)가 언급했듯이, 실제 의미를 생각해 보면 가상 돔이라는 용어보다는 Value UI라는 표현이 더 적합합니다.

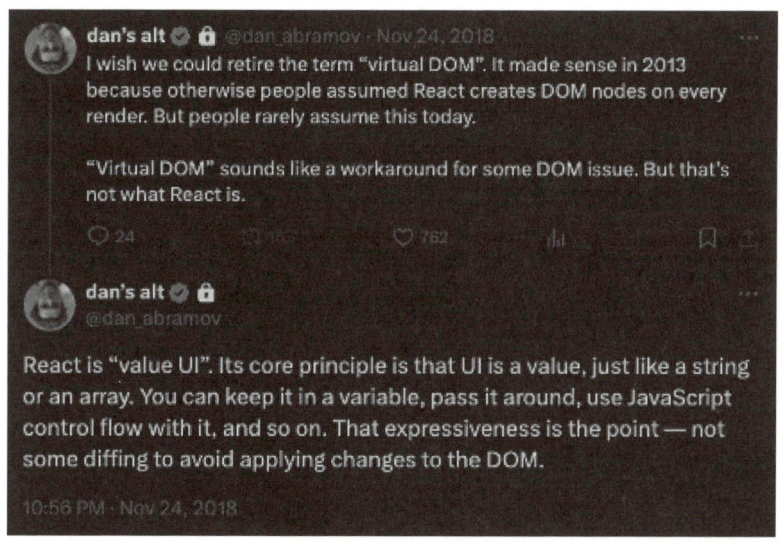

[3-17] Value UI로서의 리액트

가상 돔의 핵심은 UI를 값으로 정의하고 이를 메모리에서 자바스크립트를 통해 다루도록 하는 데 있습니다. 실제로 메모리상에서 관리되는 가상 돔의 구조는 브라우저 DOM과는 다른 형태를 띱니다. 이는 리액트 네이티브가 등장하면서 더 중요한 의미를 갖는데, 리액트에서 가상 돔이라고 표현되는 구조가 실제로 DOM을 갖지 않는 네이티브 환경에서도 화면을 렌더링하는 데 사용되기 때문입니다.

따라서 가상 돔이라는 표현보다는 UI를 값으로 정의하고 관리한다는 의미의 Value UI라는 표현이 리액트의 본질에 더 가깝습니다. 그러나 가상 돔이라는 표현이 워낙 널리 알려진 표현이다 보니 여기서는 이해를 도우려고 가상 돔이라는 용어를 사용했습니다.

3.2.3 리액트라는 거대한 생태계

리액트로 웹 서비스를 개발하다 보면 개발에 필요한 대부분의 함수를 react라는 라이브러리에서 임포트합니다. 이러한 경험으로 인해 리액트를 react 라이브러리와 같다고 생각하기 쉽습니다. 하지만 실제로 리액트는 하나의 거대한 생태계이며, 이 생태계 안에는 react를 포함한 여러 라이브러리가 모듈화되어 별도로 구분됩니다.

```
import React from 'react';
import ReactDOM from 'react-dom';
```

리액트의 소스 코드가 저장된 깃허브의 공식 리포지터리에는 리액트로 웹 서비스를 개발할 때 사용하는 react, react-dom뿐 아니라 react-is, react-native-renderer, react-reconciler 등 react라는 접두어가 붙은 여러 라이브러리로 구성됩니다. 이는 리액트가 추구하는 모듈화와 재사용성의 철학과도 관련이 있습니다.

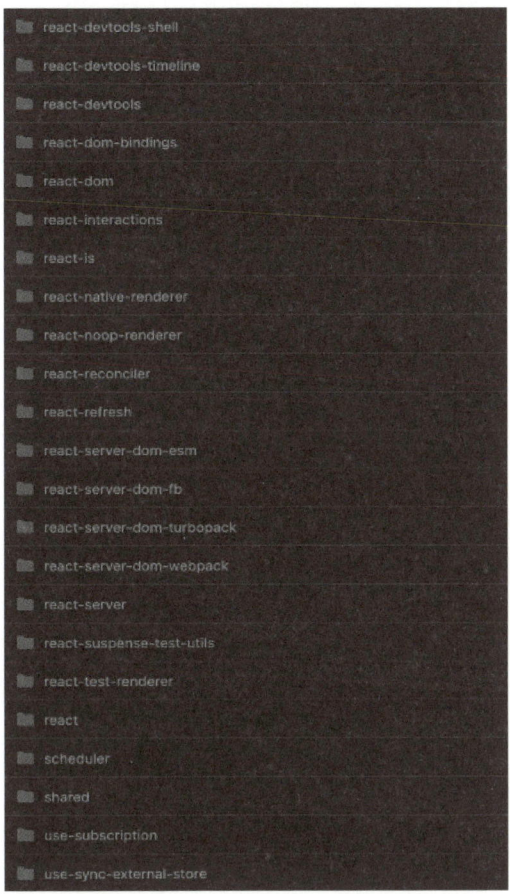

[3-18] 리액트 리포지터리에 있는 여러 패키지

3.2.3.1 리액트의 부분과 전체

리액트는 하나의 거대한 라이브러리를 만드는 대신, 웹 서비스의 렌더링 과정을 의미 있는 여러 요소로 나누고 각 요소를 독립적인 라이브러리로 구현하는 모듈화 방식을 사용했습니다. 이렇게 모듈화된 라이브러리 구조를 사용한 덕분에, 리액트는 전체 렌더링 과정의 특정 부분을 변경해야 할 때, 전체 시스템에 영향을 미치지 않고 필요한 부분만을 변경하며, 웹 서비스를 개발할 때 사용하는 스케줄링 알고리즘을 네이티브 서비스를 개발할 때도 그대로 사용했습니다.

리액트가 어떻게 동작하는지를 이해하려면 리액트가 웹 서비스의 렌더링 과정을 어떤 요소들로 나누었고, 이들이 어떻게 상호 작용하는지를 이해하는 것이 중요합니다. 각 요소는 화면의 렌더링을 담당하는 부분과 API를 외부로 노출하는 부분, 스케줄링을 담당하는 부분, 변경 사항을 감지하는 부분 등으로 구성됩니다. 이 중 웹 서비스 개발에 사용되는 주요 라이브러리들을 간략하게 살펴보겠습니다.

react

react는 리액트의 핵심 기능을 담당합니다. 외부로 노출되지 않는 내부 라이브러리들을 사용해서 컴포넌트의 생성, 상태 관리, 생명 주기 관리 등 UI를 구축하는 API를 제공하는 역할을 합니다. useEffect, useState 등 기본적인 리액트 훅 인터페이스가 react 패키지가 제공하는 대표적인 인터페이스입니다. react에서 개발에 필요한 대부분의 로직을 추상화해서 제공해 엔지니어들이 쉽게 UI를 개발합니다.

또한 react는 가상 돔을 관리하고 가상 돔과 UI 사이의 상호 작용을 관리합니다. 가상 돔이 웹 브라우저에 렌더링되어야 하는 경우, react는 react-dom과 상호 작용하여 가상 돔의 UI 요소를 브라우저에 렌더링합니다. 만약 가상 돔이 iOS, 안드로이드 등 네이티브 플랫폼에 렌더링되어야 하는 경우, react는 react-native와 상호 작용하여 가상 돔의 UI 요소를 네이티브에 렌더링합니다.

react-dom

react-dom은 자바스크립트 객체 형태로 표현되는 리액트 컴포넌트를 웹 브라우저의 DOM에 반영합니다. react-dom은 리액트가 렌더링한 컴포넌트를 브라우저의 DOM에 반영하여 화면을 업데이트하는 커밋 단계와 밀접하게 연관됩니다. 렌더링 단계가 마무리된 후 커밋을 수행하려면 react-dom의 render 메서드를 사용해야 합니다.

```
ReactDOM.createRoot(document.getElementById('root'))
  .render(<App/>)
```

react-dom의 다른 중요한 역할 중 하나는 이벤트 핸들러 처리입니다. 클릭, 터치, 키보드 입력 등 비동기 사용자 이벤트가 발생했을 때, react-dom 은 브라우저의 DOM과 상호 작용하며 이벤트를 감지하고 리액트 로직에 작성된 적절한 이벤트 핸들러와 연결해 이를 실행해 줍니다. 이벤트를 감지하는 곳은 브라우저이므로 브라우저의 DOM과 직접적으로 상호 작용하는 react-dom에서 이를 감지하여 적절한 이벤트 핸들러를 호출하는 역할을 담당합니다.

이 외에도 react-dom은 브라우저의 DOM과 리액트 사이의 상호 작용이 필요한 곳에 적절한 인터페이스를 제공하는 역할을 합니다. DOM의 특정 요소에 리액트 컴포넌트를 바로 렌더링하도록 도와주는 createPortal 인터페이스를 제공하고 Next.js 등 서버 사이드 렌더링 프레임워크에서 리액트 컴포넌트를 서버 사이드에서 렌더링하도록 도와주는 renderToPipeableStream과 renderToReadableStream 인터페이스도 제공합니다.

react-reconciler

react-reconciler는 리액트의 내부 엔진으로 react, react-dom같이 외부 인터페이스의 형태로 노출되어 엔지니어가 웹 서비스 개발에 직접 사용하도록 의도된 라이브러리는 아닙니다. 라이브러리의 이름이 내포하듯 react-reconciler는 리액트가 렌더 과정에서 구축한 가상 돔의 변화를 감지하고 브라우저 DOM에 이를 반영하려고 재조정 알고리즘을 구현합니다.

이번 렌더에는 어떤 컴포넌트에서 변경 사항이 발생했는지, 그 결과로 DOM이 어떻게 변경되어야 하는지를 탐지하고 필요한 최소한의 DOM 업데이트를 계산하는 것이 react-reconciler의 핵심입니다. react-reconciler에서 변경 사항을 계산하는 일을 내부적으로 수행해, 웹 서비스를 개발하는 엔지니어는 이 부분을 신경 쓸 필요 없이 화면에 나타나기 원하는 모습을 선언적인 형태로 작성하는 데 집중합니다.

가상 돔의 변화를 감지하고 이를 브라우저의 DOM에 반영하는 최소한의 변경 사항을 계산한다고 했지만, 이것이 react-reconciler가 브라우저의 DOM과 밀접하게 연관된다는 의미는 아닙니다. react-reconciler는 웹 서비스를 위한 react-dom과 네이티브 애플리케이션을 위한 react-native 모두에서 react 컴포넌트가 일관적으로 작동하도록 지원합니다.

scheduler

scheduler도 react-reconciler처럼 리액트 내부 엔진으로 외부 인터페이스의 형태로 노출되는 라이브러리가 아닙니다. scheduler는 그 이름이 내포하듯이 리액트가 수행해야 하는 여러 작업의 우선순위를 정하고 순서대로 수행하도록 보장함으로써 리액트가 화면을 올바른 순서대로 렌더링하고 업데이트하도록 합니다.

기본적으로 scheduler는 컴포넌트의 렌더링이나 업데이트와 관련된 여러 로직이 언제 어떤 순서로 실행될지를 관리하는 핵심적인 역할을 합니다. 상태 변경이나 사용자 입력에 의해 여러 컴포넌트가 업데이트되어야 할 때 각 컴포넌트의 렌더링 우선순위를 결정합니다.

한편, scheduler는 리액트에 동시성을 제공하여 사용자 반응성을 높이는 기능을 제공하기도 합니다. 브라우저에서 자바스크립트가 동작하는 싱글 스레드 환경에서는 동시에 여러 작업을 수행할 수 없고 한 번에 하나의 작업만 수행해야 합니다. 따라서 오래 걸리는 무거운 연산을 메인 스레드가 처리할 때 사용자 입력 같은 비동기 이벤트가 들어오면 브라우저가 이에 즉각적으로 반응할 수 없는 상태가 됩니다.

scheduler는 이러한 문제들에서 리액트의 반응성을 높이고 사용자 경험을 개선하려고 수행해야 하는 작업을 작은 단위로 나누고 각 작업의 우선순위를 정합니다. 만약 현재 진행하는 작업보다 우선순위가 더 높은 작업이 들어오면 기존의 작업을 잠시 멈추고 우선순위가 높은 작업을 먼저 처리하도록 합니다.

서로 다른 패키지들 사이의 상호 작용

웹 서비스는 리액트가 scheduler와 react-reconciler를 통해 구현된 API를 사용하여 컴포넌트를 렌더링합니다. 이후 react-dom을 활용해 컴포넌트를 브라우저 DOM에 렌더링하여 UI를 구현합니다.

iOS, 안드로이드 등 모바일 운영 체제에서 제공되는 서비스는 리액트가 UI를 구성하는 컴포넌트를 렌더링하려고 react-dom 대신 react-native를 사용합니다. 여기서도 scheduler와 react-reconciler를 통해 컴포넌트를 렌더링하고 react-native를 이용해 이를 네이티브에 렌더링합니다.

이렇게 의미 있는 단위로 라이브러리를 나누어 관리해 리액트는 웹 서비스 개발부터 모바일 애플리케이션 개발에 이르기까지 다양한 환경에서 UI를 개발하고 제공하며 각 라이브러리를 독립적인 단위로 테스트하고 변경합니다.

3.2.3.2 JSX 문법

리액트를 사용하여 화면을 구성하는 컴포넌트의 로직을 작성할 때는 <div>, <span> 등 HTML 요소와 <Box>, <Calendar> 등 HTML과 유사한 형태의 컴포넌트 요소를 조합합니다. 이렇게 화면에 표현하기 원하는 요소들을 선언하면 리액트는 이 요소들이 그대로 브라우저 화면에 렌더링되도록 보장해 줍니다.

따라서 리액트로 웹 서비스를 개발하는 엔지니어는 복잡한 화면을 여러 구성 요소로 나누고, 각 구성 요소가 화면에 나타나기를 원하는 방식으로 컴포넌트를 만든 뒤 단순히 이를 합치는 방식으로 구현합니다.

```
function App() {
  return <h1>Hello World!</h1>;
}
```

그러나 리액트 컴포넌트 로직에 <div>, <span> 등 HTML 요소들을 입력했다고 해서 리액트가 이들을 곧바로 HTML 요소로 취급하지는 않습니다. 리액트에서 선언된 모든 UI의 구성 요소는 jsx[14]를 통해 리액트가 관리하는 객체의 형태로 저장되어야 합니다. 이 객체들이 중첩되어 트리 구조를 형성하는 것이 가상 돔입니다.

```
// Inserted by a compiler (don't import it yourself!)
import {jsx as _jsx} from 'react/jsx-runtime';

function App() {
  return _jsx('h1', { children: 'Hello world' });
}
```

[3-19] 실제 리액트가 JSX 문법을 객체 구조로 변환하는 코드

실제로 리액트가 컴포넌트를 관리하고 렌더링하는 방식을 엄격하게 적용한다면 엔지니어는 리액트를 사용해서 <div>를 렌더링하려고 return(<div>)을 작성하는 것이 아니라

---

14. 리액트 17.0.0 버전 이전에는 React.createElement를 사용했습니다. 17 이후 성능 향상을 위해 jsx-runtime의 jsx를 사용합니다. 여기서의 jsx는 JSX 문법과는 다릅니다. jsx-runtime의 메서드를 의미합니다.

return jsx('div', null, null)를 작성해야 합니다. 하지만 이런 방식은 엔지니어가 UI를 선언적으로 개발하는 것을 어렵게 합니다.

따라서 리액트는 실제로는 jsx를 사용하여 가상 돔 구조를 만들고 이를 바탕으로 컴포넌트를 렌더링하지만 리액트를 사용해서 UI를 개발하는 엔지니어가 이에 대해 알 필요 없이 원하는 UI를 선언적으로 구현하도록 도와줍니다. 그리고 이를 위해 JSX 문법을 사용하도록 권장합니다.

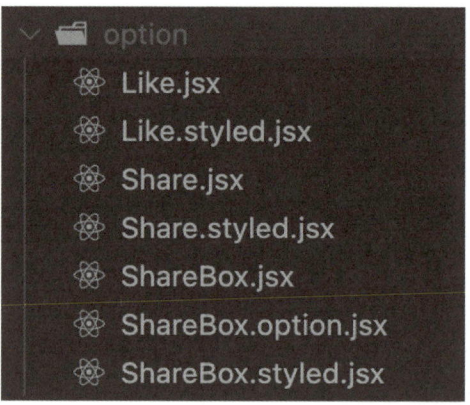

[3-20] 리액트가 JSX 문법을 이해하도록 만든 jsx 확장자

JSX는 HTML과 유사한 마크업 문법을 자바스크립트 파일에서 작성하도록 도와주는 문법 익스텐션입니다. 트랜스파일러가 JSX로 작성된 HTML과 유사한 마크업 문법을 리액트가 이해하는 객체의 형태로 변경해 주어 리액트를 사용해서 컴포넌트를 개발할 때는 jsx 혹은 tsx 확장자를 사용한 파일을 생성하고 이 파일 안에서 컴포넌트 로직을 return <Calendar>, return <div>처럼 선언적으로 작성하는 것으로 충분합니다.

[3-21] 트랜스파일을 통해 리액트가 이해하는 구조로 변환되는 과정

한편, 리액트는 UI를 화면에 렌더링하는 라이브러리의 기능만을 제공해 JSX 문법을 브라우저가 이해하는 객체로 변환하는 기능은 제공하지 않습니다. 하지만 리액트를 사용해 개발된 웹 서비스도 결국 브라우저에서 동작해야 하므로 JSX 문법을 브라우저가 이해하는 자바스크립트 문법으로 변경하는 과정이 필요하며, 이 변경 과정을 트랜스파일이라 합니다. JSX 문법에 대한 트랜스파일은 리액트 패키지 내에서 이루어지지 않고, 바벨(Babel) 등 별도의 트랜스파일링 도구에 의해 수행됩니다. create-react-app 등 명령줄 도구를 사용하여 개발하는 경우 별도의 추가 설정 없이 JSX 문법을 통해 개발하도록 바벨 트랜스파일러 설정이 포함됩니다. 따라서 엔지니어는 이를 신경 쓸 필요 없이 JSX를 사용하여 UI를 선언적으로 개발합니다.

리액트는 트랜스파일 도구의 도움을 받아 화면을 선언적으로 작성하는 강력한 UI 라이브러리가 되었습니다. 엔지니어는 JSX 문법으로 마치 HTML 문서를 작성하는 것처럼 화면에 보이기를 원하는 그대로를 선언하기만 하면 됩니다. 그리고 리액트의 이러한 선언성에는 JSX 문법이 큰 역할을 담당합니다.

3.2.4 리액트 렌더링 작업과 스케줄링

JSX 문법을 사용해서 선언적으로 작성된 리액트 코드는 리액트 내부의 로직을 통해 렌더링되어 브라우저에 반영됩니다. 렌더링 과정의 세부 로직은 별도의 책으로 다루어야 할 만큼 복잡하지만, 핵심 아이디어는 단순합니다. 화면을 그리는 작업을 의미 있는 단위로 나누고 우선순위를 부여한 뒤, 우선순위에 맞게 실행하는 것이 리액트에서 담당하는 렌더링 과정의 전부입니다. 따라서 리액트가 화면을 렌더하는 과정을 이해하려면 리액트가 화면을 렌더링하는 데 의미 있는 단위가 무엇인지, 각 단위의 렌더링 우선순위를 결정하는 것은 누구이고 어떻게 우선순위에 맞게 실행하는지를 살펴보아야 합니다.

3.2.4.1 렌더링 작업의 기본 단위

리액트가 UI를 어떻게 렌더링하는지를 이해하는 첫 번째 단추는 렌더링의 기본인 '태스크(task)'를 이해하는 것입니다. 리액트는 자체적인 스케줄러를 사용하여 렌더링의 우선순위를 결정하는데, 스케줄러에 의해 스케줄되는 작업의 단위가 바로 태스크이기 때문입니다.

리액트 태스크는 다음과 같은 경우에 생성되며 생성된 태스크는 스케줄러가 관리하는 우선순위 큐(priority queue)인 태스크 큐에 들어갑니다.

1. **컴포넌트 또는 부모 컴포넌트의 상태 변경**

   컴포넌트는 자신의 상태가 변경되거나 부모 컴포넌트로부터 전달받는 속성이 변경될 때 다시 렌더링됩니다. 또한 부모 컴포넌트가 다시 렌더링되는 경우 속성의 변경 여부와 관계없이 기본적으로 다시 렌더링됩니다. 리렌더링이 발생할 때마다 리액트는 해당 컴포넌트와 자식 컴포넌트들의 렌더링 태스크를 생성합니다.

   상태나 속성뿐 아니라, 컨텍스트(context) 값이 변경되는 경우에도 해당 컨텍스트를 구독하는 모든 컴포넌트는 다시 렌더링됩니다. 마찬가지로 리액트는 영향을 받는 컴포넌트들과 그 자식 컴포넌트들의 렌더링 태스크를 생성합니다.

2. **생명 주기 메서드의 호출**

   모든 리액트 컴포넌트는 생성, 업데이트, 소멸의 생명 주기를 가지며 단계마다 생명 주기 메서드를 호출하여 특정 작업을 수행합니다. 컴포넌트가 완전히 마운트된 후 서버에서 데이터를 가져와 화면을 업데이트하는 경우가 대표적입니다. 이렇게 생명 주기의 특정 단계에서 호출되어 화면을 다시 렌더링해야 하는 경우 렌더링 태스크가 생성됩니다.

   다만, 생명 주기 메서드가 호출될 때마다 렌더링 태스크가 생성되지는 않습니다. 메서드가 호출될 때, 상태, 속성, 컨텍스트들의 변경을 수반하는 경우에 한해서 변경되는 컴포넌트에 대해 렌더링 태스크가 스케줄됩니다.

3. **이벤트 핸들러의 호출**

   비동기적으로 발생하는 마우스 클릭, 키보드 입력 등 사용자 이벤트가 발생하면 이러한 이벤트를 처리하는 이벤트 핸들러의 실행 태스크가 생성됩니다. 다만, 생명 주기 메서드와 마찬가지로 이벤트 핸들러가 호출될 때마다 렌더링 태스크가 생성되지는 않습니다. 핸들러가 호출될 때, 상태, 속성, 컨텍스트의 변경을 수반하는 경우에 한해서 변경되는 컴포넌트에 대해 렌더링 태스크가 스케줄됩니다.

이렇게 리액트는 화면을 렌더링하는 전반적인 과정을 태스크라는 단위로 나누어 관리하며, 이들을 우선순위에 맞게 스케줄하여 화면을 렌더링합니다. 이러한 역할을 수행하려면 태스크에 기본적으로 다음과 같은 요소들이 필요합니다.

- 태스크 고유의 아이디
- 태스크가 스케줄러에 의해 실행되었을 때, 호출하는 콜백 함수. 일반적으로 컴포넌트 렌더링 로직 혹은 상태 업데이트 로직
- 태스크 우선순위
- 태스크 생성 시간과 만료 시간

실제 리액트 스케줄러가 관리하는 태스크는 다음과 같이 구성됩니다.

```
var newTask: Task = {
  id: taskIdCounter++,
  callback,
  priorityLevel,
  startTime,
  expirationTime,
  sortIndex: -1,
};
```

리액트는 생명 주기 메서드의 호출이나 사용자 입력에 의한 비동기 이벤트 핸들러의 호출로 인해 상태나 속성에 변경이 발생하면 태스크를 생성하며, 각 태스크는 우선순위에 맞게 스케줄러가 관리하는 태스크 큐에 들어갑니다. 리액트 스케줄러는 끊임없이 루프를 돌며 태스크 큐를 확인하면서 가장 우선순위가 높은 태스크를 꺼내, 태스크 안에 포함된 콜백 함수를 실행해서 렌더링을 수행합니다.

태스크를 이해할 때 한 가지 주의할 점은 태스크의 단위를 <div>, <span> 등 화면에 표시되는 개별 요소와 혼동하기가 쉽다는 것입니다. 리액트의 태스크는 개별 요소의 렌더링과는 상관이 없습니다. 리액트는 <div>, <span> 등 개별 요소를 별도의 태스크로 나누어 처리하지 않습니다. 대신, 변경 사항에 영향을 받는 전체 컴포넌트 렌더링을 콜백에 등록해 하나의 태스크로 처리합니다.

예를 들어 한 번의 상태 업데이트로 인해 여러 요소가 한 번에 변경되어야 한다면 태스크는 각각의 요소마다 생성되는 것이 아니라 해당 상태 업데이트에 대해 한 번만 생성됩니다. 그 대신 해당 태스크에 등록된 콜백을 실행하면 상태 업데이트에 영향을 받는 요소들의 렌더링이 한 번에 수행됩니다.

한편, 연달아 일어나는 상태 변경은 리액트가 이를 한 번에 묶어 하나의 태스크로 만드는 배치 작업을 수행하기도 합니다. 예를 들어 이벤트 핸들러 호출에 의해 동시에 여러 상태 변경이 발생하는 경우 리액트는 이를 별개의 태스크로 생성하는 것이 아니라 적절한 단위로 묶어 하나의 태스크를 생성하기도 합니다.

3.2.4.2 태스크 스케줄링

태스크에 대해 이해했다면 다음으로는 이 태스크를 우선순위에 맞게 꺼내어 콜백을 실행함으로써 렌더링을 수행하는 스케줄러에 대해 이해해야 합니다.

[3-22] 리액트가 동작하는 내내 루프를 돌면서 태스크를 실행하는 스케줄러

스케줄러는 리액트의 우선순위 기반 태스크 스케줄링을 담당하는 내부 라이브러리입니다. 스케줄러는 리액트가 런타임에서 동작하는 동안 계속해서 루프를 돌면서 다음에 실행할 태스크를 선택하고 해당 태스크에 들어 있는 콜백을 실행해 렌더링을 수행합니다.

다음은 react 18.2 버전에서 구현된 스케줄러 로직의 일부[15]입니다. 브라우저가 할당해준 시간 동안, 스케줄러는 while 문을 돌면서 태스크 큐에서 다음 태스크가 있는지를 확인하고 태스크가 있다면 꺼내서 콜백을 실행합니다.

```
function workLoop(hasTimeRemaining: boolean, initialTime: number) {
  let currentTime = initialTime;
  currentTask = peek(taskQueue);
  while (
    currentTask !== null &&
    !isSchedulerPaused
  ) {
    if (
      currentTask.expirationTime > currentTime &&
      (!hasTimeRemaining || shouldYieldToHost())
```

---

15. 큰 관점에서 이해를 돕고자 많은 부분을 생략하고 핵심 로직만을 남겨 두었습니다. 실제 스케줄러의 workLoop 로직은 이보다 복잡합니다.

```
    ) {
      break;
    }
    const callback = currentTask.callback;
    if (typeof callback === 'function') {
      currentTask.callback = null;
      currentPriorityLevel = currentTask.priorityLevel;
      const didUserCallbackTimeout = currentTask.expirationTime <=
 currentTime;
      const continuationCallback = callback(didUserCallbackTimeout);
      currentTime = getCurrentTime();

      if (typeof continuationCallback === 'function') {
        currentTask.callback = continuationCallback;
        return true;
      } else {
        if (currentTask === peek(taskQueue)) {
          pop(taskQueue);
        }
      }
    } else {
      pop(taskQueue);
    }
    currentTask = peek(taskQueue);
  }
}
```

태스크를 우선순위 기반으로 관리하려고 스케줄러는 우선순위 큐라는 자료 구조를 사용합니다. 일반적인 큐는 선입선출(FIFO) 구조로 우선순위와 상관없이 먼저 들어온 태스크가 먼저 반출됩니다. 그러나 웹 서비스에서는 나중에 들어온 태스크라도 우선순위가 높아 먼저 처리되어야 하는 경우가 있습니다. 그리고 이 우선순위는 사용자 경험에 미치는 영향이 클수록 높게 결정됩니다.

사용자 경험의 측면에서 사용자가 버튼을 클릭하거나 텍스트 필드에 값을 입력하는 것은 가장 우선순위가 높은 태스크여야 합니다. 반면, 네트워크 요청을 수행하는 것은 사용자 경험의 측면에서 비교적 우선순위가 낮은 태스크여도 괜찮습니다.

예를 들어 지금 우선순위 큐의 가장 앞에 있는 태스크가 서버에 요청을 보내고 이에 대한 네트워크 응답을 처리하는 태스크라고 생각해 보겠습니다. 이때, 사용자가 텍스트 필드에 값을 입력하기 시작했고, 이 입력에 따라 화면을 업데이트해 주어야 하는 태스크가 생성된다면 이 태스크는 네트워크 응답을 처리하는 태스크보다 나중에 생성된 태스크지만 사용자 경험의 측면에서는 사용자 입력을 처리하는 태스크에 더 높은 우선순위를 부여하여 먼저 처리하는 것이 사용자 경험의 측면에서 합리적입니다.

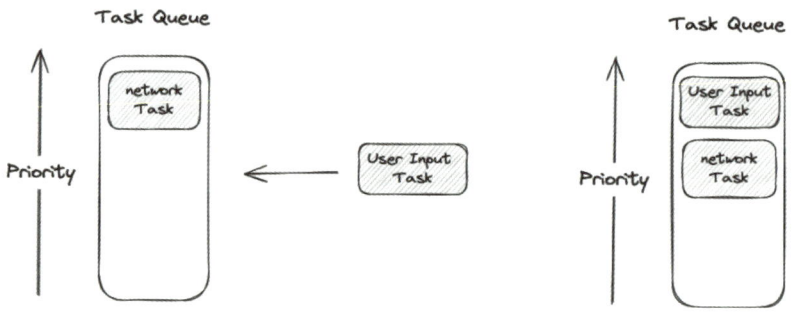

[3-23] 리액트 태스크 큐는 우선순위 큐이다

리액트는 브라우저에서 동작하는 자바스크립트 라이브러리이며, 브라우저에서 자바스크립트를 실행하는 메인 스레드는 한 번에 하나의 태스크밖에 수행하지 못합니다. 하나의 태스크를 수행하는 동안 다른 태스크는 대기해야 해서 같은 시간 동안 같은 요청들을 처리하더라도 어떤 우선순위로 처리하는지에 따라 사용자가 느끼는 성능에는 차이가 발생합니다.

이러한 이유로 인해 웹 서비스의 성능을 높이려면 단순히 해당 태스크가 먼저 들어왔다는 이유만으로 먼저 처리하기보다는, 각 태스크가 사용자 경험의 측면에서 어떤 우선순위를 갖는가를 기준으로 우선순위를 정해야 합니다. 리액트는 태스크를 생성할 때, 이러한 우선순위를 고려해서 생성하며, 스케줄러는 이 우선순위에 맞게 실행할 태스크를 선택하고 실행합니다.

실제 리액트 스케줄러의 구현을 살펴보면 태스크의 우선순위는 태스크가 들어온 시간(startTime)과 각 태스크의 특성에 따라 할당되는 우선순위(timeout)를 기준으로 정해집니다. 우선순위 큐는 태스크의 만료 시간(startTime+timeout)을 보고 만료 시간이 가장 적게 남은 태스크에 높은 우선순위를 부여해, 비교적 최근에 들어온 태스크라도 사용자 경험에 직접적으로 연관된 태스크라면 우선순위 큐의 앞쪽에 들어가 빠르게 스케줄링됩니다.

```
  var timeout;
  switch (priorityLevel) {
    case ImmediatePriority:
      timeout = IMMEDIATE_PRIORITY_TIMEOUT;
      break;
    case UserBlockingPriority:
      timeout = USER_BLOCKING_PRIORITY_TIMEOUT;
      break;
    case IdlePriority:
      timeout = IDLE_PRIORITY_TIMEOUT;
      break;
    case LowPriority:
      timeout = LOW_PRIORITY_TIMEOUT;
      break;
    case NormalPriority:
    default:
      timeout = NORMAL_PRIORITY_TIMEOUT;
      break;
  }
var expirationTime = startTime + timeout;
```

정리하면 리액트 스케줄러는 리액트 렌더링 작업의 단위인 태스크를 관리하며 우선순위에 맞게 태스크를 꺼내어 콜백을 실행하는 방식으로 렌더링을 수행합니다. 각 태스크는 태스크가 생성된 시간과 우선순위에 의해 만료 시간이 정해지며, 이 만료 시간을 기준으로 우선순위 큐에 정렬되어, 최근에 생성된 태스크라도 사용자 경험에 직접적으로 미치는 영향력이 높으면 우선순위 큐의 앞쪽에 위치해서 먼저 처리됩니다.

3.2.5 리액트의 척추, 파이버 아키텍처

리액트는 렌더링 작업을 의미 있는 태스크로 나누어 처리하고 각 태스크에는 우선순위가 부여됩니다. 리액트 스케줄러는 계속해서 루프를 돌면서 태스크 큐에서 우선순위가 높은 다음 태스크를 꺼내 콜백을 실행해 컴포넌트를 렌더링합니다. 그렇다면 콜백을 실행했을 때 리액트 내부에서는 구체적으로 어떤 과정을 거쳐 컴포넌트의 렌더링을 수행하게 될까요? 이를 이해하려면 react 16부터 등장한 파이버 아키텍처(fiber architecture)에 대해 이해해야 합니다.

파이버는 리액트가 동작하는 방식을 이해하는 중요한 퍼즐 조각입니다. 엄밀하게 말하면 파이버는 리액트의 내부 구현 방식과 밀접한 관련이 있으므로 리액트라는 도구의 세부 사항에 해당합니다. 만약 새로운 버전의 리액트가 출시된다면 지금의 파이버 아키텍처보다 더 나은 새로운 아키텍처가 등장할 것입니다.

그런데도 불구하고 파이버 아키텍처를 이해하는 것은 지금의 리액트를 이해하는 데 매우 중요한 요소입니다. 파이버 아키텍처 도입 이전에 리액트가 안고 있던 문제가 있었고, 이 문제를 해결하려고 내부 구현을 완전히 수정한 파이버 아키텍처가 등장했기 때문입니다. 따라서 파이버 아키텍처에 대한 세부 사항을 하나하나 이해하려 하기보다는 전체적인 그림 안에서 기존의 리액트에 어떤 문제가 있었고, 파이버 아키텍처가 어떤 방식으로 이 문제를 해결했는지를 이해하는 것이 중요합니다.

3.2.5.1 파이버

컴퓨터 과학(Computer Science, CS) 도메인에서 파이버는 가벼운 실행 스레드를 가리키는 용어로, 리액트에서 처음 사용한 용어는 아닙니다. 파이버는 본질적으로는 실행을 중간에 멈췄다가 필요한 시점에 다시 재개하는 코루틴(coroutine)과 유사합니다. 운영 체제처럼 스케줄러를 가진 시분할 시스템에서 자신에게 할당된 타임 슬라이스(time slice)가 소진되었거나 자신보다 우선순위가 더 높은 프로세스가 큐에 들어왔을 때 파이버는 하던 작업을 잠시 중단하고 스케줄러에 자신에게 할당된 타임 슬라이스를 반납하는 구조를 갖습니다. 다음은 리액트 코어 팀의 일원이었던 세바스티안 마르크보예(Sebastian Markbåge)의 글입니다.

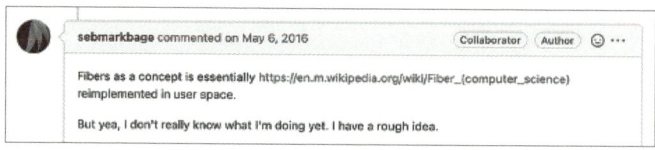

[3-24] 파이버 아키텍처를 설계할 당시 고민했던 글

리액트에서 파이버는 UI를 렌더링하는 과정에 이 개념을 적용했습니다. 렌더링 작업을 의미 있는 단위로 나누고 각 단위에 우선순위를 부여해서 작업을 진행하다가 우선순위가 높은 작업이 들어오면 기존에 진행하던 작업을 멈추고 우선순위가 높은 작업을 먼저 수행하도록 합니다.

[3-25] 우선순위가 높은 태스크를 위해 현재 태스크의 실행을 중단하는 파이버 아키텍처

이러한 의미에서 파이버는 중단했다가 다시 재개하는 리액트 코어의 재조정 알고리즘을 가리키기도 하고 화면을 구성하는 리액트 컴포넌트에 대응되는 노드를 가리키기도 합니다.

3.2.5.2 파이버 이전의 세상

리액트는 UI를 위한 렌더링 라이브러리입니다. 따라서 리액트에서 태스크 우선순위를 결정할 때, 가장 중요한 것은 사용자 경험입니다. 사용자 경험을 가장 우선시하는 관점에서는 화면 업데이트와 관련된 태스크가 꼭 들어온 순서대로 실행되어야 하는 것은 아닙니다.

앞서 살펴본 것처럼, 서로 다른 화면 업데이트 태스크는 사용자 입장에서 서로 다른 우선순위를 가집니다. 예를 들어 애니메이션 업데이트나 키보드 입력, 마우스 클릭처럼 사용자 입력에 대한 반응으로서 화면 업데이트는 데이터 스토어 업데이트에 비해 더 높은 우선순위를 가져야 합니다. 사용자의 입장에서 애니메이션이 끊기거나 텍스트 필드에 값을 입력했는데 즉각적으로 값이 채워지지 않는다면 서비스가 버벅거린다고 느껴 사용자 경험을 저해하기 때문입니다.

만약 리액트가 태스크를 들어온 순서대로 처리된다면 오래 걸리는 데이터 스토어 업데이트 태스크를 처리 중일 때 사용자가 키보드 입력을 하는 경우, 즉각적인 반응을 얻지 못하고 기존 태스크가 완전히 처리될 때까지 기다려야 합니다. 좋은 사용자 경험을 제공하는 웹 서비스라면 데이터 스토어 업데이트 태스크를 처리하는 중이더라도 사용자의 키보드 입력을 통한 업데이트 태스크가 들어온 경우, 기존 태스크를 잠시 중단하고 키보드 입력에 대한 태스크를 먼저 처리하는 것이 더 효과적일 것입니다.

사용자의 입장에서 우선순위가 높은 작업을 먼저 처리하고 우선순위가 낮은 작업을 그 이후에 처리하려면 태스크에 다음과 같은 속성을 부여해야 합니다.

- 현재 진행 중인 작업을 중단하고 나중에 다시 돌아와 중단된 지점부터 다시 작업을 재개해야 한다.
- 서로 다른 종류의 작업에는 서로 다른 우선순위를 부여해야 한다.
- 이전에 완료된 작업을 재사용해야 한다.
- 작업을 진행하는 것이 더 이상 필요 없어지면 중간에 작업을 종료해야 한다.

파이버 아키텍처가 적용되기 이전의 리액트는 태스크에 위와 같은 속성을 부여할 수 없었습니다. 하나의 업데이트 작업을 진행 중인 경우, 중간에 멈추거나 재개할 수 없었고 서로 다른 종류의 작업에 우선순위를 부여할 수 없었습니다.

[3-26] 파이버 이전과 이후 성능을 비교하려고 사용되는 예시 중 하나인 시에르핀스키 삼각형(Sierpiński triangle)

작업을 중간에 멈추거나 재개할 수 없다는 사실은 화면이 수많은 하위 컴포넌트로 구성된 무거운 컴포넌트인 경우 사용자 경험에 영향을 줍니다. 업데이트 작업에 걸리는 시간이 사용자가 자연스럽다고 느끼는 프레임 렌더링 간 간격인 16ms를 넘어가더라도 작업을 도중에 멈출 수 없어 프레임 드롭이 발생하기 때문입니다. 이는 기존의 리액트가 화면 렌더링 작업을 콜 스택에서 처리했기 때문입니다.

컴퓨터 과학 도메인에서 프로그램의 실행을 추적하는 전형적인 방식은 콜 스택(call stack)을 사용하는 것입니다. 프로그램에서 함수가 실행되면 해당 함수에 의해 실행되는 작업은 스택 프레임(stack frame)의 형태로 스택 위에 쌓입니다. 함수의 실행이 완료되면 해당 스택 프레임은 스택에서 제거됩니다. 스택은 후입선출(Last-In-First-Out, LIFO)의 성격을 갖는 단순한 자료 구조라 가장 위에 쌓인 스택 프레임부터 순서대로 처리하는 것만 가능하며, 처리하던 프레임을 도중에 멈추고 아래에 있는 프레임을 꺼내서 먼저 처리한 뒤 다시 이전에 처리하던 프레임을 처리하는 등의 조작이 불가능합니다.

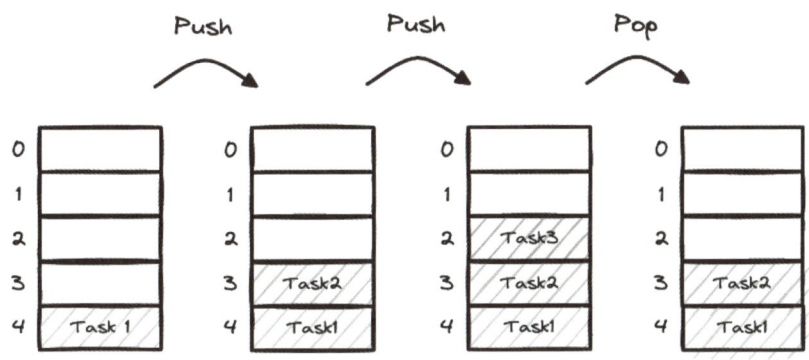

[3-27] 후입선출 구조를 갖는 자료 구조인 스택

파이버 이전, 리액트에서 렌더링을 수행하는 방식도 이와 같습니다. 리액트에서 화면을 구성하는 각 컴포넌트는 속성, 상태 혹은 컨텍스트를 입력으로, 그려야 하는 인터페이스의 모습을 출력으로 갖는 함수입니다. 사용자에게 그려지는 하나의 화면은 여러 컴포넌트로 구성되는 트리 구조를 가져 화면을 렌더링하려면 컴포넌트를 렌더링하는 함수들을 순서대로 콜 스택에 넣고 실행해야 합니다.

[3-28] 속성, 상태, 컨텍스트를 입력으로, UI를 출력으로 갖는 리액트 컴포넌트

리액트는 초기에 컴포넌트 트리를 위에서부터 아래로 재귀적으로 실행하며 동기적으로 처리하는 방식을 사용했습니다. 이러한 방식하에서는 한 번 렌더링이 시작되면 모든 컴포넌트의 렌더 함수가 콜 스택에 쌓이고, 실행이 완료될 때까지 다른 작업은 대기 상태이며, 중간에 멈추는 것이 불가능합니다. 이는 특히 화면을 구성하는 요소가 많은 복잡한 웹 서비스에서 상태 변경이나 UI 업데이트가 빈번하게 발생할 때, 브라우저가 사용자의 입력이나 애니메이션 등을 16ms 만에 처리할 수 없게 해서 프레임 드롭의 원인이 되기도 합니다.

브라우저 자바스크립트 엔진의 처리 속도는 굉장히 빠르지만 웹에서 하는 것들이 늘어남에 따라 웹 서비스에 복잡한 요구 사항들이 생겨나기 시작했습니다. 연산의 복잡도가 높아지고, 연산량 자체도 많아졌습니다. 콜 스택을 사용하는 기존의 렌더링 방식은 이런 복잡한 웹 서비스를 사용자에게 프레임 드롭 없이 제공하기 어려워졌습니다.

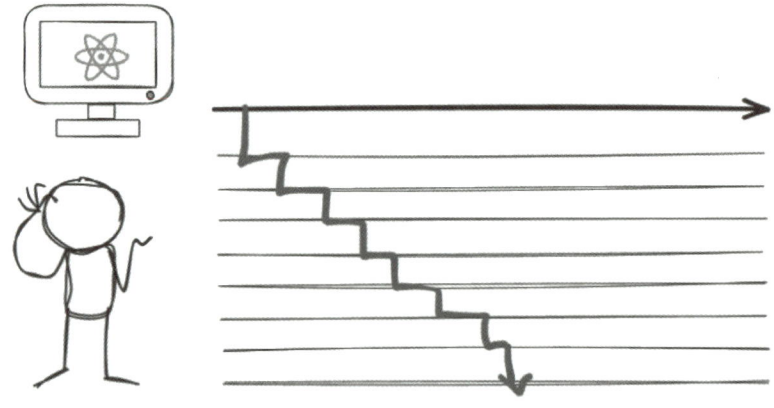

[3-29] 도중에 실행을 중단할 수 없었던 파이버 이전의 리액트

콜 스택을 사용하는 파이버 이전 리액트의 렌더링 방식을 이해하도록 간단한 예시를 하나 살펴보겠습니다. 파이버 이전의 리액트에서는 상태가 변경되면 상태 변경에 직접적인 영향을 받는 컴포넌트를 포함한 전체 컴포넌트 트리를 동기적으로 렌더링합니다.

```
function SomeComponent() {
  return (
    <div>
      <Child1 />
      <Child2>
        <Grandchild1 />
        <Grandchild2 />
      </Child2>
    </div>
  );
}
```

만약, <Child2>의 상태가 변경되면 리액트는 <div>부터 시작하여 <Child1>, <Child2> 그리고 그 하위 컴포넌트인 <Grandchild1>, <Grandchild2>에 이르기까지 전체 트리를 다시 렌더링합니다. 이 과정에서 <Child1>같이 상태 변경과 무관한 컴포넌트까지 다시 렌더되며, 이 모든 작업이 콜 스택에 포함되어 중단 없이 한 번에 처리됩니다. 렌더링 작업이 크고 복잡한 웹 서비스에서는 이 작업이 진행되는 동안에 16ms가 지나더라도 중간에 작업을 멈추고 화면을 그릴 수가 없습니다.

따라서 이를 해결하려면 기존의 콜 스택을 그대로 사용하는 것에서 벗어나 스택 프레임을 수동으로 자유롭게 조작해야 합니다. 현재 진행 중인 스택 프레임을 16ms가 지나면 멈춰야 하며, 더 우선순위가 높은 스택 프레임이 들어왔을 때 실행을 양보해야 합니다. 이것이 파이버가 문제를 해결하려고 접근한 방식입니다. 파이버는 렌더링 테스크에 사용하는 스택과 스택 프레임을 다시 설계했습니다.

3.2.5.3 파이버 이후의 세상

파이버는 기존의 렌더링 작업에 사용하던 스택과 스택 프레임을 리액트가 원하는 방향에 맞추어 다시 처음부터 설계한 새로운 아키텍처입니다. 리액트는 파이버 아키텍처의 도입으로 한 컴포넌트의 렌더링 작업을 하나의 파이버로 표현하기 시작했습니다. 그렇다면 새롭게 설계한 가상의 스택과 스택 프레임은 구체적으로 어떤 형태이고 실제 렌더링은 어떤 식으로 일어날까요?

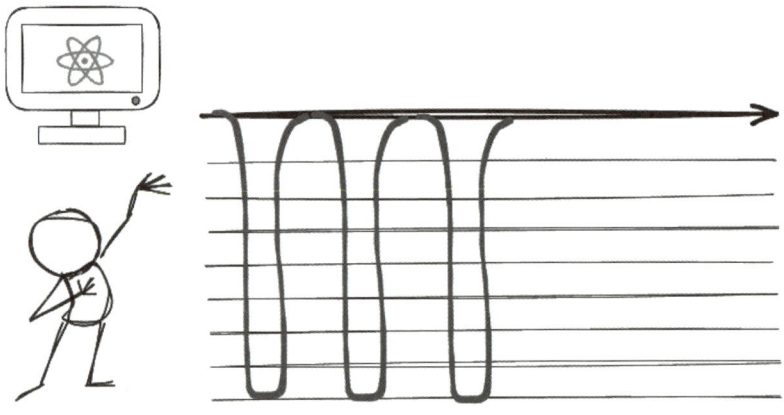

[3-30] 렌더링 중 우선순위가 높은 작업을 위해 현재 작업을 중단하게 된 파이버 이후의 리액트

더블 버퍼링 아키텍처

파이버 도입 이후 리액트는 렌더 단계에서 더블 버퍼링 아키텍처를 사용합니다. 더블 버퍼링이란, 두 개의 버퍼를 사용해서 하나의 버퍼가 화면에 표시되는 동안 다른 하나의 버퍼는 다음 프레임을 준비하는 방법입니다. 리액트에서는 이 개념이 현재 화면에 반영되어 사용자에게 보이는 current 파이버 트리와 현재 렌더링 작업이 진행 중인 workInProgress 파이버 트리로 나누어 구현합니다.

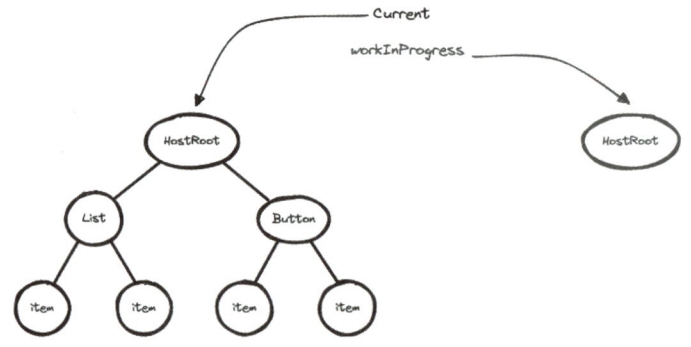

[3-31] 리액트 파이버의 더블 버퍼링 아키텍처

리액트는 사용자에게 current 트리로 구성된 현재 화면을 보여주며 화면 아래에서는 렌더 단계를 통해 workInProgress 트리를 업데이트하고 업데이트가 끝나면 이를 current에 반영한 후 브라우저의 DOM을 업데이트합니다. workInProgress 트리는 현재의 current 트리를 복사하여 만들어지며, 작업이 진행되는 도중 더 높은 우선순위의 작업이 들어오면 현재 진행 중인 작업을 잠시 중단하고 우선순위가 더 높은 작업을 수행합니다.

> **workInProgress 트리의 생성 과정**
>
> workInProgress 트리는 current 트리와 상대적인 개념입니다. current 트리에서 복사해 만들어지며, 여기서 의미하는 복사는 참조를 포함합니다. 변경이 필요한 파이버 노드에 대해서만 새 노드를 생성하고 변경이 필요하지 않은 노드는 참조(reference)만 공유함으로써 불필요한 메모리 복제를 최소화합니다.

파이버의 구성 요소

상태 변화가 일어나 컴포넌트가 다시 렌더링되어야 하는 경우, 파이버 이전의 리액트는 이를 반영하려고 전체 트리를 다시 동기적으로 렌더링해야 했습니다. 그러나 파이버 도입 이후 리액트는 해당 컴포넌트의 파이버에 업데이트를 추가하기만 합니다. 추가되는 각 업데이트에는 우선순위가 부여되며, 리액트의 스케줄러는 다음 렌더링 태스크를 선택할 때, 파이버 트리에서 가장 우선순위가 높은 업데이트를 찾아 실행합니다. 이 과정에서 전체 트리를 다시 렌더링할 필요 없이 업데이트가 필요한 파이버만 다시 렌더링합니다.

다음은 실제 리액트에 구현된 파이버의 구조에서 이해를 돕기 위해 필요한 부분만 남겨둔 것입니다. 상태, 속성, 컨텍스트 변경 등 렌더링을 유발하는 업데이트가 발생하면 리액트는 업데이트에 영향을 받는 파이버의 updateQueue에 업데이트를 추가합니다.

```
export type Fiber = {
  // The Fiber to return to after finishing processing this one.
  // This is effectively the parent, but there can be multiple parents
(two)
  // so this is only the parent of the thing we're currently
processing.
  // It is conceptually the same as the return address of a stack
frame.
```

```
    return: Fiber | null,
    // Singly Linked List Tree Structure.
    child: Fiber | null,
    sibling: Fiber | null,
    memoizedProps: any, // The props used to create the output.
    // A queue of state updates and callbacks.
    updateQueue: mixed,
    // The state used to create the output
memoizedState: any,
    // Effect
    flags: Flags,
    lanes: Lanes,
    childLanes: Lanes,
    // This is a pooled version of a Fiber. Every fiber that gets
updated will
    // eventually have a pair. There are cases when we can clean up
pairs to save
    // memory if we need to.
    alternate: Fiber | null,
};
```

업데이트가 추가된 파이버는 리액트에 자신의 updateQueue에 추가된 업데이트가 어떻게 처리되어야 하는지를 알려주어야 합니다. 이를 위해 flags 필드를 사용합니다. flags는 비트 마스크로 설정되어 동시에 여러 개를 설정하며, 새로운 노드가 삽입되어야 하는 경우에는 Placement 플래그를, 상태가 변경되어 업데이트되어야 하는 경우에는 Update 플래그를 설정하여 알려 줍니다. 즉 flags 필드는 리액트가 업데이트를 '어떻게' 처리할지를 결정하도록 합니다.

```
export type Flags = number;

// Don't change these values. They're used by React Dev Tools.
export const NoFlags = /*                      */
0b000000000000000000000000000000;
export const PerformedWork = /*                */
0b000000000000000000000000000001;
export const Placement = /*                    */
0b000000000000000000000000000010;
export const DidCapture = /*                   */
0b000000000000000000000010000000;
export const Hydrating = /*                    */
```

```
0b00000000000000010000000000000;

// You can change the rest (and add more).
export const Update = /*                        */
0b0000000000000000000000000100;
```

flags 필드를 통해 해당 파이버가 어떻게 업데이트되어야 함을 이해했다면 다음으로는 어떤 업데이트를 먼저 처리할지를 결정해야 합니다. 이를 위해 lanes 필드를 사용합니다. 하나의 파이버에 스케줄되는 여러 업데이트는 우선순위가 있으며 이는 lanes 필드에 비트 마스크로 설정됩니다. 만약 우선순위가 가장 높은 SyncLane이 설정된 업데이트가 파이버의 updateQueue에 추가되었다면 스케줄러는 먼저 들어온 다른 업데이트가 있더라도 해당 업데이트를 가장 먼저 처리합니다. childLanes는 lanes와 마찬가지로 현재 파이버의 자식들이 가진 업데이트의 우선순위를 반영합니다, childLane을 통해 리액트 스케줄러는 전체 노드를 순회하지 않고 특정 노드와 그 하위에 우선순위가 높은 업데이트가 있는지를 파악합니다. 즉, lanes 필드는 리액트가 해당 업데이트를 '언제' 처리할지를 결정하도록 합니다.

```
// Lane values below should be kept in sync with getLabelForLane(),
used by react-devtools-timeline.
// If those values are changed that package should be rebuilt and
redeployed.

export const TotalLanes = 31;

export const NoLanes: Lanes = /*                         */ 0b000000000
0000000000000000000000;
export const NoLane: Lane = /*                           */ 0b000000000
0000000000000000000000;

export const SyncHydrationLane: Lane = /*                */ 0b000000000
0000000000000000000001;
export const SyncLane: Lane = /*                         */ 0b000000000
0000000000000000000010;

export const InputContinuousHydrationLane: Lane = /*     */ 0b000000000
0000000000000000000100;
export const InputContinuousLane: Lane = /*              */ 0b000000000
0000000000000000001000;
```

```
export const DefaultHydrationLane: Lane = /*                */ 0b0000000000
0000000000000000010000;
export const DefaultLane: Lane = /*                         */ 0b0000000000
0000000000000000100000;

const TransitionHydrationLane: Lane = /*                    */ 0b0000000000
0000000000000001000000;
const TransitionLanes: Lanes = /*                           */ 0b0000000001
1111111111111110000000;
const TransitionLane1: Lane = /*                            */ 0b0000000000
0000000000000010000000;

export const IdleLane: Lane = /*                            */ 0b0100000000
0000000000000000000000;

export const OffscreenLane: Lane = /*                       */ 0b1000000000
0000000000000000000000;
```

리액트 스케줄러는 자신에게 할당된 시간 동안 파이버의 이런 필드들을 확인하면서 우선순위가 반영된 렌더링 태스크를 만들어 태스크 큐에 추가합니다. 이후 태스크 큐에서 우선순위에 기반해서 다음 실행할 작업을 꺼내 실행하며 workInProgress 트리를 완성합니다. 완성된 workInProgress 트리는 current 트리로 대체되며 브라우저의 DOM에 반영되어 사용자 화면에 반영됩니다.

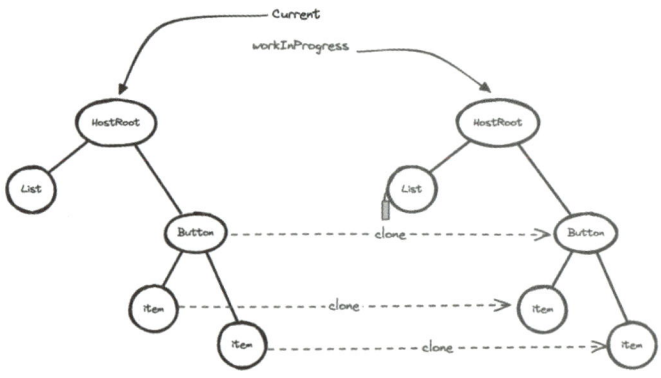

[3-32] 업데이트가 필요한 컴포넌트만 다시 렌더링되고, 나머지 컴포넌트들은 재사용되는 파이버 아키텍처

이렇게 파이버는 UI를 구성하는 컴포넌트를 표현하기도 하면서 각 컴포넌트에 적용되어야 하는 업데이트와 처리 방식, 우선순위를 모두 포함하는 넓은 개념입니다. 파이버가 등장한 이후 리액트에서는 각 컴포넌트를 개별적으로 렌더 가능한 작업 단위로 바라보게 되었고 서로 다른 우선순위를 갖는 여러 작업을 유연하게 처리하게 되었습니다.

파이버의 동작 정리하기

리액트로 만들어진 웹 서비스에서 사용자가 버튼을 클릭해 화면에 무언가를 추가하거나 텍스트 필드에 키보드로 값을 입력하는 행위는 모두 파이버에 업데이트를 스케줄하는 행위입니다. 키보드로 값을 입력해서 상태를 변경하면 변경된 상태에 의해 영향을 받는 컴포넌트의 파이버에 업데이트가 스케줄됩니다. 이 업데이트는 updateQueue에 푸시되며 파이버의 flags와 lanes를 업데이트합니다.

리액트의 스케줄러는 파이버의 lanes와 childLanes를 보고 우선순위가 높은 업데이트와 이 업데이트를 포함하는 파이버들을 찾아냅니다. 이 업데이트는 렌더링 태스크로 만들어져 태스크 큐에 추가됩니다. 스케줄러는 자신이 브라우저에 의해 할당받은 시간 동안 태스크 큐에서 가장 우선순위가 높은 렌더링 태스크를 꺼내 실행합니다. 이 과정에서 리액트는 current 파이버 트리를 복사한 workInProgress 트리를 생성하고 렌더링 태스크의 변경 사항을 적용합니다.

파이버는 각 컴포넌트를 독립적인 작업 단위로 취급하여 변경 사항을 적용할 때 모든 컴포넌트를 다시 렌더링하지 않습니다. 그 대신 변경이 발생한 컴포넌트와 그 자식 컴포넌트만을 식별하고 나머지는 기존에 렌더링된 컴포넌트를 재사용합니다. 만약 렌더링 작업을 수행하는 도중 더 높은 우선순위를 갖는 업데이트가 발생하면 스케줄러는 해당 업데이트를 반영하는 태스크를 만들고 현재 처리하던 작업을 중단한 후 해당 태스크를 먼저 처리합니다.

여정 돌아보기

지금까지 리액트에 대해 살펴보았습니다. 리액트에서 제공하는 useState, useReducer, useEffect 등 여러 API와 사용 방법, 코딩 패턴에 대해 살펴보기보다는 리액트가 웹 서비스를 렌더링하는 전체 과정에서 어떤 것을 문제로 정의했고, 이를 해결하려고 어떻게 접근했는지 살펴보았습니다.

3.1 리액트와 리액트가 아닌 것에서는 리액트 개발을 create-react-app처럼 보일러 플레이트 도구로 시작하는 경우 흔히 빠지기 쉬운 여러 오해를 해소했습니다. 웹 서비스를 개발하는 데 리액트가 차지하는 부분은 극히 일부분이며, 리액트를 사용하지 않아도 웹 서비스를 개발하고 사용자에게 제공하는 데는 문제가 없습니다.

리액트는 번들러가 아니며, 스타일링 도구도 아니고, 런타임 환경도 아니며, SEO 도구도 아닙니다. 또한 리액트는 데이터를 처리하는 도구도 아니며, 복잡한 그래픽이나 3D 렌더링을 하는 도구도 아닙니다. 리액트는 UI를 위한 웹과 네이티브 라이브러리입니다. 우리가 create-react-app처럼 보일러 플레이트를 사용하면 웹 서비스를 제공하는 데 필요한 여러 설정을 기본적으로 제공해 간과하기 쉽지만, 리액트는 본질적으로 UI 라이브러리임을 기억해야 합니다.

3.2 리액트의 동작 원리에서는 UI를 위한 웹과 네이티브 라이브러리로서 리액트가 어떻게 동작하는지에 대해 살펴보았습니다. API나 구체적인 도구들은 시간이 지남에 따라 변경되고, 공식 문서에서 가장 정확한 최신의 정보를 찾을 수 있어 전체적으로 리액트가 어떻게 동작하는지에 대한 큰 그림을 그려내는 요소들을 위주로 살펴보았습니다.

3.2.1 전체적인 그림에서는 리액트가 사용자에게 웹 서비스가 제공되는 전체 여정 중 어떤 위치에서 동작하는 도구인지를 살펴보았습니다. 리액트는 자바스크립트 라이브러리라 빈 HTML이 브라우저에 도착한 이후 HTML에 의해 자바스크립트 파일의 형태로 로드되어 자바스크립트 엔진에 의해 실행됩니다.

3.2.2 가상 돔에서는 리액트가 브라우저에서 실행되어 동작하는 전체적인 그림에 대해 살펴보고, 리액트가 복잡한 컴포넌트들의 구조를 메모리 위에서 관리하는 방법인 가상 돔과 재조정 알고리즘에 대해 살펴보았습니다.

3.2.3 리액트라는 거대한 생태계에서는 리액트라는 거대한 소스 코드 리포지터리가 어떤 요소들로 구성되는지, 각 요소가 어떻게 상호 작용하는지에 대해 살펴보았습니다. 특히 react, react-dom, scheduler, react-reconciler 등 주요 라이브러리를 살펴보면서 리액트가 컴포넌트를 렌더링하고 화면에 반영하는 서로 다른 라이브러리의 상호 작용을 살펴보았습니다.

리액트의 선언형 코드 작성을 도와주는 JSX 문법에 대해서도 살펴보았습니다. JSX를 사용하면 리액트를 사용해서 소스 코드를 작성하는 엔지니어가 복잡한 렌더링 로직을 이해할 필요 없이 상태 변경에 따라 자신이 렌더링하기 원하는 화면의 모습을 선언하기만 하면 됩니다. 실제로 리액트는 jsx, createElement 등의 문법을 통해 이를 변환하고 처리하지만 엔지니어는 이를 전혀 고려할 필요가 없습니다.

3.2.4 리액트의 렌더링 작업과 스케줄링에서는 리액트가 렌더링을 관리하는 방식인 태스크와 스케줄러에 대해 살펴보았습니다. 리액트는 화면 렌더링 작업을 태스크라는 단위로 나누고, 각 태스크에 우선순위를 할당하여 스케줄러에서 처리하도록 합니다. 이로 인해 우선순위가 높은 렌더링 작업이 먼저 화면에 반영됩니다.

3.2.5 리액트의 척추, 파이버 아키텍처에서는 태스크 스케줄링을 더 구체적인 단계에서 설명합니다. 이를 위해 리액트의 핵심 재조정 알고리즘이자 단일 컴포넌트를 표현하는 방식인 파이버에 대해 설명합니다. 파이버 아키텍처의 등장 이후로 리액트는 자바스크립트 엔진의 콜 스택이 아닌 메모리에서 관리되는 가상의 스택 프레임을 갖습니다. 이 가상의 스택 프레임을 사용해서 매 업데이트마다 모든 컴포넌트를 다시 렌더링할 필요 없이 업데이트가 필요한 컴포넌트만 렌더링합니다. 또한 우선순위가 높은 태스크가 들어왔을 때, 기존의 수행하던 태스크를 잠시 중단하고 해당 태스크를 먼저 수행하여 높은 반응성을 제공합니다.

리액트를 더 잘 이해할 수 있도록 리액트 공식 문서를 적어도 한 번은 꼼꼼하게 읽을 것을 권장합니다. 리액트 공식 문서에는 리액트에서 제공하는 여러 API의 사용법과 예시들이 제공되기도 하지만, 리액트가 어떤 도구이며, 어떤 철학을 갖고 어떻게 동작하는지에 대한 구체적인 내용들도 제공됩니다. 리액트에 대한 거의 모든 정보는 리액트 공식 문서와 리액트 공식 리포지터리의 소스 코드에서 왔습니다.

물론, 공식 문서를 읽지 않아도 검색을 통해 혹은 다른 엔지니어들이 잘 작성해둔 코드들을 통해 리액트라는 라이브러리를 잘 사용할 수는 있습니다. 하지만 변화에 강건한 학습에 중요한 것은 리액트를 사용하는 방법이 아닌 리액트가 문제를 정의하는 방식과 이를 해결하는 방식과 철학입니다.

리액트에 대한 조금 더 깊이 공부하고 싶다면 오픈 소스 커뮤니티에서 활발하게 이루어지는 리액트의 RFC 문서를 읽을 것을 권장합니다. 리액트가 나아가야 할 방향이나 개선이 필요한 부분에 대해 여러 엔지니어와 리액트 코어 팀이 주고받은 의견들이 기록되어 있습니다. 서버 컴포넌트(server component), 서스펜스(suspense)같이 리액트에서 새롭게 추가되거나 변경되는 기능들은 거의 대부분 이 RFC에서 출발한다고 할 수 있습니다.

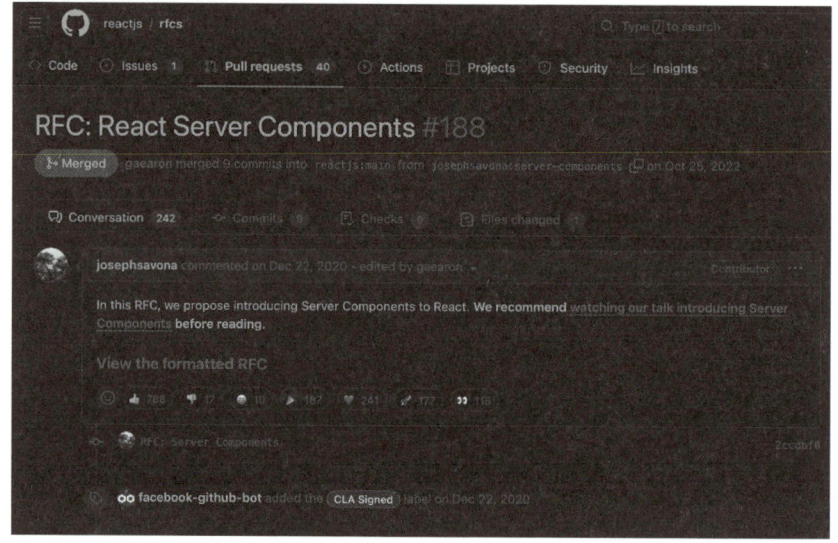

[3-33] 수년 전 RFC에서 논의되던 서버 컴포넌트

여기에서 언급되는 모든 내용이 새로운 리액트에 반영되는 것은 아니지만, 프런트엔드 생태계에서 중요하다고 생각되는 것들 그리고 이들에 대한 훌륭한 엔지니어들의 생각들이 녹아 있는 토론의 장이라 변화에 강건한 학습을 하는 데 도움이 될 것입니다.

4

Next.js

Next.js는 리액트 기반의 오픈 소스 웹 서비스 개발 프레임워크입니다. 서버 사이드 렌더링(Server Side Rendering, SSR), 정적 사이트 생성(Static Site Generation, SSG), 클라이언트 사이드 렌더링(Client Side Rendering, CSR)을 포함한 다양한 렌더링 방식을 지원하여 엔지니어가 리액트를 사용해서 검색 엔진에 최적화된 고성능의 웹 서비스를 쉽게 구축하도록 도와줍니다.

UI 라이브러리인 리액트와는 다르게 Next.js는 하나의 프레임워크로, 웹 서비스의 성능을 높이는 많은 세부 사항을 포함합니다. 이 세부 사항들을 모두 다루는 것이 목적이 아니며, 세부 사항들은 자주 변경되어 공식 문서를 확인하는 것이 더 정확합니다. 리액트 웹 서비스의 성능을 향상하려고 Next.js가 어떤 것들을 문제로 정의했고 이를 어떤 방식으로 해결하려 하는지를 살펴보려 합니다.

[4-1] Vercel에서 제공하는 리액트 기반 웹 서비스 프레임워크 Next.js

4.1 라이브러리와 프레임워크의 차이

리액트는 UI 라이브러리입니다. 리액트는 웹 서비스 개발에서 화면에 표시되는 뷰 레이어에 초점을 맞추며, 엔지니어가 복잡한 설정이나 태스크 스케줄링을 신경 쓰지 않고 상태 관리와 UI 구성에 집중하게 해줍니다.

반면, 공식 문서에 따르면 Next.js는 리액트 기반의 오픈 소스 웹 프레임워크라고 명시되어 있습니다. Next.js는 서비스의 구조와 라우팅 시스템, 서버 사이드 렌더링 등 복잡한 기능들을 미리 구현해 두고 이를 제공할 특정한 구조를 정해둔 후에 엔지니어들이 이 구조에 맞추어 개발하게 하여 성능 좋은 웹 서비스를 빠르게 구축하도록 도와줍니다.

4.1.1 라이브러리

라이브러리는 특정 기능들을 모아둔 코드의 집합을 의미합니다. 일반적으로 엔지니어는 서비스를 제공하는 데 필요한 모든 기능을 직접 개발하지는 않습니다. 서비스에 필요한 기능들을 파악하고 이를 잘 만들어 제공하는 라이브러리가 있다면 설치해 사용하는 경우가 많습니다. npm(node package manager)이라는 자바스크립트 라이브러리 생태계가 잘 구축되어 있기에 필요한 기능들을 쉽게 다운로드하여 사용할 수 있습니다.

모든 기능을 직접 개발하지 않고도 필요에 따라 잘 만들어진 라이브러리를 사용하여 프로젝트에 쉽게 통합할 수 있기 때문에 엔지니어는 코드의 재사용성을 높이고 복잡한 기능을 쉽게 구현합니다. 또한, 널리 사용되는 라이브러리는 수많은 사람에 의해 검증이 진행되고 지속적으로 개선되는 경우가 많아 직접 모든 기능을 개발하는 것보다 오류 발생의 가능성이 줄어듭니다.

> **어떤 라이브러리를 선택하는 것이 좋을까?**
>
> 라이브러리를 선택할 때는 얼마나 많은 사람이 다운로드했는지, 가장 최근의 업데이트는 얼마 전인지, 소스 코드 리포지터리에 올라온 issue, pull request가 잘 해결되었는지를 같이 확인해 보면 좋습니다. npmtrends.com에서는 npm 패키지의 다운로드 통계와 트렌드를 비교해볼 수 있으며, bundlephobia.com에서는 각 라이브러리의 번들 크기를 확인할 수 있습니다. 비슷한 기능을 하는 라이브러리들을 비교해보고 더 적합한 것을 선택하여 사용하도록 합니다.

라이브러리의 사용에서 가장 중요한 점은 라이브러리를 사용하는 엔지니어가 제어 흐름(control flow)을 관리한다는 것입니다. 라이브러리 자체로는 프로그램의 제어 흐름에 대해 아무런 영향을 미치지 못하며 엔지니어가 특정 시점에 라이브러리의 기능을 호출해야 비로소 프로그램의 제어 흐름에 영향을 미칩니다.

예를 들어 날짜를 보여주는 기능을 만들려고 dayjs 라이브러리를 사용하는 경우 언제 어느 시점에 해당 라이브러리의 함수를 호출해서 날짜를 계산하고 보여줄지는 엔지니어가 결정해야 합니다. UI를 렌더링하는 리액트 라이브러리를 사용하는 경우 컴포넌트의 렌더링은 라이브러리에 의해 관리되지만 어느 컴포넌트가 언제 업데이트되어야 하는지는 엔지니어가 상태와 속성을 변경해 결정해야 합니다.

```
import * as dayjs from 'dayjs';

dayjs().to
    toDate()                                                    Date
    toISOString()                                               string
    toString()                                                  string
    toJSON()                                                    string
    startOf(unit: OpUnitType)                                   Dayjs
Press ^. to choose the selected (or first) suggestion and insert a dot afterwards  Next Tip
```

[4-2] 널리 사용되는 날짜 관련 라이브러리인 day.js

4.1.2 프레임워크

프레임워크는 소프트웨어의 특정 부분을 미리 만들어 놓은 것으로 엔지니어가 소프트웨어를 개발할 때 지켜야 할 틀과 구조를 제공합니다. 프레임워크는 엔지니어에게 어떤 코드를 어디에 작성해야 하는지 제시하고, 엔지니어는 이 규칙에 따라 코드를 작성합니다.

이렇게 작성된 코드의 실행 흐름은 엔지니어가 명시적으로 호출하는 것이 아니며 프레임워크가 자신이 제공한 구조 안에서 필요한 코드를 호출하는 식으로 동작합니다. 즉, 기능만을 제공하고 기능의 호출을 통한 제어 흐름의 결정권은 엔지니어에게 있는 라이브러리와 다르게, 제어 흐름에 대한 결정권을 프레임워크가 가집니다.

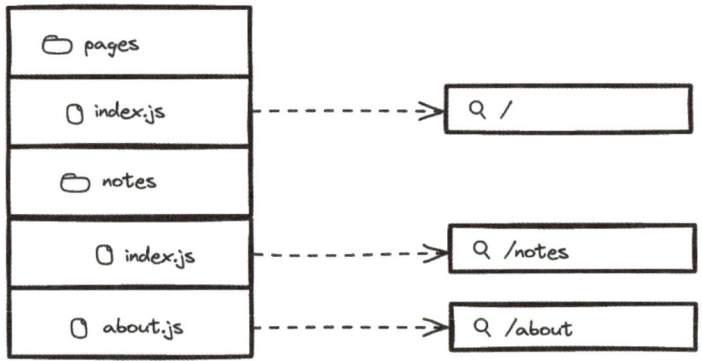

[4-3] 프레임워크로서의 Next.js

프레임워크를 사용하면 사전에 제공되는 여러 규칙을 따르기에 개발 시간은 단축되고 에러가 줄어듭니다. 또한 여러 엔지니어가 동일한 규칙과 구조를 맞추기에 코드의 일관성이 유지되고, 개발 과정이 표준화되어 서비스 구조의 일관성이 유지됩니다.

프레임워크를 사용하여 서비스를 개발하면 프레임워크가 서비스의 흐름을 제어하며 엔지니어가 작성한 코드를 적절한 시점에 호출합니다. 이는 제어의 역전(Inversion of Control, IoC) 원칙에 기반한 것으로, 제어 흐름을 프레임워크가 가졌음을 의미합니다. 프레임워크는 서비스의 기반 구조와 실행 흐름을 정의하고 엔지니어는 이러한 구조하에서 필요한 부분만을 구현합니다.

4.1.3 프레임워크로서의 Next.js

Next.js는 렌더링 성능, 검색 엔진 최적화 그리고 개발자 경험(Developer Experience, DX)의 향상을 중심으로 설계된 웹 서비스 프레임워크입니다. 고성능의 웹 서비스를 구축하도록 서버 사이드 렌더링과 정적 사이트 생성 등의 기능을 제공하는데, 이에 대한 복잡한 설정과 구조를 엔지니어가 자세히 알 필요가 없도록 표준화된 구조를 제공합니다. 엔지니어는 Next.js에서 제공하는 구조를 따라 코드를 작성하기만 하면 Next.js가 제어의 흐름을 가져가서 적절한 시점에 작성된 코드를 호출하여 웹 서비스를 제공합니다.

예를 들어 Next.js는 파일 기반 라우팅을 제공합니다. /pages 디렉터리 하위에 about.js 파일을 놓으면 이는 웹 페이지의 /about 경로에 자동으로 연결됩니다. 특정 경로로 들어온 요청을 분류해서 해당 요청에 맞는 컴포넌트를 렌더링하고 그 결과를 반환하는 모든 흐름을 Next.js에서 제어하므로 엔지니어는 이 제어 흐름에 신경 쓰지 않고 렌더링되어야 하는 컴포넌트의 로직에만 집중할 수 있습니다.

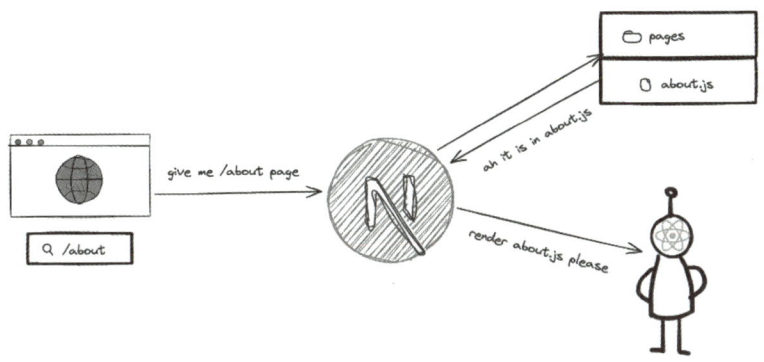

[4-4] 프레임워크인 Next.js가 동작하는 과정

또한 정적 사이트 생성이나 서버 사이드 렌더링 등의 기능들을 직접 개발할 필요 없이 Next.js에서 사전에 정의해둔 몇 가지 함수들을 사용하는 것으로 쉽게 사용자에게 제공합니다. 이렇게 Next.js는 프레임워크로서 엔지니어의 생산성을 높여주고 사용자와 검색 엔진 모두에 최적화된 페이지를 빠르게 제공하도록 도와줍니다.

4.2 검색 엔진 최적화와 서버 사이드 렌더링

프레임워크로서 Next.js는 고성능 웹 서비스에 여러 도구를 제공합니다. 검색 엔진 최적화(Search Engine Optimization, SEO)도 그중 하나입니다. 검색 엔진 최적화가 무엇인지 그리고 Next.js에서 이를 지원하기 위해 어떤 방법을 사용했는지 살펴보겠습니다.

4.2.1 검색 엔진의 동작 방식

검색 엔진 최적화는 구글, 네이버 등 검색 엔진에 친화적인 웹 페이지 구축해서 검색을 통해 웹 서비스로 들어오는 트래픽의 양과 질을 극대화하는 작업을 의미합니다. 검색 엔진의 역할은 사용자의 검색어를 바탕으로 질문 의도에 제일 가까운 답을 가진 웹 페이지를 제공하는 것입니다. 사용자가 '고양이', 'how to build react website' 등의 키워드를 입력했을 때 우선해 표시되는 웹 페이지들이 사용자의 질문 의도에 가까운 결과를 가질수록 검색 엔진에 더 오래 머물고 더 자주 방문합니다.

검색 엔진 최적화의 목표는 내가 만든 웹 페이지가 검색 결과 페이지에서 더 높은 순위에 위치하도록 만드는 것입니다. 검색 결과 페이지의 상단에 위치하는 것은 잠재적 사용자의 자연 유입 가능성을 높이므로 비즈니스 가치와 직결되기 때문입니다. 실제로 검색 엔진 최적화를 통한 마케팅 전략은 다른 디지털 마케팅 전략과 비교했을 때 높은 투자 대비 수익률을 보여주어 비즈니스 가치를 창출하는 데 중요한 마케팅 수단으로 간주됩니다.

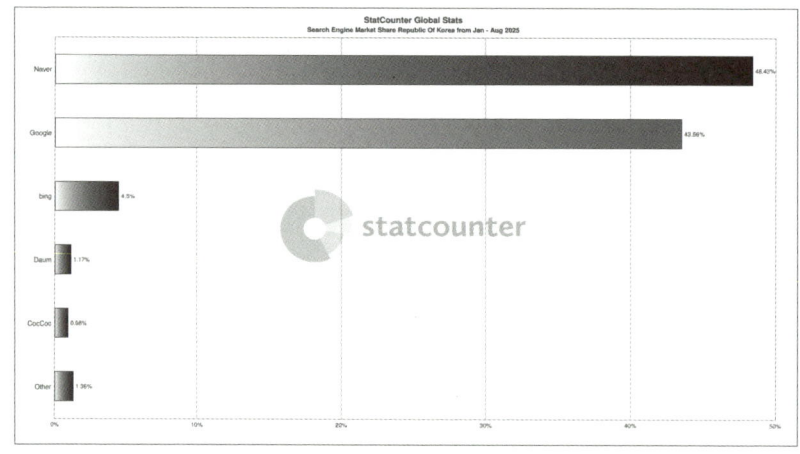

[4-5] 국내 검색 시장에서의 검색 엔진 점유율 (출처: statcounter.com)

검색 엔진 최적화를 통해 웹 페이지가 검색 결과 페이지의 상단에 위치하면 사용자들의 폭발적인 자연 유입을 기대할 수 있는데, 이는 검색 결과 페이지의 사용자 유입이 승자 독식 구조를 갖기 때문입니다. 일반적으로 구글의 검색 결과 첫 페이지에 등장하는 웹 페이지들의 트래픽은 전체 페이지 트래픽의 90%까지 차지하며 상위 세 개의 웹 페이지가 전체 트래픽의 절반 이상을 차지합니다. 따라서 검색 엔진 최적화를 통해 내 웹 페이지가 검색 결과 페이지의 상단에 나타난다면 자연 유입을 통해 서비스가 빠른 속도의 성장을 기대할 수 있습니다.

웹 페이지가 검색 결과 페이지의 상단에 위치하려면 본질적으로 사용자에게 유용한 양질의 콘텐츠를 제공해야 합니다. 그러나 웹 페이지의 기술적인 부분을 개선하여 검색 엔진이 웹 페이지를 잘 이해하고 인덱싱하도록 만드는 것도 중요한 최적화 작업의 일부입니다. 이를 위해서는 검색 엔진이 웹 페이지를 어떻게 이해하고 순위를 매기는지 이해해야 합니다.

4.2.1.1 검색 결과 페이지가 만들어지는 과정

2025년 기준 검색 엔진 시장에서 가장 큰 점유율을 차지하는 검색 엔진은 단연코 구글입니다. 따라서 검색 엔진 최적화를 고려할 때는 구글 검색 엔진이 어떻게 동작하는지를 먼저 이해해야 합니다. 구글에서는 『구글 검색 작동 가이드』라는 공식 문서를 통해 구글의 검색 엔진이 어떻게 동작하는지를 상세하게 알려 줍니다.

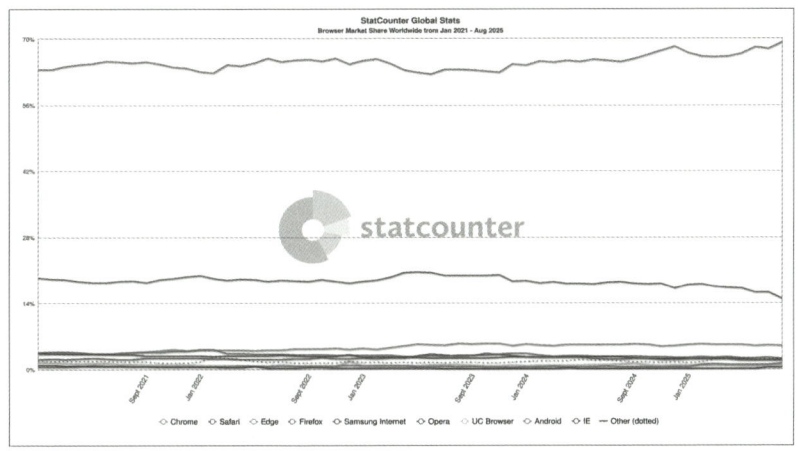

[4-6] 2025년까지의 세계 검색 시장에서의 검색 엔진 점유율 (출처: statcounter.com)

공식 문서에 의하면 구글의 검색 엔진은 크게 세 가지 단계를 거쳐 검색 엔진 결과 페이지(Search Engine Result Page, SERP)를 만듭니다.

1. 크롤링

첫 번째 단계는 웹에 어떤 페이지가 존재하는지 파악하는 것입니다. 웹은 계속해서 확장되는 네트워크이며, 네트워크상에 존재하는 모든 웹 페이지가 등록되어 관리되는 중앙 저장소가 있는 것이 아닙니다. 따라서 검색 엔진들은 계속해서 새로운 페이지를 검색하여 자신이 관리하는 페이지 목록에 추가해야 합니다. 이 프로세스를 URL 검색이라 합니다.

구글은 자신이 관리하는 페이지 목록들에서 새로운 페이지를 탐색하고 페이지 목록을 업데이트합니다. 웹 페이지 안에는 다른 웹 페이지로 이동하는 링크가 존재해, 기존에 관리하던 목록의 페이지 안에 새 페이지로 연결되는 링크가 있다면 이 링크를 따라가면서 새로운 페이지들을 추가합니다.

한편, 구글에서 웹 페이지를 목록에 추가하도록, 웹 페이지 소유자가 명시적으로 해당 웹 페이지를 통해 이동하는 다른 페이지들을 사이트 맵(sitemap)의 형태로 제출하는 경우도 있습니다. 이 경우 구글은 사이트 맵에 포함된 웹 페이지들을 페이지 목록에 추가합니다.

이렇게 페이지의 URL을 발견하면 구글은 페이지의 내용을 확인하려고 페이지를 방문해서 페이지의 내용을 읽어 오는데, 이 과정을 크롤링(crawling)이라 합니다. 구글은 자체적인 컴퓨팅 리소스를 사용해서 발견된 웹 페이지들을 크롤링하며, 자체적인 알고리즘을 사용해서 크롤링해야 하는 사이트와 크롤링 빈도, 각 사이트에서 가져올 페이지 수를 결정합니다.

크롤링 과정에서 구글은 브라우저에서 웹 페이지를 렌더링하는 방식과 유사하게 최신 버전의 크롬을 사용해서 페이지를 렌더링하고 렌더링 과정에서 로드된 자바스크립트를 실행합니다. 최근에는 클라이언트에서 자바스크립트를 통해 렌더링하는 웹 서비스들도 많아 구글의 크롤러도 웹 페이지의 콘텐츠를 파악하려고 필요한 경우 자바스크립트를 실행하여 콘텐츠를 렌더링합니다.

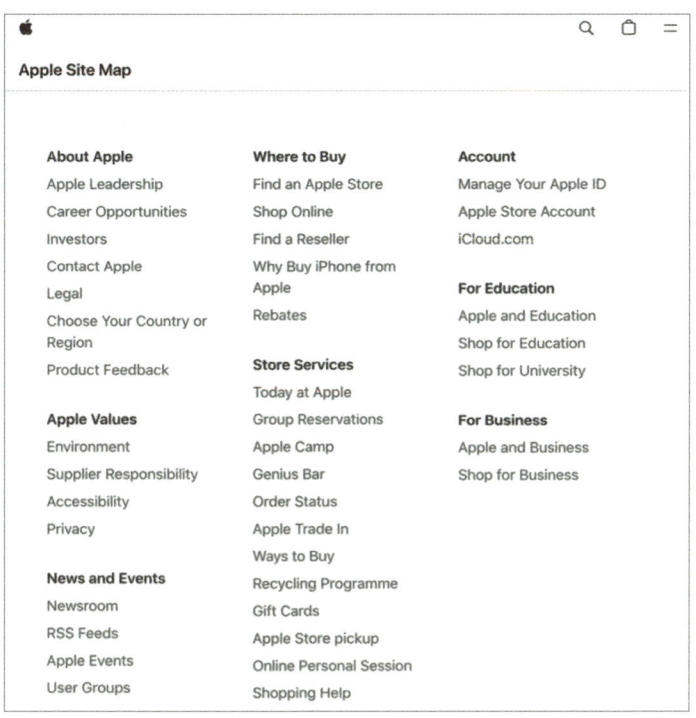

[4-7] 애플 홈페이지(apple.com) 하단에 위치한 사이트 맵

2. 인덱싱

크롤링 과정을 통해 새로운 페이지를 방문하고 페이지의 콘텐츠를 가져왔다면 이제 해당 페이지의 내용을 파악해야 합니다. 이 단계를 인덱스 생성(indexing)이라고 합니다. 여기에는 HTML 문서의 <title> 요소를 포함한 여러 메타 태그를 분석하고 콘텐츠 영역의 여러 태그와 속성을 분석하는 작업이 포함됩니다.

인덱스를 생성하는 도중, 구글에서는 중복된 페이지 여부를 판단하려고 비슷한 콘텐츠를 갖는다고 여겨지는 페이지들을 하나의 그룹으로 묶은 다음 그룹을 가장 잘 대표하는 페이지를 선택합니다. 이 단계에서 구글은 페이지의 언어, 국가, 사용성 여부 등을 같이 고려합니다. 이런 과정을 거쳐 페이지와 페이지가 속할 클러스터에 관해 수집한 정보는 대규모 데이터베이스에 저장되며, 이를 구글 인덱스라고 합니다.

3. 랭킹

인덱스 생성 작업까지 마무리되었다면 마지막으로 이렇게 인덱싱된 콘텐츠를 검색 의도에 맞춰 순위를 부여한 다음(ranking), 사용자가 해당 키워드로 검색했을 때 순서대로 결과를 제공해야 합니다.

사용자가 검색어를 입력하면 구글은 구글 인덱스에서 해당 페이지를 검색한 다음 품질이 가장 높고 사용자의 검색어와 관련성이 가장 높다고 판단되는 결과를 반환합니다. 여기서 관련성은 단순히 텍스트가 동일한 것을 넘어 사용자의 위치와 언어, 기기 정보를 비롯한 수많은 요소의 조합으로 결정됩니다. 예를 들어 똑같이 '자전거 수리점'이라는 키워드를 구글에 검색했더라도 파리에 있는 사용자와 홍콩에 있는 사용자에게 서로 다른 결과가 표시됩니다.

사용자가 유사한 검색어를 어떻게 입력했는지에 따라서도 검색 결과 페이지에 표시되는 검색 결과가 달라집니다. 예를 들어 '자전거 수리점'을 검색하면 수리점을 보여주는 위치 검색 결과가 표시될 가능성이 높지만 '최신 자전거'를 검색하면 최신 자전거 이미지나 자전거를 구매하는 쇼핑몰에 대한 검색 결과가 표시될 가능성이 더 높습니다.

구글의 검색 엔진은 이렇게 3단계 프로세스로 동작합니다. 검색 엔진에 따라 구체적인 구현에는 차이가 있겠지만 일반적인 검색 엔진들은 모두 크롤링, 인덱싱, 랭킹 단계를 거쳐 사용자에게 제공할 페이지들을 준비합니다.

4.2.1.2 검색 엔진을 최적화하고자 고려해야 할 것들

검색 엔진의 상단에 노출되려면 웹 페이지가 크롤링, 인덱싱, 랭킹 단계를 거치는 과정에서 검색 엔진이 중요하게 생각하는 여러 지표를 효과적으로 달성해야 합니다. 콘텐츠 자체의 양과 품질을 높이는 것은 프런트엔드 프레임워크에서 기술적으로 고려할 사항이 아니므로, 기술적으로 고려할 방법들을 살펴보겠습니다. 다음은 구글에서 제공하는 페이지 경험에 관한 가이드 문서의 일부입니다.

구글의 핵심 순위 시스템은 우수한 페이지 경험을 제공하는 콘텐츠에 보상을 제공합니다. 사이트 소유자가 구글의 시스템을 효과적으로 활용하려면 페이지 경험의 한두 가지 측면에만 몰입해서는 안 됩니다. 그 대신 전반적으로 다양한 측면에서 훌륭한 페이지 경험을 제공하는지 확인하세요.

콘텐츠 페이지 경험 자체 평가

다음 질문에 '예'라고 답한다면 우수한 페이지 경험을 제공하는 방향으로 나아갑니다.

- 페이지의 코어 웹 바이탈(core web vitals)이 우수한가요?
- 페이지가 안전하게 제공되나요?
- 콘텐츠가 휴대기기에서도 잘 표시되나요?
- 콘텐츠에 핵심 콘텐츠를 방해하거나 주의를 분산시키는 과도한 수의 광고가 없나요?
- 페이지에 방해되는 전면 광고가 없나요?
- 방문자가 얼마나 쉽게 페이지의 주요 콘텐츠로 이동하거나 찾을 수 있나요?
- 방문자가 주요 콘텐츠와 다른 콘텐츠를 쉽게 구분하도록 페이지가 디자인되어 있나요?

코어 웹 바이탈은 로드 성능, 상호 작용, 페이지의 시각적 안정성에 관한 실제 사용자 경험을 측정하는 측정 항목입니다. 사이트 소유자는 구글 검색을 효과적으로 활용하고 전체적으로 우수한 사용자 환경을 제공하려면 우수한 코어 웹 바이탈을 유지하는 것이 좋습니다. 이는 다른 페이지 경험 측면과 마찬가지로 핵심 순위 시스템이 보상하려는 것과 일치합니다. 자세한 내용은 구글 검색 결과의 페이지 경험 이해하기를 참고하세요.

코어 웹 바이탈 측정 항목

- 최대 콘텐츠 렌더링 시간(Largest Contentful Paint, LCP): 로드 성능을 측정합니다. 우수한 사용자 경험을 제공하려면 페이지가 로드되기 시작한 지 첫 2.5초 이내에 LCP가 발생하도록 해야 합니다.
- 첫 입력 지연(First Input Delay, FID): 상호 작용을 측정합니다. 우수한 사용자 환경을 제공하려면 FID가 100밀리초 미만이 되도록 해야 합니다. 2024년 3월부터 다음 페인트에 대한 상호 작용(INP)을 통해 FID를 코어 웹 바이탈로 대체합니다.
- 레이아웃 변경 횟수(Cumulative Layout Shift, CLS): 시각적 안정성을 측정합니다. 우수한 사용자 환경을 제공하려면 CLS 점수가 0.1 미만이 되도록 해야 합니다.

구글은 복잡한 여러 알고리즘을 조합하여 검색 순위를 매겨, 페이지 경험과 코어 웹 바이탈 이외에도 검색 결과에 영향을 미치는 다른 기술적 요인들이 있습니다. 그러나 구글에서 별도의 페이지를 할애하여 상세하게 안내할 만큼, 웹 페이지의 성능과 검색 엔진 최적화에서 코어 웹 바이탈 지표를 잘 챙기는 것은 매우 중요합니다.

Next.js가 프레임워크를 통해 제공하는 것은 주로 코어 웹 바이탈에 집중됩니다. 여기에는 서버 사이드 렌더링을 통해 사용자에게 그리고 크롤러 봇에 웹 페이지의 내용을 빠르게 전달하여 초기 페이지 렌더링 속도를 높이는 것과 이미지, 폰트 등 주요 리소스 최적화를 통해 코어 웹 바이탈의 여러 항목을 개선하는 작업이 포함됩니다.

> **Google 검색 센터**
>
> 구글에서는 자체적으로 검색 센터(https://developers.google.com/search/docs)를 운영하고 있습니다. 크롤링, 인덱싱, 랭킹 등 검색 엔진이 동작하는 데 필요한 과정의 정의와 동작 원리 대해 상세하게 설명하고 있으며 검색 엔진이 웹 페이지를 평가하는 기준과 SEO를 위한 가이드를 제공합니다. Next.js를 비롯한 SEO를 돕는 도구는 모두 해당 가이드를 기반으로 구축되기에 검색 엔진을 이해하기 위해서는 구글 검색 센터의 문서를 한 번씩 읽어보는 것이 좋습니다.
>
>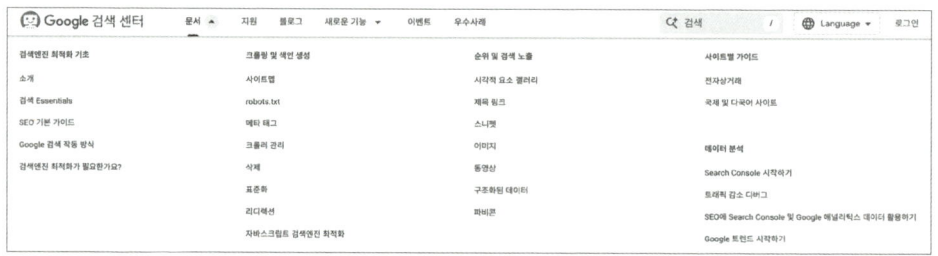
>
> 구글 검색 센터에서 제공하는 문서들

4.2.2 서버 사이드 렌더링이란

서버 사이드 렌더링은 서버에서 사용자 요청에 맞는 HTML을 렌더링하고 브라우저에 이 HTML을 전달하는 방식입니다. 브라우저는 전달받은 HTML을 자바스크립트의 실행 없이 바로 그려냅니다. 빈 HTML 파일 위에서 자바스크립트를 사용해 브라우저에서 화면을 그려내는 리액트의 클라이언트 사이드 렌더링과는 차이가 있습니다.

다음은 브라우저에서 서버 사이드 렌더링 방식으로 동작하는 웹 서비스에 페이지를 요청한 결과입니다. 빈 HTML이 내려오는 리액트 웹 서비스와는 다르게 서버에서 전달받은 HTML에는 이미 사용자에게 표시해야 하는 콘텐츠들이 포함됩니다.

[4-8] 서버 사이드 렌더링을 사용할 때 웹 서비스의 초기 HTML 응답 결과

서버 사이드 렌더링은 정적 HTML을 그대로 서비스하는 것과는 다릅니다. 서버의 파일 시스템에 이미 저장된 정적인 HTML을 그대로 서비스하는 방식은 서버 사이드 렌더링이 아니라 정적 사이트 제공 방식입니다.

서버 사이드 렌더링은 클라이언트에서 웹 페이지 생성 요청을 보내면 서버에서 동적으로 데이터베이스를 조회하고 여러 템플릿을 사용해서 페이지를 생성한 후 브라우저에 전달하는 방식입니다. 즉, 사용자의 요청에 맞는 웹 페이지를 매번 생성해서 전달합니다. 정적으로 고정된 HTML을 내려주는 방식이 아닌 사용자 요청에 따라 동적으로 서버에서 생성된 HTML을 내려주어 사용자의 상황과 권한에 맞는 페이지를 제공합니다.

4.2.2.1 서버 사이드 렌더링의 장점

서버 사이드 렌더링은 다음과 같은 장점이 있습니다.

대부분의 경우에 빠른 초기 로딩 속도

서버 사이드에서 웹 페이지를 렌더링한다는 것은 페이지 생성에 필요한 데이터베이스 조회를 더 빠르게 한다는 의미입니다. 일반적으로 데이터베이스는 물리적으로 브라우저보다는 서버와 더 가까운 곳에 위치하는 경우가 많습니다. 따라서 브라우저에서 화면에 그리는 데이터를 가져올 때 API 요청을 통해 데이터베이스를 조회한 후 그 결과를 받아오기보다는 페이지를 렌더링하는 웹 서버에서 API 서버를 거치거나 직접 데이터베이스를 조회하는 것이 훨씬 빠릅니다. 가져와야 하는 리소스가 많을수록, 웹 서버와 브라우저 사이의 물리적 거리가 멀수록 더 큰 차이를 가져옵니다.

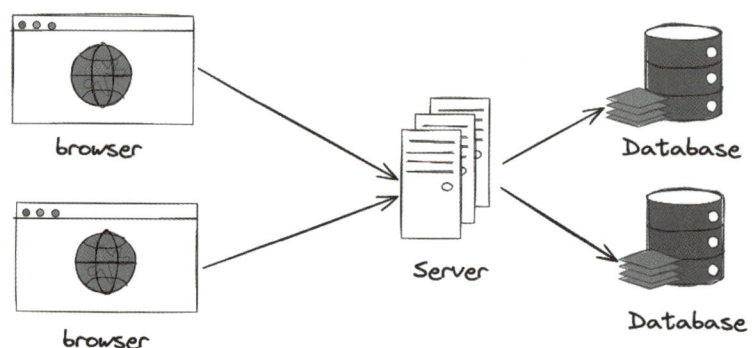

[4-9] 서버는 구조상 브라우저에 비해 물리적으로 데이터베이스와 가깝다

첫 화면을 보여 주는 데 여러 번의 데이터베이스 조회가 일어나야 하는 경우, 서버 사이드 렌더링은 브라우저에서 웹 서버에 한 번의 요청만 보내면 이후의 요청들은 서버 사이드에서 진행됩니다. 따라서 대부분 첫 화면의 렌더링 속도가 클라이언트 사이드 렌더링을 사용하는 경우보다 빠릅니다.

검색 엔진 최적화에 유리한 구조

서버 사이드 렌더링을 사용하면 브라우저가 받은 HTML 파일에 이미 콘텐츠가 포함되어 있어 검색 엔진이 페이지를 크롤링할 때 더 빠르게 콘텐츠를 인식합니다. 이는 검색 엔진이 인덱스를 생성할 때 긍정적인 요소로 작용합니다.

높은 보안성

서버 사이드 렌더링은 데이터를 서버 쪽에서 처리한 뒤에 렌더링된 HTML 파일만을 브라우저에 내려주어 클라이언트 사이드에 비해 높은 보안성을 확보합니다. 브라우저에서 초기 렌더링을 하려고 직접 API 서버를 호출하거나 데이터베이스에 접근할 일이 없기 때문입니다.

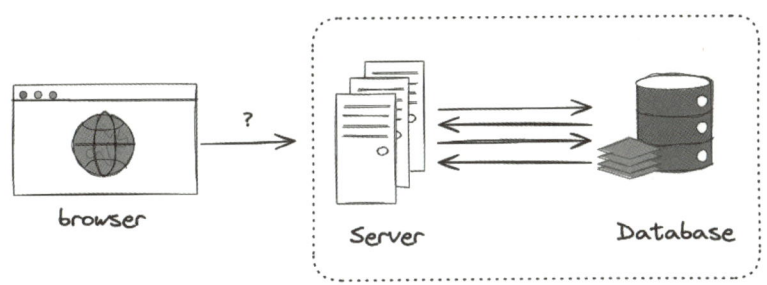

[4-10] 서버 사이드 렌더링 시 서버 측에서 발생하는 안전한 요청들

다양한 기기 사양에 대한 효과적인 대응

클라이언트 사이드 렌더링은 페이지를 렌더링하는 작업이 사용자의 브라우저에서 수행되어 사용자 기기의 성능에 따라 렌더링 속도가 달라집니다. 낮은 사양의 기기에서는 페이지 로딩과 렌더링 속도가 느려집니다. 반면에, 서버 사이드 렌더링은 서버에서 모든 초기 렌더링 작업을 처리해 사용자 기기의 성능과 무관하게 일관된 성능을 제공합니다.

서버에서 완전히 렌더링된 HTML을 제공하여 브라우저는 단순히 HTML을 파싱하고 렌더링하는 작업만 수행합니다. 이는 브라우저가 가벼운 작업만 처리하도록 만들어 낮은 사양의 기기에서도 빠른 초기 로딩 속도와 사용자 경험을 제공합니다. 특히 저사양 기기의 비율이 높은 국가나 지역에 웹 서비스를 제공해야 할 때 서버 사이드 렌더링을 사용하면 사용자에게 일관적인 경험을 제공하는 데 도움을 줍니다.

4.2.2.2 서버 사이드 렌더링의 단점

물론 서버 사이드 렌더링에는 장점만 있는 것은 아닙니다. 첫 렌더링 속도가 빠르고 검색 엔진 최적화에 적합하다는 장점이 있기는 하지만 서버 사이드 렌더링이 작동하는 방식에서 비롯된 본질적으로 해결하기 어려운 단점들도 존재합니다.

어쩔 수 없는 두 번의 렌더링

서버 사이드 렌더링의 특징 중 하나는 하나의 페이지를 서버와 브라우저에서 한 번씩 렌더링한다는 것입니다. Next.js를 사용해 서버 사이드에서 렌더링하더라도 브라우저에 HTML을 내려줄 때는 text/html 타입의 스트링을 전달해야 합니다. 따라서 브라우저는 웹 서버에서 전달된 HTML을 빠르게 사용자에게 보여 주지만, HTML 요소에 이벤트 핸들러를 붙여 페이지를 상호 작용 가능하게 만들려면 자바스크립트를 실행하여 리액트로 화면을 렌더링한 후 전달받은 HTML 요소와 리액트 컴포넌트를 매칭하는 작업을 수행해야 합니다.

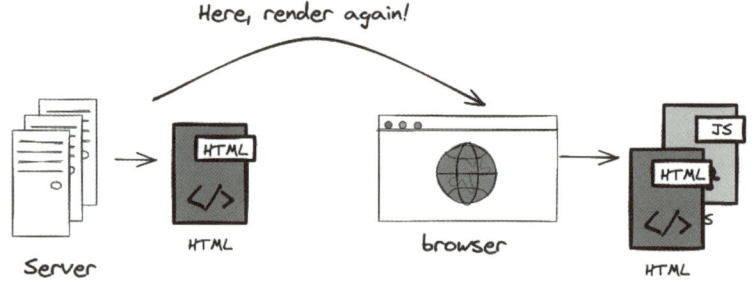

[4-11] 서버 사이드 렌더링은 서버와 브라우저에서 모두 렌더를 수행할 것을 요구한다

리액트는 이벤트 핸들러를 가상 돔을 통해 설정하여 브라우저에서 자바스크립트가 실행되어 가상 돔을 생성하고 나서야 비로소 페이지가 완전히 상호 작용 가능합니다. 이 과정에서 동일한 콘텐츠를 서버에서 한 번, 브라우저에서 한 번, 총 두 번 렌더링하므로 서버와 브라우저 양쪽에서 자원을 소모합니다.

느린 페이지 간 전환 속도
클라이언트 사이드 렌더링은 한 번의 페이지 로드 후 별도의 HTML 파일 요청 없이 동적으로 콘텐츠를 업데이트하기에 페이지 전환이 빠릅니다. 반면, 서버 사이드 렌더링은 사용자가 새로운 페이지나 데이터를 요청하면 그때마다 서버에서 전체 페이지를 다시 렌더링하고 전송해야 하므로 이로 인한 지연이 발생합니다.

캐싱의 어려움
서버 사이드 렌더링은 캐싱을 복잡하게 만듭니다. 각 사용자의 요청에 따라 서버에서 동적으로 HTML을 생성해 사용자마다 다른 데이터와 콘텐츠를 보여줘야 하는 경우가 많습니다. 이런 상황에서는 효율적인 캐싱이 어려워지며, 서버는 동일한 요청이라도 빈번하게 동일한 작업을 반복해야 합니다. 이는 서버의 부하를 증가시키고 응답 시간을 늘립니다.

사용자 인터랙션 사이의 딜레이
서버 사이드 렌더링에서 사용자가 초기 화면의 내용을 빠르게 확인하는 것은 큰 장점 중 하나입니다. 하지만, 이렇게 빠르게 렌더링된 페이지는 클라이언트 사이드의 자바스크립트가 완전히 로드되고 실행되었음을 보장하지는 않습니다. 따라서 페이지의 콘텐츠는 보이지만 버튼 클릭처럼 사용자 인터랙션에 대한 반응이 즉각적으로 작동하지는 않습니다.

서버에서 생성된 정적 HTML에 클라이언트 사이드 자바스크립트를 연결하여 동적인 기능을 활성화하는 과정을 하이드레이션(hydration)이라고 합니다. 하이드레이션이 완료되기 전까지는 사용자의 클릭이나 입력 등 인터랙션에 대한 반응이 사용자가 예상한 대로 처리되지 않으며, 이는 사용자 경험에 딜레이를 초래합니다.

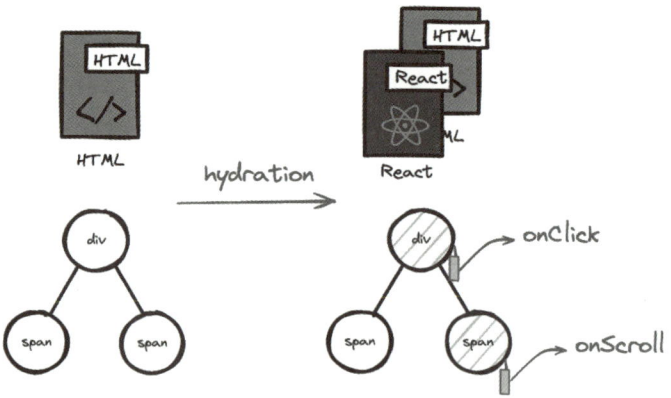

[4-12] 하이드레이션이 일어나는 과정

사용자는 페이지의 내용물을 눈으로 확인하면 해당 페이지와 바로 상호 작용한다고 생각하지만 실제로는 아직 자바스크립트가 완전히 로드되고 실행되지 않아 이벤트 핸들러가 작동하지 않습니다.

서버 사이드 렌더링은 모든 문제를 해결하는 은탄환이 아닙니다. 명확한 장점들도 존재하지만 명확한 단점들도 존재해 서버 사이드 렌더링을 모든 상황에서 사용하는 것은 권장되지 않습니다. 제공하려는 웹 서비스의 특정에 따라 서버 사이드 렌더링과 클라이언트 사이드 렌더링을 함께 사용하거나 필요한 경우에만 서버 사이드 렌더링을 사용하는 것이 권장됩니다. 예를 들어 Next.js는 첫 페이지 로딩 시 서버 사이드 렌더링을 활용하여 초기 로딩 속도와 검색 엔진 최적화를 보장하고 이후의 페이지 전환에서는 클라이언트 사이드 렌더링을 사용하여 부드러운 사용자 경험을 제공합니다.

4.2.3 서버 사이드 렌더링의 동작 방식

Next.js에서는 서버 사이드 렌더링을 어떻게 처리할까요? 앞서 살펴보았듯이 서버 사이드 렌더링은 서버에서 처리되는 일과 브라우저에서 처리되는 일로 나뉘므로 이를 기준으로 살펴보겠습니다.

4.2.3.1 서버에서 처리되는 일들

우선 서버에서 처리되는 일은 다음과 같습니다.

1. **요청 수신**: 사용자가 웹 페이지를 요청하면 이 요청은 네트워크를 거쳐 Next.js가 동작하는 웹 서버에 도착합니다. Next.js는 이 요청을 받아 URL에서 사용자가 요청한 경로를 분석한 후 해당 경로에 매핑된 페이지 컴포넌트를 찾습니다.

2. **데이터 요청**: 사용자가 요청한 경로의 페이지 컴포넌트를 찾은 후 Next.js는 페이지 렌더링을 위해 필요한 데이터를 가져와야 합니다. 이 과정에서 데이터베이스 조회, 외부 API 호출 등이 이루어집니다.

   Next.js는 프레임워크라 엔지니어가 Next.js에서 지정한 데이터 조회 함수를 사용해 원하는 데이터를 요청하는 로직을 작성하기만 하면 Next.js가 이 함수의 호출 시점과 컴포넌트 렌더링 시점을 판단해 실행합니다.

3. **컴포넌트 렌더링**: 렌더링에 필요한 데이터를 성공적으로 가져온 후 Next.js는 React 컴포넌트를 사용하여 서버 사이드에서 페이지를 렌더링합니다. 이때 렌더링된 페이지는 리액트 컴포넌트가 아닌 HTML 스트링의 형태로 브라우저에 전달되어야 합니다. 따라서 브라우저에서 바로 렌더링할 때와는 다르게 리액트에서 제공하는 renderToString 메서드를 사용해, 컴포넌트를 문자열 형태의 HTML로 변환합니다.

4. **HTML 응답**: 변환된 HTML은 브라우저로 전송됩니다. 이 HTML은 브라우저에서 자바스크립트의 실행 없이 바로 렌더링 가능한 상태이며 사용자는 이를 통해 빠르게 초기 페이지를 볼 수 있습니다.

4.2.3.2 브라우저에서 처리되는 일들

서버에서 콘텐츠가 다 채워진 상태의 HTML을 받으면 브라우저에서는 자바스크립트의 개입 없이 사용자에게 바로 화면을 보여 줍니다. 하지만 자바스크립트의 개입 없이 렌더링된 화면은 아직 이벤트 핸들러가 적용되지 않은 상태입니다. 따라서 이 시점에서 사용자는 화면의 내용은 조회되지만 아직 완전한 상호 작용은 어려운 상태입니다.

페이지가 렌더링된 직후의 정적인 페이지에서 사용자는 드롭다운을 눌러 숨겨진 콘텐츠를 볼 수도 없고, 버튼을 클릭해 팝업을 열 수도 없습니다. 따라서 브라우저는 콘텐츠가 채워진 HTML을 렌더링하여 사용자에게 첫 화면을 빠르게 보여준 후에, 자바스크립트를 사용하여 렌더링된 화면을 동적으로 만들어야 합니다.

1. **HTML 파싱**: 브라우저는 서버에서 받은 HTML을 파싱하고 태그들을 해석해서 화면에 렌더링합니다. 이 과정에는 자바스크립트의 개입이 필요하지 않습니다. 이렇게 렌더링된 화면은 아직 상호 작용한 상태가 아니며, 링크 태그(<a>) 클릭 시 페이지 이동, 폼 태그(<form>) 제출처럼 HTML에서 기본적으로 지원하는 태그의 기본 동작만을 사용할 수 있습니다.
2. **하이드레이션**: HTML만을 사용해 렌더링된 정적인 웹 페이지를 사용자와 상호 작용이 가능하게 만드는 과정을 하이드레이션이라 합니다. Next.js는 리액트를 통해 브라우저에서 전체 컴포넌트를 메모리에 한 번 더 렌더링하고 이를 서버에서 렌더링되어 이미 브라우저에 반영되는 DOM의 구조와 비교합니다.

    서버에서 렌더된 DOM의 구조와 브라우저에서 한 번 더 렌더링한 컴포넌트의 구조가 일치하면 해당 구조를 바탕으로 리액트가 이벤트 핸들러를 부착하며, 클라이언트 사이드 리액트를 사용하는 상태가 되었으므로 웹 페이지가 사용자와 완전히 상호 작용 가능한 상태입니다.

4.3 Next.js가 해결하는 문제

Next.js는 검색 엔진 최적화와 웹 서비스의 성능을 개선하도록 앞서 살펴본 서버 사이드 렌더링을 비롯한 여러 최적화 기능을 제공합니다. 이미지 최적화, 폰트 최적화, 라우팅 최적화 등의 기능들을 프레임워크 자체적으로 지원해 Next.js를 사용해서 웹 서비스를 개발하는 엔지니어들은 복잡한 세부 사항을 모두 이해하지 않고도 성능 좋은 웹 서비스를 쉽게 개발했었습니다. 그러나 Next.js가 제공하는 기능이 바뀌거나 Next.js를 더 이상 사용하지 않더라도 성능 좋은 웹 서비스를 만드는 강건한 지식을 얻으려면 단순히 Next.js에서 제공하는 기능들을 사용하는 것을 넘어 Next.js에서 이 기능들이 왜 필요하다고 생각했으며 어떤 문제를 정의하고 해결하려 했는지를 이해해야 합니다.

Next.js가 해결하려는 문제들은 본질적으로 웹이 어떻게 동작하는지에 대한 깊은 이해에서 출발합니다. 예를 들어 서버 사이드 렌더링과 정적 사이트 생성 기능은 웹 페이지가 어떻게 사용자의 브라우저에 렌더링되는지에 대한 이해와 검색 엔진이 어떻게 웹 페이지의 순위를 매기는가에 대한 이해에서 출발합니다. 초기 렌더링 시간을 줄이고 검색 엔진이 웹 페이지를 잘 이해하는 방식으로 웹 페이지를 렌더링하도록 지원함으로써 사용자 경험을 향상하고 검색 엔진 최적화에 기여합니다.

이미지와 폰트 최적화 기능 역시 마찬가지입니다. 웹 페이지에서 이미지와 폰트는 중요한 시각적 요소이지만 잘못 관리되면 초기 로딩 시간을 늘려 사용자 경험을 방해합니다. Next.js는 브라우저에서 웹 서비스의 이미지와 폰트를 렌더링하는 방식에 대한 이해를 바탕으로 이러한 리소스들을 효율적으로 로딩하고 관리하는 방법을 제공합니다. 결국, Next.js가 제공하는 다양한 최적화 기능은 웹의 본질적인 문제들을 해결합니다. 따라서 기능 자체보다는 Next.js가 웹에서 어떤 문제를 정의하고 어떤 방식으로 해결하려 했는지를 이해하는 데 집중해야 합니다.

4.3.1 이미지를 최적화하는 next/image

이미지는 웹에서 많이 사용되는 리소스 중 하나입니다. 웹에 대한 여러 통계를 저장하는 HttpArchive에 따르면 이미지가 평균적인 웹 페이지를 구성하는 콘텐츠의 약 50%를 차지합니다. 이는 웹 페이지의 로딩 시간과 성능에 이미지가 상당한 영향을 미친다는 의미입니다.

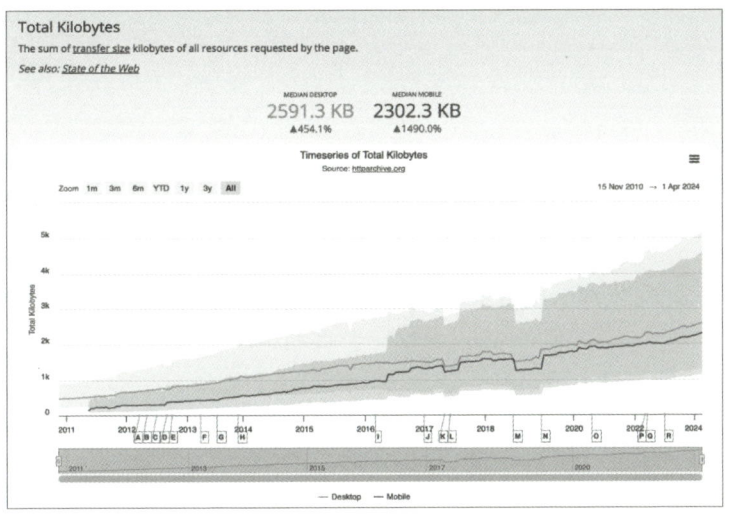

[4-13] 평균적으로 하나의 웹 페이지가 요청하는 전체 리소스 크기 (출처: httparchive.org)

데스크톱에서 렌더링되는 하나의 웹 페이지는 평균적으로 21번의 이미지를 요청하고 전체 이미지의 용량은 1,050KB에 가깝습니다. 웹 페이지의 성능을 개선하고 좋은 사용자 경험을 제공하려면 사용자의 화면에 이미지를 빠르게 표시해야 합니다.

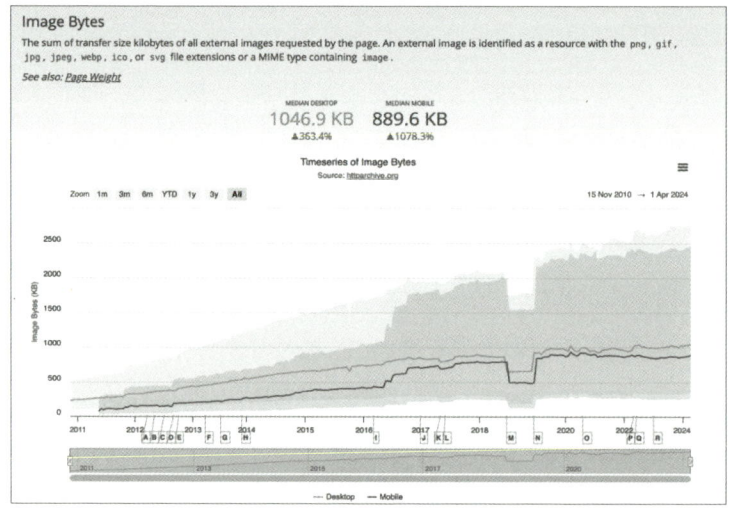

[4-14] 평균적으로 하나의 웹 페이지가 요청하는 전체 이미지 리소스 크기 (출처: httparchive.org)

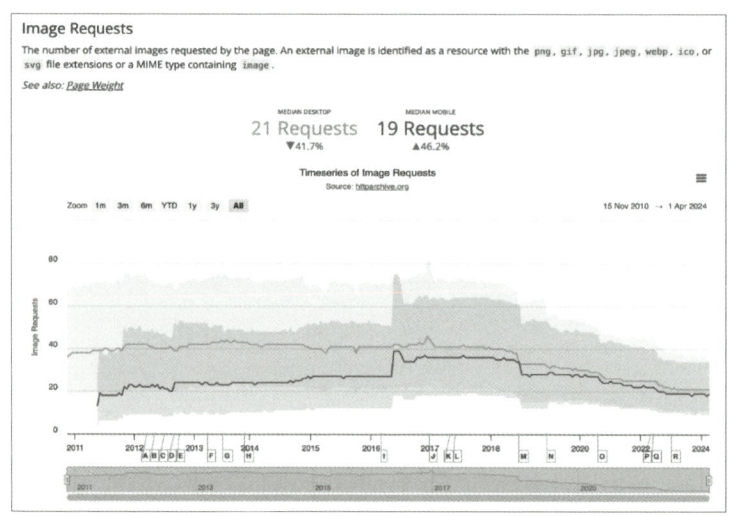

[4-15] 평균적으로 하나의 웹 페이지가 요청하는 이미지 리소스 개수 (출처: httparchive.org)

Next.js에서 수행하는 이미지 최적화는 이러한 이해를 기반으로 합니다. 사용자가 접속하는 환경에 따라 가져오는 이미지의 용량을 최적화하고 당장 필요하지 않은 이미지는 나중에 요청하도록 해서 한 번에 보내는 네트워크 요청 수를 줄입니다. 또한, 이미지가 로드되기 전과 후에 화면이 밀리지 않도록 스켈레톤 UI(skeleton UI)를 제공하고 이미지를 최대한 캐시해서 동일한 이미지를 여러 번 요청하지 않도록 합니다.

4.3.1.1 코어 웹 바이탈

코어 웹 바이탈은 구글에서 웹 페이지의 성능을 측정하는 데 사용하는 중요한 지표 중 하나입니다. 사용자의 실제 웹 페이지 사용 경험을 반영해서 로딩 성능, 상호 작용 성능 및 시각적 안정성을 측정하며 이 지표가 좋을수록 사용자가 웹 페이지의 성능을 높게 판단할 가능성이 큽니다. 따라서 검색 엔진에서 검색 결과의 우선순위를 판단할 때 이 지표를 반영합니다.

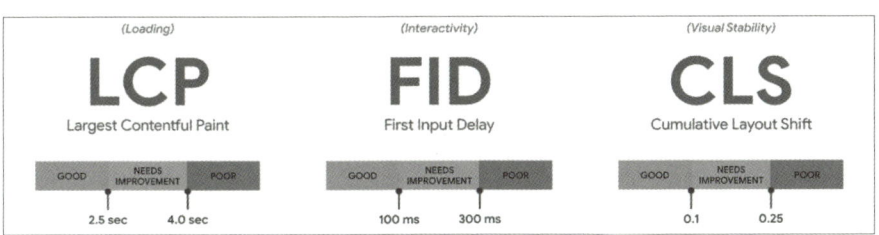

[4-16] 코어 웹 바이탈에서 측정하는 세 가지 지표 (출처: 구글 서치 콘솔)

이미지는 시각적으로 화면의 상당 부분을 차지하는 리소스라 최적화 전후로 코어 웹 바이탈 지표에 큰 영향을 미치는 경우가 많습니다. 차이가 크게 나는 대표적인 지표로는 LCP와 CLS가 있습니다.

최대 콘텐츠 렌더링 시간(LCP)

최대 콘텐츠 렌더링 시간(Largest Contentful Paint, LCP)은 화면을 채우는 요소 중 크기가 가장 큰 요소가 화면에 완전히 표시되기까지 걸리는 시간을 측정합니다. 이 지표는 페이지가 사용자에게 유용한 정보를 완전히 표시하는 시점을 나타냅니다. 뉴스 사이트나 이커머스 플랫폼처럼 콘텐츠 로딩 속도가 직접적인 수익과 관련된 페이지에서 LCP는 매우 중요한 지표입니다.

많은 경우 화면을 채우는 요소 중 크기가 가장 큰 요소는 이미지입니다. 따라서 첫 화면 렌더링 시에 이미지 로드 성능은 LCP에 큰 영향을 미칩니다. next/image는 이미지 크기를 동적으로 조정하고 사용자 기기에 적합한 형식으로 변환하여 네트워크 요구 사항을 최소화합니다. 또한 지연 로딩을 제공하여 필요하지 않은 이미지 로드를 지연시켜 주요 콘텐츠의 렌더링 우선순위를 높입니다. 이러한 접근 방식은 특히 대용량 이미지를 포함하는 웹 페이지에서 LCP를 크게 개선하고 전체적인 페이지 로딩 속도를 향상하는 데 기여합니다.

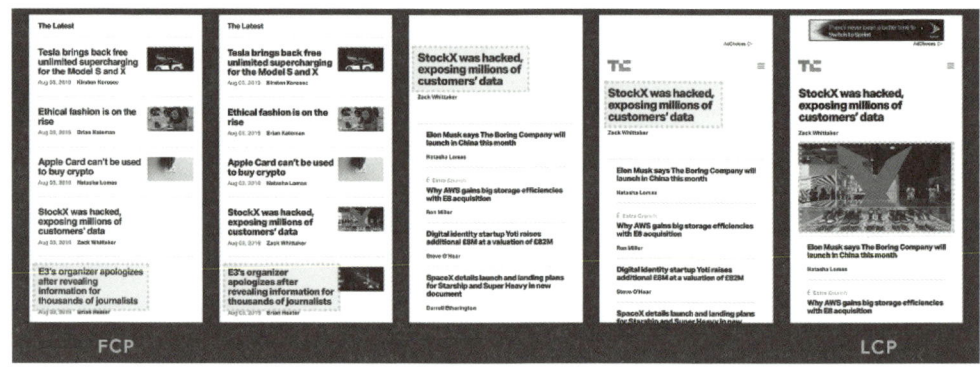

[4-17] techcrunch.com의 LCP 타임라인 (출처: web.dev)

레이아웃 변경 횟수(CLS)

레이아웃 변경 횟수(Cumulative Layout Shift, CLS)는 페이지 로드 중에 발생하는 예상치 못한 레이아웃 이동의 양을 측정합니다. 웹 페이지에서 요소가 갑자기 위치를 변경하면 사용자는 의도하지 않은 요소와 상호 작용하고, 이는 사용자 경험을 저하시킵니다. 예를 들어 사용자가 버튼을 클릭하려는 순간 이미지 로드가 완료되어 원래 버튼이 있던 자리에 이미지가 나타나고 버튼이 화면 아래로 내려간다면 사용자는 원래 의도한 동작을 수행할 수 없습니다.

따라서 코어 웹 바이탈에서는 CLS를 측정해서 사용자에게 나타나는 화면의 안정성을 측정합니다. CLS는 두 프레임 사이의 불안정한 요소들에 의해 얼마나 많은 레이아웃 이동이 발생했는지를 기준으로 측정하는데, 이동한 요소들의 합이 전체 뷰포트에서 차지하는 비율인 영향 비율(impact fraction)과, 해당 요소들이 이동한 최대 수평 또는 수직 거리를 뷰포트의 수평 혹은 수직 영역으로 나눈 거리 비율(distance fraction)의 합으로 측정됩니다.

CLS가 이렇게 두 프레임 사이의 불안정한 요소들의 이동을 측정합니다. 따라서 이미지 요소의 경우 아직 로드되지 않았더라도 이미지가 나타날 공간을 스켈레톤 UI 등을 사용하여 미리 예약해 두거나 해상도가 낮은 대신 용량이 훨씬 적어 더 빠르게 로드되는 blur 이미지를 미리 보여주는 방식을 사용하면 CLS가 개선됩니다. next/image는 이미지 로드 전에 로드될 이미지가 차지할 공간을 미리 예약함으로써 이러한 레이아웃 이동을 방지합니다. 이미지가 로드될 공간이 미리 확보되어 이미지가 로드되어도 페이지의 다른 부분이 갑자기 이동하는 일이 없습니다.

[4-18] 사용자 경험에 부정적인 영향을 미치는 CLS (출처: web.dev)

4.3.1.2 next/image가 해결하는 문제

next/image는 HTML <img/> 태그를 그대로 사용하되 HTML, CSS, 자바스크립트를 통해 이미지를 최적화하는 여러 기능을 추가로 구현한 컴포넌트입니다. Next.js도 결국에는 웹에서 동작하는 프레임워크라 브라우저와 웹에서 지원하는 방식을 사용해서 이미지 최적화를 구현해야 합니다.

이미지 형식 변환

브라우저는 리소스 서버에 이미지를 요청할 때, HTTP 요청 헤더의 Accept 필드에 자신이 지원하는 파일 포맷을 명시합니다. 특히 이미지는 같은 해상도의 이미지라도 JPEG, PNG보다 비교적 최근에 등장한 포맷인 WebP를 사용하는 것이 용량과 성능 측면에서 유리합니다.

[4-19] 동일한 해상도의 이미지에 대해 PNG보다 적은 용량을 차지하는 WebP

next/image를 사용하면 브라우저는 이미지를 원래의 리소스 서버가 아닌 Next.js 서버의 이미지를 처리하는 특정 경로(_next/image)로 요청합니다. Next.js는 브라우저에서 보낸 요청 헤더를 보고 브라우저가 WebP 포맷의 렌더링을 지원하는 경우 이미지를 WebP로 변환하여 제공합니다. 이렇게 한 번 변환된 이미지는 내부적으로 캐시되어 다른 브라우저에서 동일한 요청을 하면 추가적인 변환 없이 캐시된 WebP 이미지를 제공해서 이미지 로딩 속도를 높여 줍니다.

```
▼ Request Headers
:authority:          qanda.ai
:method:             GET
:path:               /_next/image?url=%2F_next%2Fstatic%2Fmedia%2Fimg-top-banner-
                     hero.03a3e8f3.png&w=256&q=75
:scheme:             https
Accept:              image/avif,image/webp,image/apng,image/svg+xml,image/*,*/*;q=0.8
Accept-Encoding:     gzip, deflate, br, zstd
Accept-Language:     en-US,en;q=0.9
Cache-Control:       no-cache
```

[4-20] HTTP 요청 헤더의 accept 필드에 명시된 image/webp 지원 여부

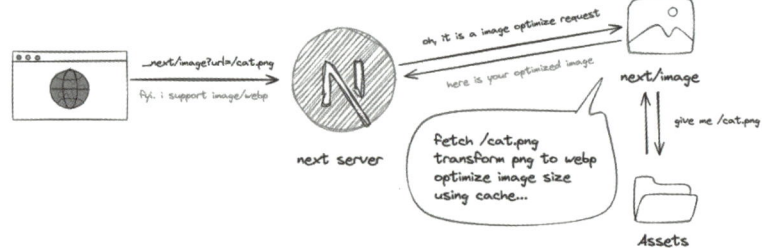

[4-21] next.js가 next/image를 처리하는 방식

지연 로딩과 이미지 플레이스홀더

next/image는 이미지가 뷰포트에 들어올 때까지 로딩을 지연시키는 지연 로딩을 지원합니다. 현대 브라우저들은 기본적으로 loading="lazy" 속성을 통해 지연 로딩을 지원합니다. 하지만 next/image는 일부 오래된 브라우저에서도 지연 로딩을 지원하도록 IntersectionObserver, ScrollEvent 등의 API를 통해 이미지가 뷰포트 안에 들어왔는지를 판단하고 이미지 요청을 보냅니다. 이렇게 브라우저의 버전과 상관없이 필요한 시점에만 이미지 요청이 일어나게 함으로써 렌더링 속도를 개선합니다. 이때, 모든 이미지에 지연 로딩을 적용하면 오히려 LCP와 FCP 성능 지표가 악화될 수 있으므로 필요한 부분들 위주로 반영하는 것이 좋습니다.

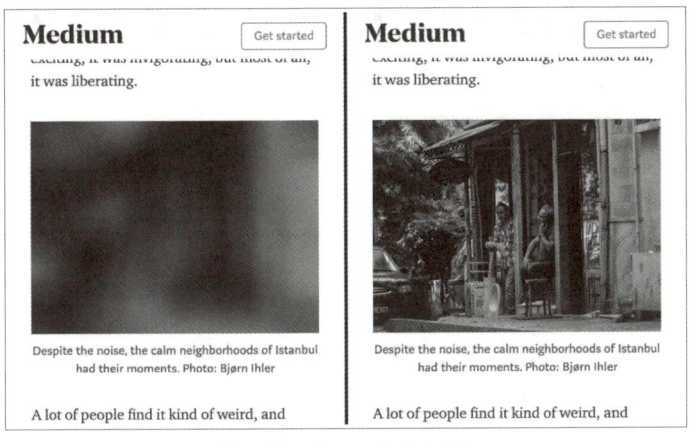

[4-22] next/image의 지연 로딩

한편, next/image는 이미지 로드 중에 플레이스홀더(placeholder)를 표시하는 기능을 제공합니다. 원본 이미지보다 훨씬 작은 낮은 해상도의 흐릿한 이미지를 원본 이미지가 로드되는 동안 먼저 보여줌으로써 이미지가 차지할 공간을 미리 점유하고 사용자에게 이미지가 로드된다는 사실을 알려 줍니다. 플레이스홀더 이미지는 크기가 매우 작아 빠르게 로드되어 CLS에 부정적인 영향을 미치지 않고 좋은 사용자 경험을 제공합니다.

품질 조정

네트워크 환경이 좋지 않은 상황에서 서비스를 제공해야 하는 경우 이미지 품질을 조금 낮추고 사용자에게 콘텐츠를 빠르게 제공하는 것이 중요합니다. next/image에 제공하고 싶은 이미지의 품질을 알려주면 이미지를 처리하는 Next.js 서버의 특정 경로(_next/image)에서 해당 이미지의 내용을 직접 수정하여 용량 최적화를 수행하고 해당 결과를 캐시합니다. 또한 next/image는 자동으로 srcset를 생성하여 화면 크기와 디바이스 픽셀 비율에 맞는 최적화된 이미지를 제공합니다. 이를 통해 모바일 기기에서는 더 작은 크기의 이미지를, 데스크톱에서는 고해상도 이미지를 자동으로 다운로드하여 각 디바이스에 최적화된 사용자 경험을 제공할 수 있습니다.

4.3.2 폰트를 최적화하는 next/font

폰트는 콘텐츠의 가독성을 높이고 브랜드 이미지를 전달하는 역할을 합니다. 폰트도 이미지처럼 웹 페이지를 렌더링하는 데 필요한 주요 리소스이며 네트워크를 통해 로드해야 합니다. 적절한 방식으로 처리되지 않으면 화면을 깜빡이게 하거나 콘텐츠 렌더링을 느리게 만듭니다. 따라서 좋은 사용자 경험을 제공하기 위해서는 웹 페이지에 들어갈 폰트를 결정한 후 이를 적절한 방식으로 렌더링해야 합니다. 필요한 만큼의 폰트를 최대한 빠르게 렌더링해야 하고 폰트 렌더링 전후로 웹 페이지의 레이아웃이 크게 바뀌지 않아야 합니다.

Next.js에서 수행하는 폰트 최적화는 폰트에 대한 이러한 이해를 기반으로 합니다. 캐싱과 프리로드를 사용해서 폰트를 최대한 빠르게 로드하도록 하고 폰트가 로드되기 전후로 화면의 레이아웃이 크게 바뀌지 않도록 하여 좋은 사용자 경험을 제공합니다.

4.3.2.1 웹 폰트가 동작하는 방식

웹 페이지에 별도의 폰트를 지정하지 않으면 브라우저는 기본적으로 설치된 폰트를 사용합니다. 따라서 폰트를 지정하지 않으면 동일한 웹 페이지를 가져오더라도 브라우저마다, 운영 체제마다 조금씩 다른 폰트가 보여 서로 다른 환경에서 사용자에게 일관적인 경험을 제공할 수 없습니다. 일반적으로는 웹 페이지에 필요한 폰트를 명시적으로 지정하여 브라우저와 상관없이 사용자에게 일관적인 경험을 제공합니다.

OS	Browser	Sans serif	Serif	Monospace
Windows	Internet Explorer	Arial	Times New Roman	Courier New
Windows	Edge	Arial	Times New Roman	Consolas
Windows	Firefox	Arial	Times New Roman	Courier New
Mac OS X	Firefox	Helvetica	Times	Courier
Windows	Chrome	Arial	Times New Roman	Courier New
Mac OS X	Chrome	Helvetica	Times	Courier
Mac OS X	Safari	Helvetica	Times	Courier

[4-23] 브라우저와 운영 체제별 시스템 기본 폰트 (출처: juditbekker.com)

폰트는 브랜드 이미지를 전달하는 데도 중요한 역할을 합니다.

[4-24] qanda.ai에 적용된 브라우저 기본 폰트(좌)와 브랜드 폰트(우)

같은 콘텐츠라도 폰트에 따라 사용자가 느끼는 브랜드 이미지는 달라집니다. 폰트를 바꾸는 것만으로도 부드러운 느낌이나 단단한 신뢰감을 줄 수 있습니다. 따라서 사용자에게 전달하려는 브랜드 이미지에 맞게 폰트를 신중하게 선택하는 경우가 많습니다.

한편, 폰트는 브라우저에서 기본적으로 제공하는 속성이 아닌 외부 리소스라 원하는 폰트가 있다고 해서 이를 즉시 렌더링할 수는 없습니다. 필요한 폰트가 있다면 네트워크를 요청해 가져와야 하며, 이는 웹 브라우저가 폰트를 적용하려면 외부에서 폰트를 다운로드해야 한다는 의미입니다. 그렇다면 브라우저는 어떤 과정을 거쳐 폰트를 로드하고 적용할까요?

사용할 font-face 명시

브라우저에서 특정 폰트를 사용하려면 CSS의 @font-face 문법으로 font-family와 폰트 파일이 위치한 리소스 서버의 주소 그리고 해당 폰트 파일의 스타일과 폰트 두께 등의 정보를 지정해야 합니다. 브라우저가 이 CSS 파일을 읽으면 파일 안에 들어 있는 정보를 바탕으로 리소스 서버에 HTTP 요청을 보내 폰트 파일을 다운로드합니다.

```
@font-face {
  font-family: 'Roboto';
  src: url('https://example.com/fonts/roboto.woff2') format('woff2');
  font-weight: normal;
  font-style: normal;
}
```

동일한 font-family에 속하더라도 필요에 따라 여러 스타일과 두께의 폰트를 다운로드해야 합니다. 같은 폰트에서도 내용에 따라 스타일을 조정해 이탤릭 스타일을 사용하거나 두께를 조정해 두꺼운 폰트를 사용하기 때문입니다.

브라우저에서 사용하는 폰트에 이러한 다양성을 제공하려면 여러 스타일과 두께의 폰트를 종류별로 모두 다운로드해야 합니다. 두꺼운 폰트를 사용하고 싶다면 두꺼운 폰트 파일을 추가로 다운로드해야 하며, 이탤릭체 스타일의 폰트를 사용하고 싶다면 이탤릭체의 폰트 파일을 추가로 받습니다.

폰트 로딩 전략에 따른 폰트 표시

브라우저는 CSS 파일에 명시된 @font-face를 보고 네트워크를 요청해 폰트를 로드하는 동안 사용자에게 텍스트를 어떻게 보여줄지 결정해야 합니다. 브라우저 공식 명세에 있는 font-display라는 속성을 사용하면 폰트가 로드되기 전까지 텍스트를 숨기거나

(block), 폰트가 대체될 때까지 대체 폰트를 보여주는(swap) 등 기존 텍스트를 렌더링하는 여러 방법을 제공합니다.

대부분의 브라우저는 폰트가 완전히 로드되기 전까지 기본 폰트를 사용해서 텍스트를 보여주는 swap을 기본값으로 가집니다. swap을 사용하면 의도한 폰트가 로드되기 전까지는 브라우저에서 지정한 기본 폰트가 보이다가 폰트 로드가 완료되면 즉시 해당 폰트가 반영됩니다. 이에 따라 화면이 일시적으로 깜빡거리거나 레이아웃이 밀려나는 스타일이 지정되지 않은 콘텐츠의 플래시(Flash Of Unstyled Text, FOUT) 현상이 발생합니다. 폰트가 바뀌더라도 폰트 사이즈가 같으므로 실제 사용자 경험에 미치는 영향이 크지 않다고 오해하기 쉽지만 실제로는 FOUT는 CLS를 발생시키는 요소 중 하나입니다.

A: This text uses the Verdana font (14px), which has relatively large lowercase letters.

B: This text uses the Times font (14px), which is hard to read in small sizes.

[4-25] 같은 사이즈의 폰트라도 브라우저에서 차지하는 영역의 크기는 다르다

폰트는 Baseline, Ascender, Descender, x-height, em-square 등의 여러 요소가 영향을 미치는 복잡한 리소스입니다. 폰트의 크기를 14px로 지정했다는 것은 해당 폰트가 차지하는 가상의 사각형 영역인 em-square의 크기를 14px로 정의했다는 것입니다. 하지만 모든 폰트가 다 이 가상의 사각형 영역 안에 딱 맞게 렌더링되지는 않습니다. 대/소문자 여부에 따라, 혹은 Ascender, Descender, x-height 등의 여러 속성에 따라 글자가 가상의 사각형 영역 바깥으로 튀어나오는 구조를 가집니다.

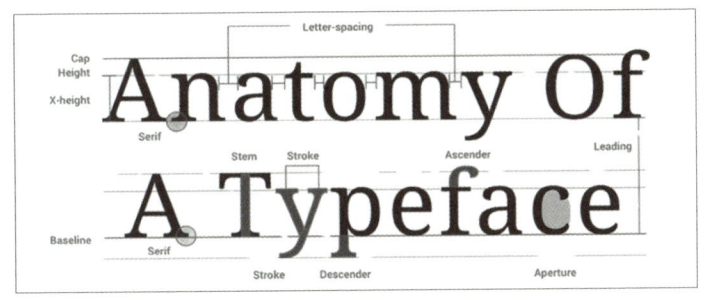

[4-26] 폰트를 구성하는 여러 요소 (출처: m3.material.io)

따라서 같은 14px로 폰트가 렌더링되더라도 실제로는 더 많은 하드웨어 픽셀을 차지하며, 이 경우 그렇지 않은 폰트에 비해 더 많은 공간을 점유해 폰트 렌더링 전후로 전체 레이아웃에 영향을 미칩니다.

폰트 렌더링 및 캐싱

폰트가 로드되면 브라우저는 즉시 로드가 완료된 폰트를 적용해서 화면을 다시 렌더링합니다. 그리고 로드된 폰트를 캐싱하여, 해당 웹 페이지를 다시 방문할 때 네트워크 요청 없이 폰트가 재사용됩니다.

4.3.2.2 next/font가 해결하는 문제

Next.js는 next/font를 사용하여 브라우저가 폰트를 렌더링하는 과정에서 발생하는 사용자 경험의 저하를 최소화합니다. 이는 크게 두 가지 요소로 이루어집니다.

폰트 프리로드

next/font는 구글에서 제공하는 폰트들을 빌드 타임에 모두 다운로드하여 로컬 디렉터리에 저장합니다. 이를 통해 브라우저는 fonts.gstatic.com처럼 외부 도메인이 아닌 자신의 도메인에서 폰트 리소스를 다운로드하여 외부 도메인과 추가로 HTTPS를 연결 맺지 않고 기존의 연결을 통해 폰트를 빠르게 가져옵니다.

리소스 서버의 응답 속도도 폰트 로드 시간에 영향을 주는 중요한 요소이지만 폰트를 제공하는 외부 리소스 서버와 HTTP 연결하는 과정도 무시할 수 없을 만큼의 시간이 드는 일입니다. 특히 보안 연결에 SSL/TLS 핸드셰이크를 하는 과정이 포함되어 다음 예시에서는 리소스를 다운로드하기 전에 벌써 110ms가 최초 연결을 맺는 데 사용되었습니다.

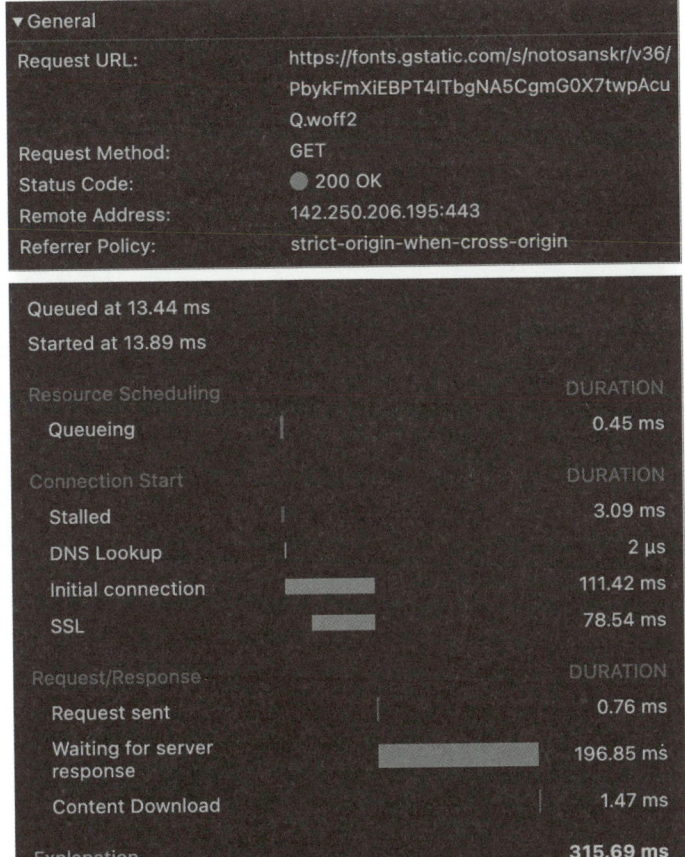

[4-27] 다른 도메인으로 요청하는 일반적인 폰트

반면, next/font를 사용해서 이미 연결이 맺어진 자신의 도메인에서 리소스를 가져올 때 이러한 최초 연결 과정이 폰트를 가져오는 시점에는 필요하지 않아 이 시간을 아껴 훨씬 빠르게 리소스를 가져옵니다.

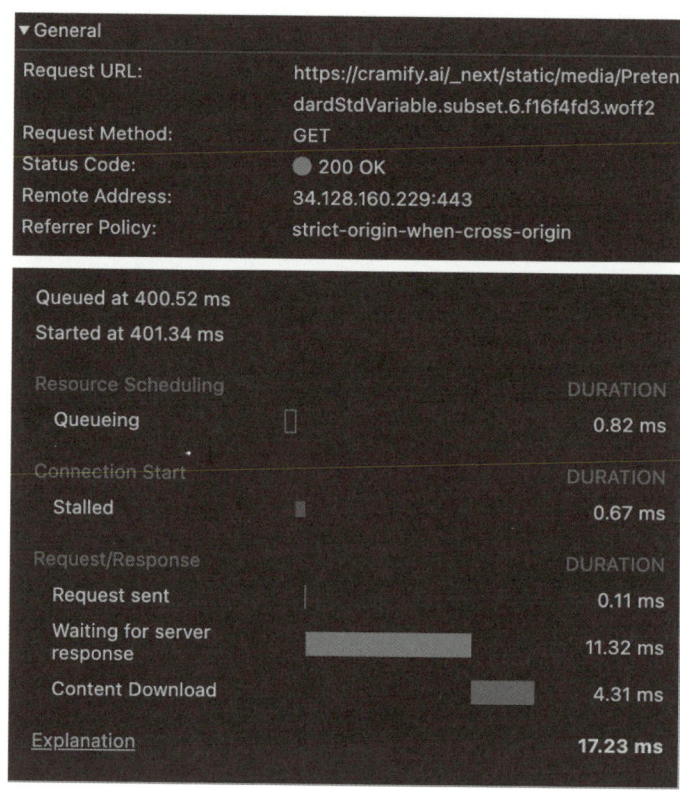

[4-28] 같은 도메인으로 요청하는 next/font

폰트 디스플레이 전략

next/font는 브라우저에서 기본적으로 제공하는 font-display 설정을 그대로 지원하면서 이로 인해 발생하는 레이아웃 변경 현상을 최소화하는 기능을 추가로 지원합니다. 다음은 Next.js에서 서로 다른 구글 폰트들의 레이아웃 차이를 보정하려고 매핑해둔 값의 일부입니다. next/font는 하나의 폰트가 다른 폰트로 변경될 때 일관된 레이아웃을 제공하도록 이 값을 사용하여 폰트의 크기를 조정합니다.

```
// packages/next/server/google-font-metrics.json
...
"Noto Sans Lao": {
    "category": "sans-serif",
    "ascent": 1183,
    "descent": -462,
    "lineGap": 0,
    "xAvgCharWidth": 556,
    "unitsPerEm": 1000,
    "azAvgWidth": 485.8139534883721
},
"Homemade Apple": {
    "category": "handwriting",
    "ascent": 1327,
    "descent": -866,
    "lineGap": 18,
    "xAvgCharWidth": 567,
    "unitsPerEm": 1024,
    "azAvgWidth": 573.6976744186046
},
...
```

Noto Sans Lao라는 폰트를 next/font를 사용하여 폴백(fallback) 방식으로 렌더링한다면 Noto Sans Lao가 속한 sans-serif 카테고리의 기본 시스템 폰트의 값과 Noto Sans Lao의 값을 비교해서 크기를 조정합니다.

폰트 로드 전후의 크기 차이로 인해 레이아웃이 밀려나는 현상을 최소화하여 CLS를 줄이고 일관된 사용자 경험을 제공합니다.

[4-29] 폰트별 레이아웃 변화가 없는 next/font

여정 돌아보기

지금까지 Next.js에 대해 살펴보았습니다. Next.js를 사용해서 어떤 식으로 웹 서비스를 개발하는 것이 좋은지에 대해 다루기보다는 Next.js가 무엇이며 웹 서비스의 일관성과 효율성을 높이려고 어떤 것들을 문제로 정의했고 이를 어떻게 해결했는지를 살펴보았습니다.

4.1 라이브러리와 프레임워크의 차이에서는 왜 리액트는 UI 라이브러리이며 Next.js는 웹 프레임워크인지에 대해 살펴보았습니다. 라이브러리는 특정 기능들을 모아둔 코드의 집합을 의미하고 소프트웨어의 제어 흐름을 강제하지 않습니다. 반면, 프레임워크는 소프트웨어의 특정 부분을 미리 만들어 놓은 것으로 엔지니어에게 어떤 코드를 어디에 작성해야 하는지 제시하고 이 구조 안에서 코드의 실행 흐름을 제어합니다. Next.js는 페이지 기반 라우팅 구조, 서버 사이드에서 데이터를 요청하는 컴포넌트 구조를 제공하며,

제공한 구조 안에서 직접 함수를 호출하면서 프로그램의 흐름을 제어합니다. Next.js가 프레임워크로서 여러 기능을 제공하고 프로그램의 흐름을 제어해 Next.js를 사용하는 엔지니어는 더 직관적이고 쉽게 웹 서비스를 개발합니다.

4.2 검색 엔진 최적화와 서버 사이드 렌더링에서는 검색 엔진 최적화가 무엇인지, 서버 사이드 렌더링이 무엇인지에 대해 살펴보았습니다. 검색 엔진 최적화를 이해하는 과정에서 검색 엔진 최적화가 왜 중요한지, 검색 엔진은 무엇이며 어떤 원리로 웹 페이지의 검색 결과 우선순위를 판단하는지에 대해 살펴보았습니다. 검색 엔진은 크롤링-인덱싱-랭킹의 과정을 거쳐 웹 페이지의 순위를 매기며, 순위를 매기는 중요한 기준 중 하나가 코어 웹 바이탈을 기준으로 하는 웹 페이지의 성능이라 Next.js는 이를 향상하는 여러 도구를 제공합니다.

서버 사이드 렌더링도 그중 하나입니다. 서버 사이드 렌더링은 말 그대로 서버에서 미리 HTML을 렌더링한 후 이를 브라우저에 전달하는 것입니다. 브라우저 입장에서는 이미 콘텐츠가 다 채워진 HTML이 내려와 자바스크립트가 동작하기 이전에 사용자에게 콘텐츠를 빠르게 보여 줍니다. Next.js는 기본적으로 서버 사이드 렌더링을 지원하며, 전체 과정을 프레임워크 내에서 처리합니다.

다만 서버 사이드 렌더링은 모든 문제를 해결하는 은탄환이 아닙니다. 서버에서 콘텐츠를 렌더링한 후 브라우저에 전달함으로써, 초기에 빠르게 콘텐츠를 보여 주지만, 이후에 자바스크립트가 로드되고 하이드레이션 과정을 거쳐야만 비로소 페이지가 상호 작용 가능한 상태가 됩니다. 따라서 제공하려는 서비스의 목적에 맞는 방식을 선택해야 합니다.

4.3 Next.js가 해결하는 문제에서는 Next.js가 성능 좋은 웹 서비스를 만들고자 정의한 문제들과 해결 과정에 대해 살펴보았습니다. 제공하는 여러 기능 중 next/image, next/font를 선택해서 어떤 것을 문제로 정의했고, 어떻게 이를 해결하려 했는지를 살펴보았습니다.

next/image는 요청 헤더를 통해 이미지를 요청하는 브라우저가 지원하는 이미지 포맷을 확인합니다. 그리고 이에 기반하여 용량과 품질 측면에서 가장 효율적인 포맷으로 변환해서 전달합니다. HTML 내에는 포함되더라도 지금 당장 필요하지 않은 이미지는 지연 로딩을 사용하여 필요한 시점에 로드하도록 지원합니다. 또한 이미지가 로드되기 전과 후에 레이아웃이 변경되지 않도록 placeholder를 제공하고 이미지를 같은 도메인에서 로드하게 해서 불필요한 HTTP 연결을 막고 캐시를 사용해 반복되는 요청의 응답 속도를 개선합니다.

next/font는 next/image와 마찬가지로 구글에서 제공하는 수많은 폰트를 구글 폰트 도메인이 아닌 현재 서비스 도메인에서 로드함으로써 불필요한 HTTP 연결을 막고 캐시를 사용해 반복되는 요청의 응답 속도를 개선합니다. 또한 폰트가 로드되기 전후로 화면의 레이아웃이 바뀌는 현상을 개선하도록 여러 폰트의 ascent, descent 등의 속성들을 사전에 매핑하고, 이를 기반으로 폰트의 크기를 조정합니다.

Next.js가 제공하는 이러한 기능들은 새로운 것들이 아니며 웹에 대한 깊은 이해를 바탕으로 합니다. 웹에서 이미지 리소스가 어떻게 동작하는가, 웹에서 폰트가 어떻게 동작하는가를 이해하고 이를 바탕으로 문제점을 진단한 뒤에, 이를 해결하는 방식을 제안합니다. 따라서 Next.js가 제공하는 이런 기능들을 편리하게 사용함과 동시에, 문제의 해결 방식이 언제든 바뀐다는 점을 인지해야 합니다.

Next.js로 개발하다 보면 Next.js를 사용하는 것이 곧 검색 엔진 최적화를 수행한다고 오해하기 쉽습니다. 물론 Next.js에서 이를 위한 유용한 도구들을 제공하는 것은 사실이지만, 둘은 완전히 같지는 않습니다. 구글처럼 검색 엔진에서 제안하는 성능 좋은 웹 페이지의 기준들이 있고, 이를 Next.js가 자신만의 방법으로 개선한 것이라 검색 엔진에서 제안하는 여러 방법이 바뀐다면 이 또한 변경된다는 점에 유의해야 합니다.

인프라 구조

리액트나 Next.js 등의 도구를 사용해서 코드를 작성하고 테스트까지 마쳤다면 다음 단계로 서비스를 배포하여 사용자에게 제공해야 합니다. 좋은 프런트엔드 엔지니어는 성능 좋은 서비스를 만들고 이를 안정적으로 제공할 수 있어야 합니다. 그렇다면 성능 좋은 서비스란 무엇이고, 서비스를 안정적으로 제공한다는 것은 무엇일까요?

서비스 성능의 정의는 서비스의 특성과 사용자 그리고 사용자의 물리적인 위치 등에 따라 달라집니다. 따라서 서비스의 성능을 개선하고 이를 안정적으로 제공하려면 서비스가 어떤 특성이 있는지 그리고 어떤 사용자에게 어떤 방식으로 제공되는지를 파악하는 과정이 선행되어야 합니다. 예를 들어 개인 블로그나 쇼핑몰같이 정적 콘텐츠를 제공하는 서비스는 사용자의 화면에 빠르게 초기 콘텐츠를 보여주는 것이 무엇보다 중요합니다. 반면, 주식을 거래하는 HTS(Home Trading System) 서비스는, 초기 콘텐츠 렌더링 속도보다는 렌더링 이후 시스템의 반응 속도나 서버와의 안정적인 연결이 중요합니다.

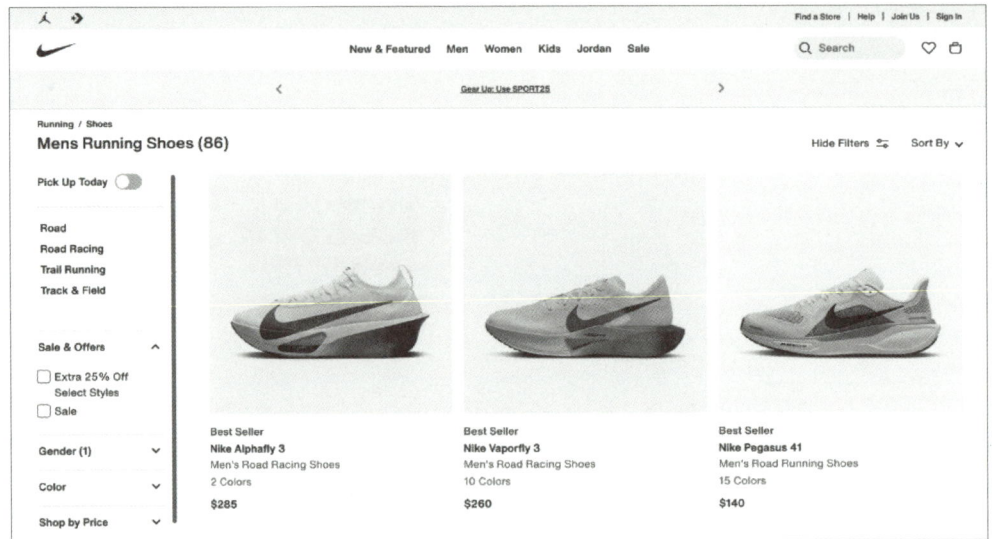

[5-1] 온라인 쇼핑몰 예시(nike.com)

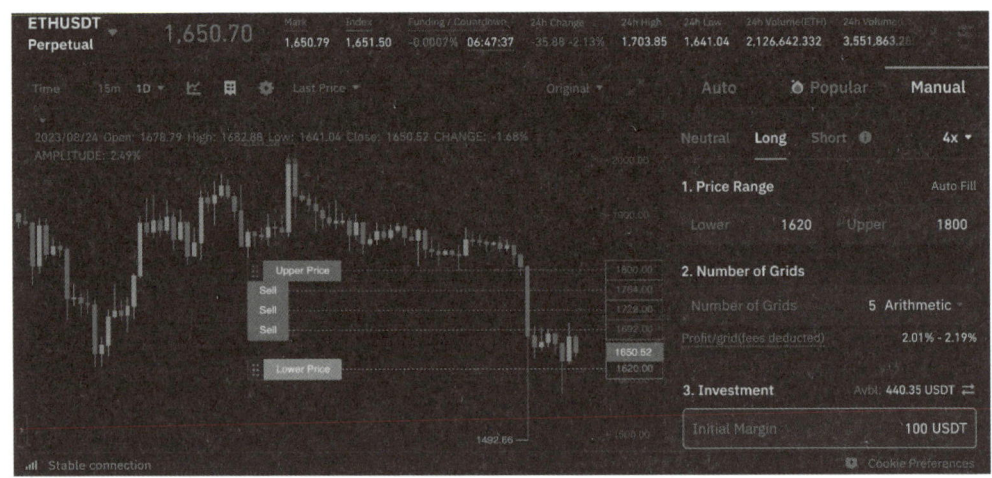

[5-2] 거래 시스템 예시(binance.com)

서비스의 특성에 따라 성능 개선 시에 우선해 고려해야 하는 부분이 달라지기에 서비스의 종류와 상관없이 성능을 무조건 좋게 만드는 은탄환은 존재하지 않습니다. 하지만 웹 서비스가 어떻게 제공되는지를 이해한다면 이로부터 성능을 개선하는 여러 단서를 얻을 수 있습니다.

한편, 서비스를 다양한 지역의 여러 사용자에게 지속해서 제공하려면 서비스를 안정적으로 제공할 수 있는 기반을 마련해야 합니다. 특정 시간대에 특정 지역에서 갑자기 늘어난 사용자 트래픽에도 안정적으로 서비스를 제공해야 하며, 서비스에 장애가 발생했을 때는 이를 빠르게 감지하여 원인을 파악하고 대응하는 장치도 마련되어야 합니다.

웹 서비스를 개발하고 테스트하는 것과 개발된 서비스를 실제 사용자에게 제공하는 것 사이에는 큰 차이가 있습니다. 운영하고자 서비스를 빌드하여 배포하거나 사용자 요청이 많아져 트래픽이 몰리면 요청을 여러 서버에 분산시켜야 합니다. 물리적으로 서버와 멀리 떨어진 사용자들이 동일한 사용 경험을 할 수 있도록 캐시 서버 사용도 고려해야 합니다. 이렇게 서비스를 사용자에게 전달하는 과정에서 고려해야 하는 여러 구조가 있으며, 이를 인프라(infrastructure)라 합니다.

웹 서비스를 실제 사용자에게 전달하는 데 필요한 인프라 구조를 알아보고 이를 구성하는 요소들을 살펴보겠습니다. 인프라에 대해 처음 접했다면 다소 생소한 용어들이 많이 등장합니다. 따라서 이해를 돕고자 'Todo 리스트'라는 가상의 서비스를 만들어 이를 실제 사용자에게 제공하는 시나리오를 가정합니다. 이를 바탕으로 마주하는 문제들과 해결 방식을 살펴봅니다.

많은 용어와 개념이 등장하지만 대부분의 개념은 시간이 지나면서 변하거나 사라지는 것들입니다. 따라서 모든 용어와 개념을 외우려 하기보다는 사용자에게 서비스를 제공하는 과정에서 어떤 것이 문제가 되고, 이를 어떻게 해결해야 하는지를 살펴보며 전체적인 그림을 이해하는 것이 중요합니다.

5.1 서비스가 지구 반대편에서도 잘 동작하려면

웹 서비스는 마치 살아 있는 생명체처럼 생명 주기가 있습니다. 초기 단계에서는 갓 탄생한 서비스가 몇몇 초기 사용자에 의해 사용됩니다. 이때는 규모가 작고 운영에 들어가는 비용도 적습니다. 이 시기를 지나며 서비스는 시장에서의 위치를 찾고 사용자에게 가치를 제공하는지를 실험합니다.

서비스가 어느 정도 자리를 잡고 성장하면서 사용자 기반이 확장됩니다. 수천에서 수만 명의 사용자들이 서비스를 이용하며 이는 서비스가 어느 정도 성숙기에 돌입했음을 의미합니다. 이 단계에서는 서비스가 더 안정적으로 운영되도록 규모에 맞는 인프라를 구축하는 것이 중요합니다. 서비스가 글로벌 시장에서 주목받으면 수십만에서 수백만 명 혹은 그 이상의 대규모 사용자층을 확보합니다. 이때는 다양한 국가와 문화의 사용자들을 수용하며 다양한 지역에서 들어오는 대규모 글로벌 트래픽을 감당하는 확장 가능한 인프라가 필요합니다.

모든 서비스를 이 생명 주기에 끼워 맞출 수는 없지만, 서비스에 생명 주기가 있다는 사실을 인지하는 것은 매우 중요합니다. 이제 갓 시작한 서비스와 수천만 명의 사용자를 수용하는 서비스는 인프라 구조가 다르며 고려해야 할 것도 다르기 때문입니다. 초창기 서비스에 적용하는 작은 인프라 구조를 글로벌 서비스에 적용하거나 반대로 글로벌 서비스에 적용되는 거대한 인프라 구조를 갓 시작한 서비스에 적용하는 것은 큰 비효율을 초래합니다.

5.1.1 나와 내 지인에게 필요한 서비스 제공하기

지인에게 할 일 목록 관리에 어려움이 있다는 이야기를 전해듣고, 여러분은 할 일 목록을 편하게 관리하도록 돕고 싶은 마음이 생겼습니다. 이를 위해 너그러운 마음으로 웹 서비스를 만들어 제공하려 합니다. 서비스 이름은 'Todo 리스트'로 정했습니다.

[5-3] Todo 리스트의 모습

마침 최근에 Next.js 학습을 마친 터라 Next.js로 서비스를 만들려고 합니다. 서비스에는 로그인 기능, 할 일 목록 조회 기능, 할 일 추가, 수정, 삭제 등 할 일 목록을 관리하는 기본적인 기능들이 제공됩니다. 서비스 로직을 모두 작성한 후 간단한 API 서버도 만들고 데이터베이스도 연결했습니다. 이제 소스 코드를 빌드한 후 자신의 기기에서 접속하도록 만들어야 합니다.

소스 코드를 빌드하고 나면 번들링된 자바스크립트 코드들이 나타납니다. 웹 서비스를 제공한다는 것은 자바스크립트 런타임 환경에서 코드를 실행하는 것을 의미합니다. 서버 사이드에서 동작하는 경우 node.js 런타임이 필요하며, 클라이언트 사이드에서 동작하는 경우 브라우저의 자바스크립트 런타임이 필요합니다.

node.js가 설치된 서버 런타임 환경에서 Next.js 웹 서버를 동작시키려고 소스 코드를 실행하면 해당 서버의 특정 포트에서 웹 서버의 프로세스가 동작합니다. 이 프로세스는 외부에서 오는 요청을 수신할 준비가 된 상태이므로, 외부에서 웹 서버의 IP와 포트에 접속 요청을 하면 웹 서버가 적절하게 응답합니다.

처음 서비스를 만들어서 나와 내 지인 몇 명만 사용하는 서비스를 빠르게 테스트해 보고 싶다면 Next.js로 서비스 코드를 작성하고 빌드한 뒤, 컴퓨터에서 빌드된 자바스크립트를 실행하기만 하면 됩니다. 이제 외부에서 여러분의 IP와 포트 정보를 통해 Todo 리스트에 접근하거나 할 일 목록을 관리할 수 있습니다

하지만 얼마 지나지 않아 몇 가지 문제점이 발견되었습니다. 첫 번째는 서비스를 제공하려고 노트북을 항상 켜두어야 한다는 것입니다. 노트북을 들고 외출할 일이 있어 잠시 노트북을 끄고 이동하면 이동 중이라 노트북이 꺼진 상황에서는 다른 사용자가 해당 웹 서버에 요청을 보낼 수 없어 서비스를 정상적으로 이용할 수 없습니다. 언제 어디서 들어올지 모르는 사용자의 요청을 감당하려면 여러분은 노트북을 항상 켜진 상태로 유지해야 합니다.

두 번째는 서비스의 성능이 노트북의 성능에 직접적인 영향을 받는다는 것입니다. 하나의 노트북에서 서비스를 제공하며, 여러분은 이 노트북으로 게임도 하고 영상 편집도 하고 음악도 듣습니다. 이러한 행위는 모두 노트북에 물리적으로 할당된 CPU와 GPU, 메모리 등 하드웨어 리소스를 사용하는 일이며 이는 노트북에서 제공되는 서비스의 웹 서버 프로세스도 마찬가지입니다.

제공하는 기능이 많을수록, 외부에서 많은 요청을 받을수록 웹 서버는 많은 리소스를 사용하며, 노트북 내에 사용 가능한 리소스가 부족해지면 리소스를 확보할 때까지 요청을 처리하지 못하고 기다리거나 운영 체제에 의해 웹 서버 프로세스가 강제로 종료됩니다. 따라서 노트북의 사양이 낮을수록, 노트북으로 많은 일을 할수록 웹 서버 프로세스에 할당되는 하드웨어 리소스가 줄어들어 서비스 제공 속도가 느려집니다.

마지막 세 번째는 매번 IP와 포트의 조합으로 사용자들이 서비스를 사용하기가 불편하다는 점입니다. 와이파이에 연결된 노트북에는 IP가 할당되는데, 이 IP는 와이파이를 제공하는 공유기가 할당합니다. 그런데 공유기가 노트북에 할당하는 IP 주소는 매번 바뀔 뿐 아니라 물리적으로 연결된 네트워크 대역으로 한정됩니다. 따라서 다른 공유기에 연결하면 다른 IP 주소가 할당되며, 같은 와이파이를 사용하더라도 명시적으로 IP를 고정하지 않으면 노트북에 할당된 IP 주소가 임의로 변경됩니다.

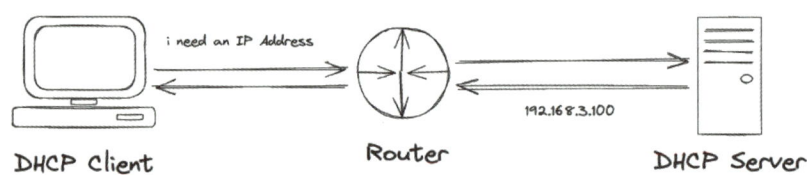

[5-4] 와이파이에 연결된 노트북에 IP 주소가 할당되는 과정

노트북을 들고 다른 장소로 이동해서 그 장소에 있는 공유기를 사용해 인터넷에 접속하면 노트북에 할당된 외부 IP 주소가 해당 네트워크 대역에 맞게 새롭게 할당된 IP로 변경됩니다. 이는 웹 서비스를 제공하는 서버의 IP 주소가 바뀐다는 의미이므로 기존 IP로 보내는 요청에는 웹 서버가 응답할 수 없습니다. 즉, 여러분이 장소를 옮길 때마다 서비스 사용자들은 현재 할당된 IP를 새롭게 알아야 합니다.

매번 사용자들에게 새로운 도메인 주소를 알려주고 도메인과 IP 주소를 연결할 수도 있습니다. 그러나 IP 주소가 바뀔 때마다 수동으로 도메인과 노트북의 IP를 변경해 주어야 하며, 일반적으로 도메인에 연결된 IP 주소 변경이 전파되는 데 적지 않은 시간이 소요되어 이것도 좋은 해결책은 아닙니다.

[5-5] 단순한 웹 서비스라도 사용자에게 제공하려면 꽤 많은 단계를 넘어야 한다

클라우드 컴퓨팅 플랫폼

이 상황을 해결하려면 쉽게 확장이 가능한 유연한 환경으로 서비스를 옮겨야 합니다. 실제로 물리적인 서버 역할을 할 좋은 컴퓨터를 구입해서 서비스를 제공해도 되지만, 초기 비용이 많이 들뿐더러 서비스 규모를 확장하기에도 적절하지 않습니다.

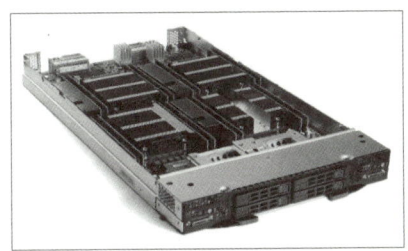 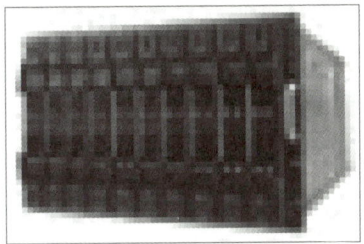

[5-6] 서버 컴퓨터(좌)와 이를 쌓아 구성하는 서버 랙(rack)(우)

이러한 문제는 여러분만 겪는 것이 아닙니다. 많은 초창기 소프트웨어 회사와 다양한 프로젝트를 시도해 보고 싶어하는 개인들이 서비스를 제공하고 싶어하며, 제공하려는 서비스를 사용자가 좋아할지 알 수 없는 상황에서 초창기 인프라 구축에 드는 비용을 부담스러워합니다.

이를 해결하려고 아마존, 구글, 마이크로소프트 등 빅테크 회사들은 자신만의 클라우드 컴퓨팅 플랫폼을 만들고, 사용자들이 컴퓨팅 리소스를 원하는 만큼 사용하고 사용한 만큼만 비용을 내도록 하는 시스템을 구축해 제공합니다.

[5-7] 아마존의 데이터 센터 일부

아마존은 AWS(Amazon Web Service), 구글은 GCP(Google Cloud Platform), 마이크로소프트는 애저(Azure)라는 클라우드 컴퓨팅 플랫폼을 구축해 제공하며, 전 세계 곳곳에 데이터 센터를 두어 막대한 수의 서버를 관리합니다. 클라우드 컴퓨팅 플랫폼은 전 세계 곳곳에 퍼져 있는 데이터 센터의 컴퓨팅 리소스를 적절하게 나누어 여러 사용자가 필요한 장소에서 필요한 만큼의 컴퓨팅 리소스, 저장 공간, 네트워킹, 데이터베이스를 사용하도록 도와줍니다. 서비스는 커맨드 라인 인터페이스, 웹/앱으로 제공되는 콘솔 인터페이스, 혹은 플랫폼에서 제공하는 API를 사용하여 원하는 방법으로 쉽게 사용합니다.

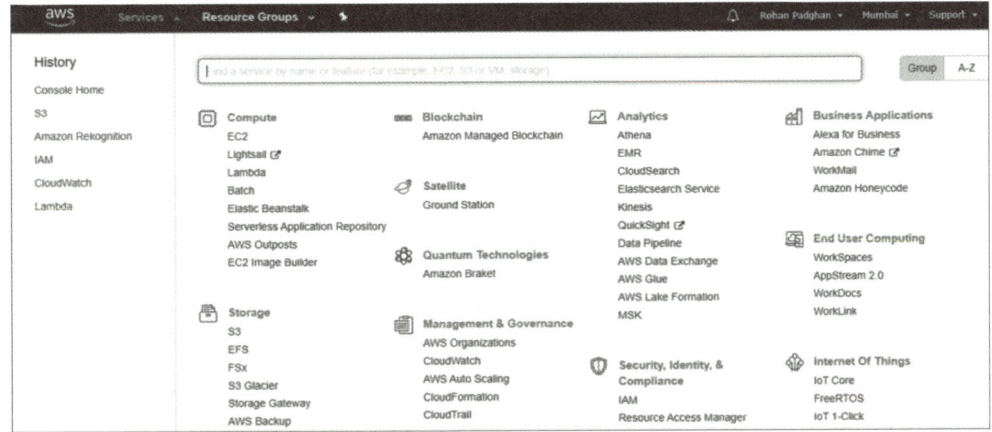

[5-8] AWS의 웹 콘솔 인터페이스

클라우드 컴퓨팅 플랫폼을 사용하면 여러분의 Todo 리스트 서비스를 제공하는 리소스를 원하는 만큼 쉽게 할당받아 사용할 수 있습니다. 해당 리소스에 고정 IP를 부여하고 항상 켜두어, 서비스를 제공하려고 여러분의 노트북을 온종일 켜둘 필요도 없고, 매번 IP 주소를 바꿔줄 필요도 없습니다.

웹 서비스를 제공하는 데 필요한 리소스들

여러 클라우드 컴퓨팅 플랫폼이 있지만, 현시점에 가장 점유율이 높은 플랫폼은 아마존에서 제공하는 AWS입니다. 그래서 여러분은 기존에 노트북에 배포된 서비스를 AWS로 이전하기로 결정했습니다. 이제 서비스를 제공하려면 AWS의 어떤 리소스를 할당받아 사용해야 할지를 정해야 합니다.

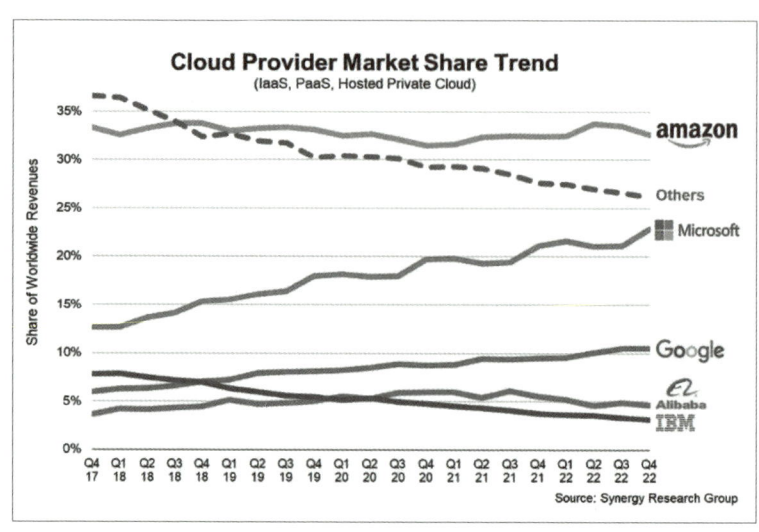

[5-9] 클라우드 컴퓨팅 플랫폼 점유율 (출처: Synergy Research Group)

AWS를 비롯한 클라우드 컴퓨팅 플랫폼에는 목적과 용도에 따라 수십 가지가 넘는 리소스와 서비스를 제공합니다. 목적에 맞는 적절한 리소스와 서비스를 선택하려면 제공하려는 서비스가 어떤 특성이 있고 사용자에게 어떻게 전달되는지를 먼저 이해해야 합니다. 이를 위해서 먼저 웹 서비스가 사용자에게 도달하려면 어떤 과정을 거치는지를 다시 한번 되짚어볼 필요가 있습니다.

클라이언트 사이드 렌더링 서비스는, 서비스가 사용자의 화면에 렌더링되기까지 과정이 비교적 단순합니다. 사용자가 웹 서비스에 요청을 보내면 브라우저는 도메인 주소에서 리소스 서버의 주소를 얻습니다. 이 주소에서 HTML, CSS, 자바스크립트 파일 등 정적인 리소스들이 브라우저에 다운로드되고, 다운로드된 자바스크립트 코드는 브라우저에서 실행되어 사용자에게 제공될 서비스 화면을 렌더링합니다. 따라서 클라이언트 사이드 렌더링만을 제공하는 서비스는 정적인 리소스들을 저장할 스토리지와 스토리지의 주소를 가리키는 도메인 정보만 있으면 손쉽게 웹 서비스를 제공할 수 있습니다.

[5-10] 클라이언트 사이드 렌더링의 기본 인프라 구조

한편, 서버 사이드 렌더링 서비스는 서비스가 사용자의 화면에 렌더링되려면 몇 가지 과정을 더 거쳐야 합니다. 서버 사이드 렌더링은 사용자가 웹 서비스에 요청을 보내면 웹 서버에서 화면을 렌더링한 후 이 결과를 HTML로 반환하는 방식으로 동작합니다. 따라서 이미지와 CSS 등의 리소스는 기존 방식대로 정적 리소스를 저장하는 스토리지에서 제공되지만, HTML은 화면을 렌더링하고 HTML을 반환하는 웹 서버에서 제공되어야 합니다. 또한 리소스의 종류에 따라 서로 다른 목적지로 요청이 들어가야 해서 정적 스토리지와 웹 서버 앞에 경로에 맞게 트래픽을 적절한 목적지로 연결해 주는 라우터도 필요합니다.

여러분의 Todo 리스트 서비스는 서버 사이드 렌더링을 지원하고자 Next.js 프레임워크를 사용해서 개발되었습니다. 따라서 도메인 서비스와 정적 스토리지 서비스 이외에도 사용자의 요청마다 동적으로 콘텐츠를 렌더링하여 내려줄 웹 서버와 경로에 맞게 정적 스토리지와 웹 서버로 요청을 분기해 주는 라우터 서비스가 필요합니다. AWS에서는 여기에 필요한 리소스와 서비스를 제공하므로 AWS를 사용해서 서버 사이드 렌더링 기반의 Todo 리스트 서비스를 구축할 수 있습니다.

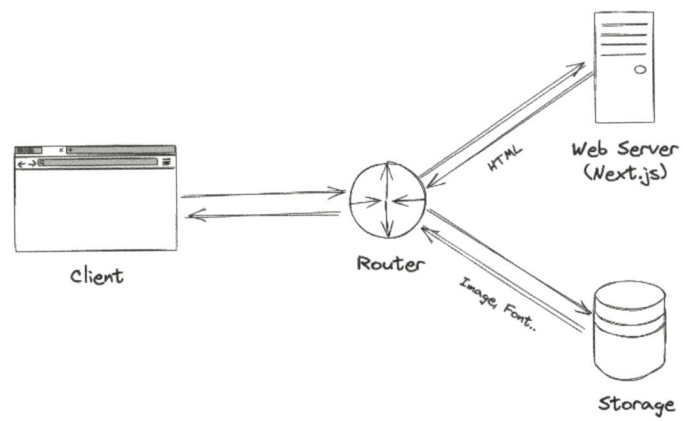

[5-11] 서버 사이드 렌더링의 기본 인프라 구조

5.1.2 대한민국의 전 국민이 사용하는 서비스 제공하기

여러분의 Todo 리스트 서비스가 지인들에게 좋은 경험을 주었는지, 사용자가 늘어나 어느새 수천 명이 사용하는 애플리케이션이 되었습니다. 이 속도라면 1~2주 내로 수만 명의 사용자가 접속할 것으로 예상됩니다. 내가 만든 서비스가 많은 사람에게 사랑받는 것은 기분 좋은 경험이지만 슬슬 걱정이 앞서기 시작합니다. 현재 서비스가 배포된 환경은 라우터와 도메인 연결 서비스, 웹 서버를 위한 컴퓨팅 인스턴스 하나 그리고 정적 스토리지로 단순하게 구성되기 때문입니다. 수만 명이 넘는 사용자의 요청을 하나의 컴퓨팅 인스턴스가 처리할 수는 없어 스케일링하는 다른 방법을 찾아야 합니다.

고려해야 하는 몇 가지 문제가 더 있습니다. 이전까지는 서비스를 클라우드 환경에 배포하려고 로컬 컴퓨터에서 소스 코드를 빌드하고 빌드된 파일들을 클라우드 인스턴스에 직접 업로드하고 서버를 재실행하는 방식을 사용했습니다. 그러나 이제는 사용자가 많아지면서 새로운 기능을 하루에도 몇 번씩 추가할 일이 생겼고 이에 따라 서비스 배포도 그만큼 자주 해야 하는 상황입니다.

현재의 서비스 배포 방식은 변경 사항이 생겨서 서버를 재실행하는 동안에는 사용자의 요청을 받을 수가 없어 서비스를 정상적으로 사용할 수 없는 시간, 즉 다운 타임이 필연적으로 발생하는 구조입니다. 이는 안정적으로 서비스를 제공하는 방식이 아니기에 서비스를 중단하지 않고 서비스를 안정적으로 업데이트하는 구조를 고민해야 합니다.

또한 별도의 모니터링 체계가 구축되지 않아서 서비스의 전반적인 상태를 파악하기가 어렵습니다. 인지하지 못한 심각한 장애가 발생하지는 않는지, 장애가 발생한다면 어떤 상황에서 어느 정도의 규모로 발생하는지에 대한 모니터링 체계도 이제는 구축하기 시작해야 합니다.

5.1.2.1 서비스의 규모가 커진다는 것

앞서 언급한 문제들은 서비스의 규모가 커지면서 발생하는 필연적인 문제들입니다. 첫 번째는 서비스의 확장성(scalability) 문제입니다. 웹 서버도 물리적인 서버에서 동작하는 프로세스이며 물리적인 서버에서 감당하는 것보다 더 많은 요청을 받으면 서비스를 정상적으로 제공할 수 없습니다. 이 경우 서버가 감당하는 만큼의 요청을 받도록 서버에 할당되는 CPU, 메모리 등 리소스 할당량을 늘리거나 동일한 서비스 코드를 실행하는 서버를 여러 개 구동하여 사용자의 요청이 여러 서버에 분산되도록 해야 합니다. 전자를 수직적 스케일링(vertical scaling), 후자를 수평적 스케일링(horizontal scaling)이라고 합니다.

두 번째는 서비스의 가용성(availability) 문제입니다. 아무리 좋은 서비스를 제공한다 하더라도 서비스가 배포될 때마다 다운 타임이 생겨 이 시간 동안에 서비스를 정상적으로 이용할 수 없다면 사용자에게 좋은 경험을 제공할 수 없습니다. 안정적인 서비스는 고가용성을 달성해야 하며, 이를 위해서는 서비스를 중단하지 않으면서 서비스를 업데이트해야 합니다.

마지막 세 번째는 서비스 모니터링 문제입니다. 대규모 트래픽이 발생하는 서비스는 다양한 사용자가 다양한 환경에서 서비스를 사용합니다. 오래된 버전의 브라우저를 통해 서비스에 접속할 수도 있고, 네트워크 환경이 좋지 않아 서비스의 첫 화면을 렌더링하는 데 오랜 시간이 걸리는 사용자도 있습니다. 이러한 다양성은 아무리 테스트 코드를 꼼꼼하게 작성하고 발생 가능한 모든 케이스를 대응하려 해도 서비스를 개발하는 시점에는 다 파악하기 어렵습니다. 따라서 실제 사용자가 서비스를 어떻게 사용하는지, 어떤 에러들이 어떤 환경에서 발생하는지, 현재 서비스에 대한 요청은 얼마나 들어오는지 등의 요소들을 서비스를 제공하는 시점에 실시간으로 파악해야 합니다.

서비스 모니터링은 여러 측면을 고려해서 이루어져야 합니다. 특히 Next.js처럼 서버 사이드 렌더링을 지원하는 경우 서버 사이드와 클라이언트 사이드 모두에서 잠재적으로 에러가 발생하므로 두 환경 모두를 모니터링해야 합니다. 또한 단순히 사용자에게 발생하는 에러를 탐지하는 것뿐 아니라, 웹 서버 인스턴스에 메모리 누수가 발생하지는 않는지, CPU를 너무 많이 사용하거나 너무 적게 사용해서 비용 효율화의 관점에서 비효율적으로 운영되지는 않는지도 지속해서 모니터링해야 합니다.

5.1.2.2 서로 다른 환경에서 동작하는 서비스 만들기

서비스에 확장성과 고가용성을 제공하고 체계적인 모니터링 시스템을 구축하려면 먼저 안정적인 개발 환경과 운영 환경을 마련해야 합니다. 이는 곧 내 컴퓨터에서 정상적으로 동작하는 코드가 동료 엔지니어의 컴퓨터에서도, 클라우드 컴퓨팅 플랫폼의 서버 인스턴스에서도 정상적으로 동작한다는 의미입니다.

[5-12] 개발과 배포 환경 차이의 어려움을 표현하는 유명한 밈(MEME) 중 하나

서비스를 구성하는 소스 코드가 동일하다고 해서, 서비스가 서로 다른 환경에서 일관되게 동작하지는 않습니다. 개발 환경에서는 제대로 동작하는 코드가 운영 환경에 서비스를 배포하고 보니 정상적으로 동작하지 않거나 내 컴퓨터에서는 제대로 실행되는 코드가 동료 엔지니어의 컴퓨터에서는 제대로 실행되지 않는 일은 실제로 꽤 자주 발생하는 일입니다.

이는 서비스를 구성하는 코드가 여러 의존성에서 실행되기 때문입니다. 같은 코드를 실행하더라도 코드가 실제로 의존하는 패키지나 런타임 환경이 달라진다면 동일한 결과를 보장할 수 없습니다. 엔지니어가 작성하는 소스 코드는 버전 관리 시스템을 사용해서 일관성을 보장하지만, 버전 관리 시스템에서 관리되지 않는 무거운 의존성이나 런타임 환경에 따른 운영 체제상의 차이점은 서로 다른 환경에서 일관성을 보장하지 않습니다.

[5-13] 버전 관리 시스템에 포함되지 않는 대표적인 예시인 node_modules

Next.js처럼 서버 사이드에서도 동작하는 프레임워크를 사용해 만든 서비스가 정상적으로 동작하려면 호스트 환경에 Node.js 런타임이 설치되어야 합니다. 버전 관리 시스템

을 통해 관리되는 소스 코드는 이 런타임 환경에 설치된 패키지 매니저를 통해 package.json에 명시된 패키지를 다운로드해서 node_modules 디렉터리 하위에 저장하고 Node.js 런타임을 통해 실행됩니다.

패키지 매니저도 런타임 환경에 의존적이며 소스 코드가 의존하는 패키지들도 이 런타임 환경에서 동작하기에 런타임의 Node.js 버전이 서로 다르다면 동일한 패키지가 설치되었더라도 실제로는 서로 다르게 동작합니다. 예를 들어 Node.js 버전이 내 개발 환경에서는 18인데 실제로 서비스가 사용자에게 제공되는 운영 서버에서는 20으로 설치되었다면 같은 소스 코드에 같은 의존성이 설치되었더라도 메모리 누수(memory leak)가 발생하거나 특정 기능의 실행이 느려지는 등 예상하지 못한 결과가 나타납니다. 따라서 소스 코드의 일관성과 함께 런타임 환경의 일관성도 같이 고려해야 하며, 이를 해결하는 데 컨테이너 기술을 사용하는 것이 권장됩니다.

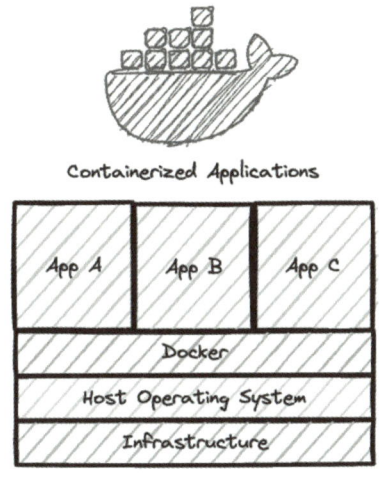

[5-14] 서비스를 컨테이너화하는 가장 널리 알려진 도구인 도커

컨테이너는 다양한 실행 환경에서 소프트웨어의 일관적인 동작을 보장하는 표준화된 단위입니다. 소스 코드, 런타임, 시스템 라이브러리 및 설정을 모두 포함하며 이렇게 소프트웨어가 실행되는 모든 환경을 묶어서 독립적인 단위로 실행하여 서로 다른 환경에서도 서비스가 일관적으로 제공되도록 합니다. 즉 Next.js 서비스가 하나의 단위로 실행되어 같은 결과를 도출하도록 합니다.

컨테이너 관련 소프트웨어로 잘 알려진 도커(docker)는 서비스 컨테이너를 생성하고 관리하는 컨테이너 런타임입니다. 도커에서 컨테이너는 도커 이미지를 기반으로 생성되고 실행되며, 도커 이미지는 도커파일(dockerfile)이라는 텍스트 파일에 기록된 명령어들을 기반으로 서비스 코드, 라이브러리, 환경 변수, 구성 파일 등 서비스 실행에 필요한 모든 것을 포함합니다.

```
FROM node:18-alpine as builder
WORKDIR /app

COPY package.json  yarn.lock ./
RUN yarn install --frozen-lockfile
COPY . .
RUN yarn build

FROM node:18-alpine as runner
WORKDIR /app
COPY --from=builder /app/package.json /app/yarn.lock ./
COPY --from=builder /app/next.config.js ./
COPY --from=builder /app/public ./public
COPY --from=builder /app/.next ./.next
COPY --from=builder /app/node_modules ./node_modules
EXPOSE 3000

ENTRYPOINT ["yarn", "start"]
```

도커를 사용하여 서비스를 다루면 서비스가 실행되는 환경과 상관없이 일관된 동작을 보장하는 컨테이너 단위로 추상화하여 생각할 수 있습니다. 도커 이미지 하나를 생성하면 서로 다른 컨테이너라도 동일한 이미지를 실행하여 일관된 동작을 보장하기 때문입니다.

한 가지 주의할 점은 컨테이너를 실행하는 이미지를 빌드할 때, 실제로는 컨테이너 환경에 package.json에 명시된 패키지들보다 훨씬 더 많은 패키지가 설치된다는 것입니다. 이때 설치되는 패키지들의 버전 관리를 엄격하게 하지 않으면 실제로 명시적인 의존성의 변경이 없더라도 의존성을 설치하는 시점에 따라 실제로 설치되는 패키지의 버전이 달라집니다.

일반적으로 서비스를 구현하려고 하나의 패키지를 설치하면 해당 패키지가 의존하는 다른 패키지들이 같이 설치됩니다. 예를 들어 Next.js를 사용하려고 next 패키지를 설치하면 package.json에는 next만 명시되지만, 실제로는 next 패키지가 의존하는 @next/env, postcss 등의 패키지들이 같이 설치됩니다. 그리고 postcss 패키지도 chalk, source-map 등 다른 패키지들을 의존성으로 갖고, 이 패키지들도 역시 다른 패키지들을 의존성으로 갖습니다. 이는 결과적으로 서비스에 깊은 의존성 트리(dependency tree)를 만듭니다. package.json에 next 패키지 하나만 명시하더라도 수십 개의 의존성이 같이 설치됩니다.

```
"next@npm:13.1.6":
  version: 13.1.6
  resolution: "next@npm:13.1.6"
  dependencies:
    "@next/env": 13.1.6
    "@next/swc-android-arm-eabi": 13.1.6
    "@next/swc-android-arm64": 13.1.6
    "@next/swc-darwin-arm64": 13.1.6
    "@next/swc-darwin-x64": 13.1.6
    "@next/swc-freebsd-x64": 13.1.6
    "@next/swc-linux-arm-gnueabihf": 13.1.6
    "@next/swc-linux-arm64-gnu": 13.1.6
    "@next/swc-linux-arm64-musl": 13.1.6
    "@next/swc-linux-x64-gnu": 13.1.6
    "@next/swc-linux-x64-musl": 13.1.6
    "@next/swc-win32-arm64-msvc": 13.1.6
    "@next/swc-win32-ia32-msvc": 13.1.6
    "@next/swc-win32-x64-msvc": 13.1.6
    "@swc/helpers": 0.4.14
    caniuse-lite: ^1.0.30001406
    postcss: 8.4.14
    styled-jsx: 5.1.1
```

[5-15] next 패키지가 의존하는 다른 패키지들의 목록

각각의 의존성은 저마다의 버전으로 독립적인 주기로 업데이트되어 단순히 package.json만을 버전 관리 시스템에 공유한 상태로 패키지를 설치하면 패키지가 의존하는 하위 의존성들의 버전이 달라집니다. 가령 똑같은 next 13.0.0 버전의 패키지를 설치하더라도 의존성을 설치하는 시기에 따라 next가 의존하는 postcss의 버전이 달라지거나 postcss가 의존하는 chalk의 버전이 달라지는데, 이는 서비스가 일관적으로 동작하지 못하게 하는 장애물이 됩니다.

이를 해결하기 위해 패키지 매니저는 package-lock.json, yarn.lock, pnpm-lock.yaml 등 모든 패키지와 패키지들의 하위 의존성들의 버전을 모두 명시한 락파일(lockfile)을 제

공하여 일관성을 보장합니다. 패키지 매니저가 패키지를 설치할 때 하위 패키지의 의존성 버전도 고정해서 설치하도록 한 것입니다.

런타임 환경의 일관성을 보장하는 컨테이너여도 패키지의 버전에 따라 서비스의 일관된 동작을 보장할 수 없습니다. 따라서 버전 관리 시스템에 락파일을 반드시 포함하여 설치하는 시점과 상관없이 의존성이 일관적으로 설치되도록 해야 합니다.

5.1.2.3 서비스에 유연한 확장성을 제공하는 방법

이제 Todo 리스트 서비스는 AWS 클라우드 환경으로 잘 이전되어 수백 명의 사용자 요청을 잘 처리합니다. AWS를 비롯한 클라우드 컴퓨팅 플랫폼에서는 CPU, 메모리, 네트워크 퍼포먼스 등 몇 가지 기준을 바탕으로 다양한 컴퓨팅 인스턴스를 제공합니다. 여기에는 뉴럴 네트워크를 학습하기에 최적화된 GPU 인스턴스도 있고 해시 연산처럼 무거운 CPU 연산을 처리하기에 최적화된 인스턴스도 있습니다.

Instance	vCPU*	CPU Credits / hour	Mem (GiB)	Storage	Network Performance
t2.nano	1	3	0.5	EBS-Only	Low
t2.micro	1	6	1	EBS-Only	Low to Moderate
t2.small	1	12	2	EBS-Only	Low to Moderate
t2.medium	2	24	4	EBS-Only	Low to Moderate
t2.large	2	36	8	EBS-Only	Low to Moderate
t2.xlarge	4	54	16	EBS-Only	Moderate
t2.2xlarge	8	81	32	EBS-Only	Moderate

[5-16] AWS에서 제공하는 여러 종류의 컴퓨팅 인스턴스

Todo 리스트 서비스는 복잡한 연산을 수행하거나 GPU 연산을 수행하는 서비스가 아닌 서버 사이드 렌더링을 지원하는 단순한 웹 서버 애플리케이션이라 AWS에서 기본적으로 권장하는 t2 계열의 인스턴스를 사용하면 충분합니다. 하지만 사용자의 수가 점점 늘어나 서버로 들어오는 요청의 수가 많아지면 특정 시점부터는 하나의 서버 인스턴스가 사용자의 모든 요청을 처리할 수 없습니다. 이때는 서버 인스턴스를 여러 개 띄워서 사용자의 요청을 여러 인스턴스로 나누어야 합니다.

로드 밸런서(load balancer)를 사용하면 하나의 엔드 포인트로 들어오는 트래픽을 여러 인스턴스로 분산시킬 수 있습니다. 예를 들어 3,000개의 요청이 들어온다고 했을 때 인스턴스를 1개만 띄워둔 상황이라면 서버 인스턴스 하나가 3,000개의 요청을 모두 처리해야 하지만 인스턴스를 3개 띄워두고 앞에 로드 밸런서를 붙여 요청을 분산시켜 둔 상황이라면 하나의 서버 인스턴스가 1,000개 정도의 요청을 소화해 요청이 몰리는 상황에서도 큰 문제가 발생하지 않습니다.

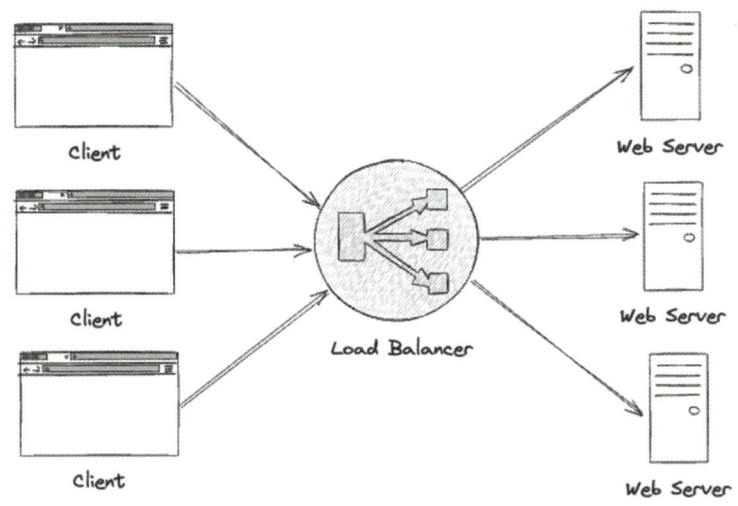

[5-17] 사용자 요청을 여러 개의 인스턴스로 분산시켜 주는 로드 밸런서

그러나 요청을 분산시키려고 서버 인스턴스를 무작정 늘리는 것은 효율적인 방식이 아닙니다. 대한민국에서 사용되는 서비스다 보니 사용자들이 주로 업무 시간이나 공부하는 시간인 오전 9시부터 오후 9시까지는 수만 개에 달하는 요청들을 보내지만, 오후 9시가 지나면 요청이 수백 개 내외로 줄어드는 경향을 보입니다.

수백 개 내외의 요청이라면 인스턴스 하나만으로도 충분히 요청을 처리해, 가동되는 시간만큼 비용이 청구되는 서버 인스턴스를 매번 여러 개 띄워두는 것은 효율적이지 않습니다. 그렇다고 인스턴스에 요청이 얼마나 들어오는지를 감시하다가 수동으로 인스턴스를 중단했다가 다시 켜는 일을 반복하는 것 또한 번거로운 일이라 권장하는 방법이 아닙니다.

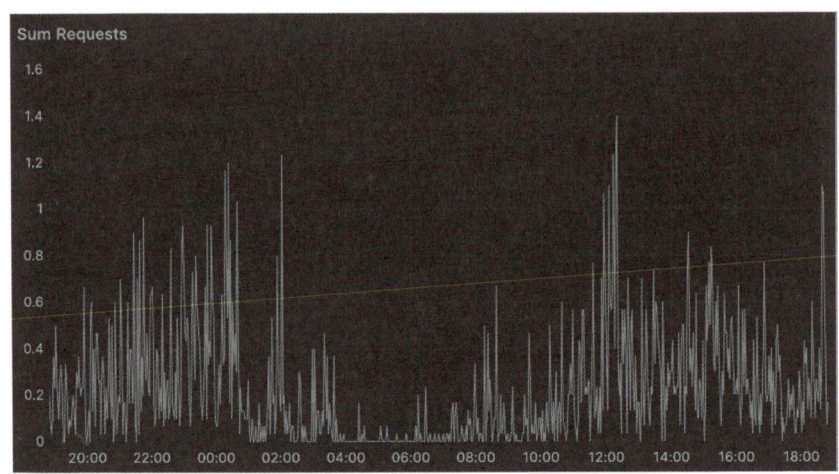

[5-18] 콴다에서 운영하는 주기성을 갖는 서비스의 트래픽 일부

효율적으로 스케일링하려면 서비스로 들어오는 요청 수를 모니터링하다가 특정 임계치(threshold)를 넘어가면 인스턴스를 자동으로 실행해 주거나 특정 임계치 아래로 요청 수가 떨어지면 최소한의 인스턴스만을 남기고 다른 인스턴스를 중단하도록 시스템을 구성해야 합니다.

현재 가동 중인 컴퓨팅 리소스나 사용자 요청 수에 따라 가동 중인 인스턴스의 개수를 유연하게 조절하는 것을 오토 스케일링(auto scaling)이라고 합니다. 클라우드 컴퓨팅 플랫폼에서는 몇 가지 지표를 기준으로 오토 스케일링을 적용하도록 도와줍니다. AWS에서는 오토 스케일링 그룹(auto scaling group)이라는 서비스를 제공하는데, 요청 수, 인스턴스의 CPU 사용량 등의 기준에 따라 서버 인스턴스의 개수를 자동으로 조정합니다.

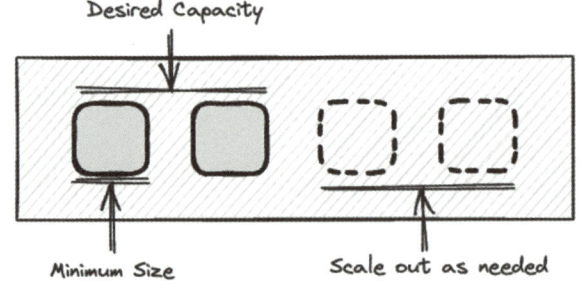

[5-19] AWS 오토 스케일링 그룹

이제 Todo 리스트 서비스는 클라우드 환경에 컨테이너의 형태로 배포되어 안정적으로 동작합니다. 오토 스케일링이 적용되어 사용자 요청이 몰리는 시간대에는 웹 서버 인스턴스의 개수가 수십 개까지 늘어나다가 사용자 요청이 급격하게 줄어드는 시간대에는 한두 개로 줄어 최소한의 비용으로 모든 사용자의 요청을 문제없이 처리합니다.

5.1.2.4 안정적인 서비스를 위한 모니터링 체계 구축하기

서비스에서는 언제나 예상하지 못한 문제가 발생하기 마련입니다. 사용자 트래픽과 상관없이 안정적인 서비스를 제공하게 되었으니 이제는 실제 사용자의 서비스 사용 지표들을 통해 서비스 품질을 모니터링해야 합니다. 모니터링 체계가 잘 구축되어 있으면 문제가 발생했을 때 이를 신속하게 발견하고 대응하여 서비스를 개선할 수 있습니다.

Next.js처럼 서버 사이드에서도 동작하는 프레임워크를 통해 서비스를 제공할 때 사용자 요청은 웹 서버를 지나서 브라우저에 도달합니다. 따라서 사용자 경험을 최적화하려면 클라이언트 사이드와 서버 사이드 모두에서 발생하는 일들을 모니터링하는 것이 중요합니다.

클라이언트 사이드 모니터링은 사용자 브라우저에서 수집하는 여러 정보를 시각화한다는 의미입니다. 브라우저에서는 사용자가 요청을 보낸 지역, 기기 정보, 첫 번째 페이지 로드 시간, 스크립트 에러의 스택 프레임 등 구체적인 지표들을 수집합니다. 이 정보를 사용하면 네트워크 환경이 느린 지역에서는 렌더링 속도가 얼마나 느려지는지, 평균적인 렌더링 속도의 분포는 어떻게 되는지, 에러가 발생할 때 어떤 에러가 어떤 스택 프레임으로 어디에서 발생하는지 등의 정보들을 수집합니다.

이렇게 실제 서비스를 사용하는 사용자의 브라우저에서 유의미한 여러 지표를 수집해 모니터링하는 방법을 실제 사용자 모니터링(Real User Monitoring, RUM)이라고도 부릅니다. 유의미한 지표를 직접 정의하고 이 지표를 전송하는 스크립트를 서비스 코드에 포함하는 방법도 있지만, 상용화된 다양한 RUM 서비스를 사용하여 웹 서비스 모니터링에 필요한 기본적인 데이터를 수집하고 쉽게 시각화할 수도 있습니다.

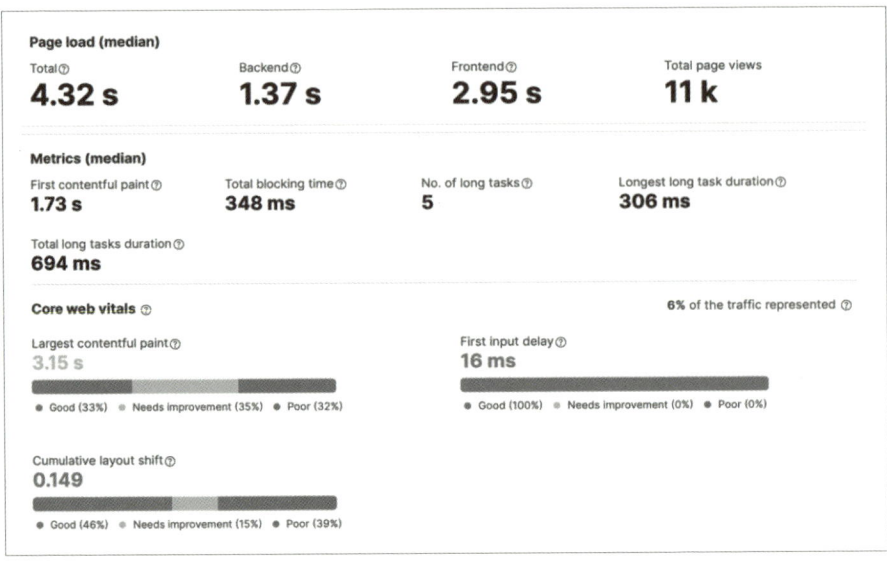

[5-20] RUM 서비스의 지표들 (1)

Todo 리스트 서비스에 RUM을 추가하면 지표를 통해 다음과 같은 부분들을 확인하고 개선할 수 있습니다.

- 사용자가 렌더링된 화면을 보기까지 시간이 얼마나 소요되는지를 파악하고 전체 시간 중 프런트엔드/백엔드에서 소요되는 시간이 얼마나 되는지를 파악합니다. 이 지표를 사용하여 성능에 병목이 되는 부분이 어디인지를 파악하고 해당 부분을 수정하여 성능을 개선합니다.

- LCP와 CLS, FCP 등의 지표를 통해 사용자가 실제로 우리의 서비스를 이용하면서 어떤 경험을 하는지를 추측하고 사용자 경험을 개선하는 수정 사항을 개발합니다. 예를 들어, 첫 화면에 이미지가 많은 페이지에서 LCP 지표가 낮게 나왔다면 이미지를 캐싱하거나 이미지 플레이스홀더를 사용하여 사용자 경험을 개선합니다. CLS 지표가 지나치게 높게 나왔다면 렌더링이 늦어지는 요소들에 스켈레톤 UI를 삽입해서 레이아웃 시프트를 줄이는 방법으로 사용자 경험을 개선합니다.

- 특정 시점 이후로 전체적인 성능이 저하되었다면 해당 시점의 빌드 번호나 커밋을 통해 변경 사항을 파악하여 성능 저하의 원인을 파악해 수정합니다.

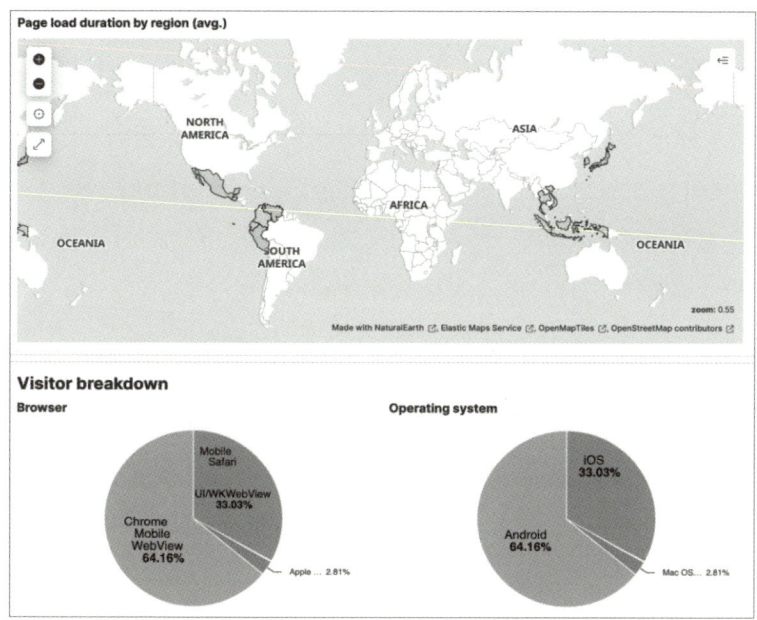

[5-21] RUM 서비스의 지표들 (2)

LCP, CLS, FCP

구글이 제안한 코어 웹 바이탈은 웹 페이지의 성능을 측정하는 핵심 지표들로 이를 통해 엔지니어들이 웹 서비스를 사용자 중심으로 성능 최적화하는 데 집중합니다.

LCP(Largest Contentful Paint): LCP는 페이지 로딩 성능의 중요한 지표로 사용자에게 가장 큰 콘텐츠(e.g. 이미지, 비디오 블록)가 렌더링되어 사용자가 보는 시간을 측정합니다. LCP가 길면 사용자가 페이지가 '로드되는 것'을 느끼므로 이를 최적화하는 것이 중요합니다.

CLS(Cumulative Layout Shift): CLS는 페이지 로드 중 또는 상호 작용 중에 발생하는 예기치 않은 레이아웃 변화의 정도를 측정합니다. 이러한 변화는 사용자 경험을 방해하므로, CLS 값이 낮을수록 더 좋습니다.

FCP(First Contentful Paint): FCP는 사용자가 페이지를 요청한 후 첫 번째 텍스트나 이미지가 화면에 렌더링되기 시작할 때까지의 시간을 측정합니다. 이 지표는 사용자가 실제로 페이지의 콘텐츠를 보기 시작하는 첫 순간을 나타냅니다.

한편, 서버 사이드 렌더링을 하려고 웹 서버를 운영할 때는 서버 사이드 모니터링도 수행해야 합니다. 서버 사이드 모니터링에서는 서버에서 사용자의 요청을 처리하는 과정이 지나치게 오래 걸리지는 않는지, 오래 걸린다면 어떤 이유 때문인지, 이 과정에서 웹 서버 리소스를 무리하게 사용하지는 않는지를 파악하는 것이 중요합니다.

웹 서버는 사용자 요청을 처리하려고 CPU, 메모리 등 하드웨어 리소스를 사용하고 다른 서비스와 네트워크 통신을 통해 여러 요청을 주고받습니다. 따라서 서버 사이드에서 발생하는 여러 지표를 추적하려면 웹 서버의 CPU 사용량, 메모리 사용량을 추적해야 하며, 웹 서버에서 발생하는 네트워크 트래픽을 모니터링해야 합니다.

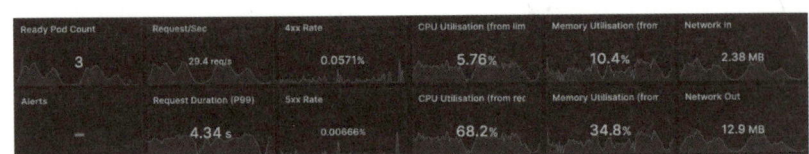

[5-22] 서버 사이드에서 수집하는 여러 지표

이렇게 서비스의 리소스 사용량, 백엔드 로직의 효율성, 네트워크 트래픽, 서버 응답 시간 등의 지표들을 모니터링하는 방법을 애플리케이션 퍼포먼스 모니터링(Application Performance Monitoring, APM)이라고도 부릅니다. APM은 서비스의 성능 전반을 측정하는 포괄적인 모니터링 방식으로, 서버 사이드와 클라이언트 사이드 모두를 포함합니다. 클라이언트 사이드에서는 앞서 언급했던 RUM이 대표적이며 대다수의 APM 솔루션이 서버 모니터링과 함께 RUM 기능을 제공합니다.

APM과 RUM은 서비스의 성능을 클라이언트와 서버 사이드 모두에서 다각도로 파악하도록 만들어 줍니다. Todo 리스트 서비스에 APM까지 적용된다면 지표를 통해 다음과 같은 부분들을 추가로 확인하고 개선합니다.

- RUM을 사용해 서버 사이드 로직의 어떤 부분에서 시간이 오래 걸리는지를 파악합니다. 예를 들어, 다른 서버로 보내는 특정 API 요청이 지나치게 오래 걸릴 때, 이를 쉽게 발견할 수 있습니다.

- 서버 인스턴스가 자원을 효율적으로 사용하는지를 파악합니다. 예를 들어, 인스턴스가 할당된 자원의 10%도 제대로 사용하지 않는다면 더 작은 인스턴스로 교체함으로써 비용 효율화를 달성합니다.

- 메모리 누수 등의 문제를 사전에 탐지하고 해소합니다. 웹 서버가 사용자 요청을 처리함에

따라 메모리 사용량이 증가하기만 하고 감소하지 않는다면 이는 잠재적인 문제를 발생시키므로 서비스를 이전 버전으로 되돌리거나 빠르게 문제를 해소해서 새로운 버전의 서비스를 배포합니다.

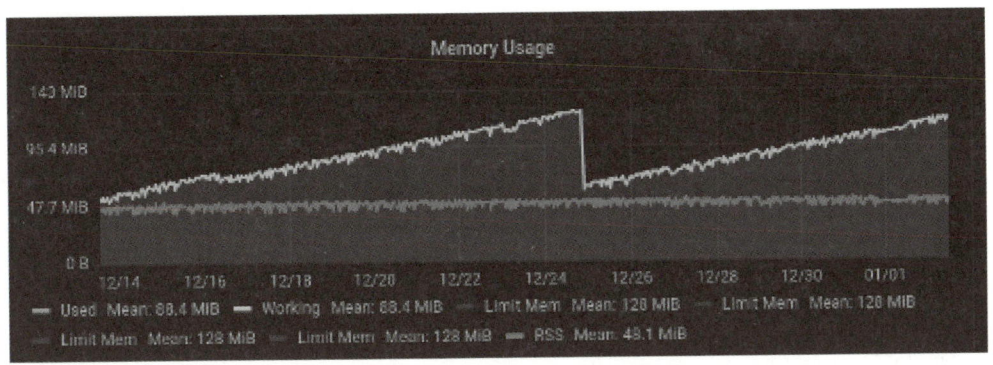

[5-23] 메모리 누수가 발생하는 서비스의 메모리 지표

5.1.2.5 장애에 대응하기

잘 구축된 모니터링 시스템을 통해 시스템에 발생하는 문제를 파악했다면 이를 해결할 수단도 필요합니다. 서비스 장애는 여러 이유로 발생하고 이유에 따라 해결하는 방법도 다릅니다. 서비스를 구성하는 소스 코드에 문제가 생길 때가 있습니다. 최신 ECMAScript 문법을 사용하면서 적당한 폴리필을 추가하지 않으면 특정 버전 이하의 브라우저를 사용하거나 해당 문법을 지원하지 않는 브라우저를 사용하는 사용자에게 문제가 생깁니다. 혹은 비즈니스 로직을 잘못 작성해서 사용자에게 의도하지 않은 잘못된 UI가 제공됩니다.

장애 상황의 긴급도에 따라 차이가 있겠지만 대부분은 서비스를 이전 버전으로 돌려 다시 정상 운영하도록 만든 뒤에 빠르게 에러가 해결된 버전의 서비스를 다시 배포하는 방법을 사용합니다. 소프트웨어의 상태를 특정 시점으로 되돌리는 것을 롤백(rollback)이라고 합니다. 현재 제공되는 서비스에 문제가 있다면 이전에 제공되던 버전으로 빠르게 되돌려 사용자가 서비스를 이용하지 못하는 시간을 최소화해야 하며, 이를 위해서는 필요할 때 특정 버전으로 서비스를 언제든지 돌리도록 서비스의 버전을 잘 관리해 두어야 합니다.

한편, 서비스를 구성하는 코드에는 문제가 없는데 서비스가 동작하는 인프라 환경이나 런타임 환경 자체의 버그로 문제가 생겨 대규모 장애가 발생하기도 합니다. 자주 발생하지는 않지만, 정말로 클라우드 환경에 할당하는 물리적인 서버 리소스가 없어서 적절하게 스케일링되지 않거나 Node.js처럼 런타임 환경의 특정 버전에 버그가 생겨서 메모리 누수가 발생하기도 합니다. 이러한 경우 해결책이 상황마다 달라, 사전에 이러한 문제의 가능성을 미리 탐지하는 것이 중요합니다.

5.1.3 베트남에서도 사용하는 글로벌 서비스 제공하기

지인을 돕기 위해 좋은 의도로 시작했던 작은 서비스가 이제는 대한민국의 대표 할 일 관리 앱으로 발돋움해 이제는 수천만 명이 사용하는 서비스가 되었습니다. 서비스로 유입되는 요청의 수가 기하급수적으로 증가했지만 이에 따른 대응을 잘해두어 서비스가 안정적으로 운영되고 있습니다.

로드 밸런서에 오토 스케일링을 적용해서 특정 시간대에 요청이 몰려도 웹 서버의 인스턴스가 안정적으로 스케일 아웃(scale-out)되어 요청을 처리할 수 있게 되었습니다. 모니터링 및 장애 대응 체계도 잘 마련해 두어서 문제를 탐지하고 현재 서비스의 운영 상태를 실시간으로 파악할 수 있게 되었습니다. 서비스 운영 중에 문제가 생기면 이를 감지하여 바로 롤백을 하거나 업데이트 버전을 무중단으로 배포할 수 있습니다.

이제는 대한민국을 넘어 베트남, 인도네시아, 일본 등 다른 국가에서도 서비스에 관심을 보이고 있으며 실제로 다른 국가의 사용자 유입이 증가하고 있는 것을 RUM 지표를 통해 확인할 수 있습니다. 글로벌 서비스로 발돋움하게 된 것입니다. 글로벌 서비스가 된다는 것은 단순히 서비스 사용자가 증가한다는 것을 의미하지는 않습니다. 서비스를 제공하는 서버와 브라우저를 가진 사용자의 물리적 거리가 기존과는 비교할 수 없을 정도로 늘어나기 때문에 이로 인해 발생할 수 있는 잠재적인 문제들에 효과적으로 대응할 수 있어야 합니다.

대한민국과 베트남은 비행기로도 5시간 반이 걸릴 정도로 멀리 떨어져 있습니다. 웹 서비스를 사용한다는 것은 결국에는 사용자의 기기로부터 리소스 서버로 네트워크 요청을 보낸 후 이 응답을 사용하는 것입니다. 리소스 서버와 사용자 기기 사이의 물리적 거리가 멀어지면 그만큼 리소스를 받아오는 속도도 느려지기 때문에 사용자에게 빠르게 응답하기가 어려워집니다.

대한민국과 베트남 사이의 거리는 3,000km에 달하며, 이 거리는 네트워크상으로 50~100ms의 딜레이를 발생시킵니다. 웹 서비스의 첫 화면이 사용자에게 도달하기 위해서는 수많은 네트워크 요청이 완료되어야 하기 때문에 여기서 발생하는 네트워크 딜레이는 첫 화면 렌더를 의미 있는 수준으로 느리게 만들 수 있습니다.

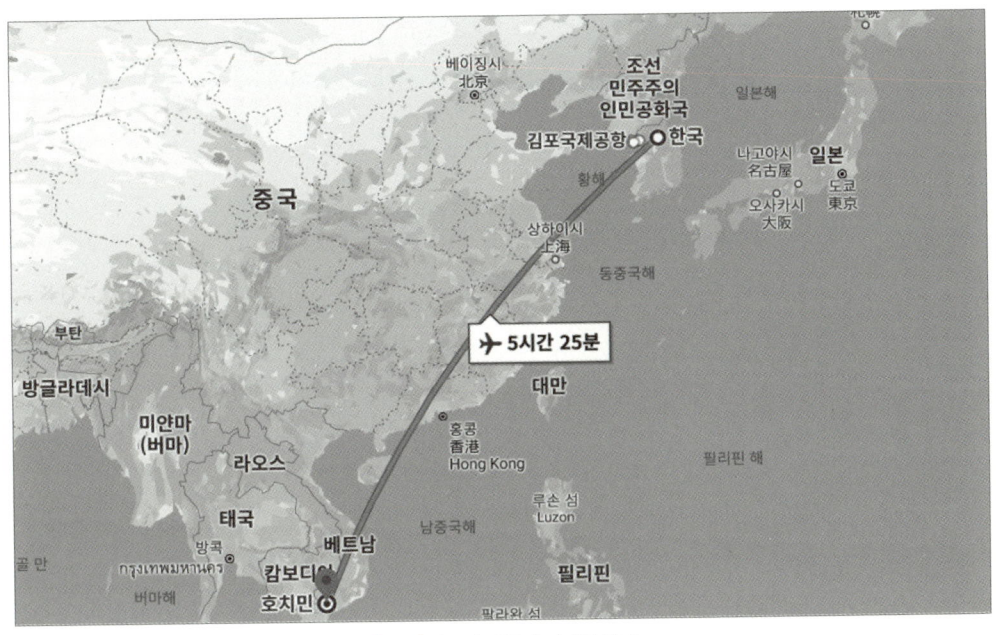

[5-24] 한국과 베트남 사이의 거리

5.1.3.1 콘텐츠 전송 네트워크를 통해 정적 리소스 빠르게 제공하기

캐시는 컴퓨터가 처리해야 하는 데이터에 빠르게 접근할 수 있도록 자주 사용되는 데이터를 일시적으로 저장하는 장소를 의미합니다. 서비스를 브라우저 화면에 렌더링하는 데 가장 많은 시간을 차지하는 것은 리소스 전송 시간입니다. 따라서 자주 변경되지 않는 정적인 리소스를 사용자 브라우저와 가장 가까운 곳에서 제공한다면 사용자와 리소스 서버 사이의 물리적 거리가 먼 상황에서 서비스의 성능을 대폭 개선할 수 있습니다.

브라우저는 일반적으로 한번 방문한 페이지의 리소스를 메모리와 디스크에 캐시합니다. 하지만 페이지의 첫 방문 시에는 리소스 서버로부터 리소스를 직접 받아와야 하며, 캐시가 만료된 경우에도 다시 리소스를 받아와야 합니다. 따라서 사용자의 첫 서비스 렌더링 속도를 높이기 위해서는 브라우저 캐시에 의존하지 않는 정적 리소스 캐싱 방안을 고려해야 합니다.

[5-25] 브라우저의 메모리 캐시와 디스크 캐시

이를 위해 콘텐츠 전송 네트워크(Content Delivery Network, CDN)를 사용할 수 있습니다. CDN은 정적 리소스를 사용자의 위치에 더 가까운 리소스 서버에서 제공함으로써, 웹 페이지 초기 렌더링 시간을 줄이고 네트워크 트래픽을 효율적으로 관리할 수 있게 도와줍니다.

AWS를 비롯한 클라우드 컴퓨팅 플랫폼은 세계 각지에 데이터 센터를 두어 정적 리소스 캐싱 서비스를 운영하고 있습니다. Todo 리스트 서비스에 AWS에서 제공하는 CDN인 클라우드프런트(CloudFront)를 적용하면 베트남에서 정적 리소스를 요청하는 경우, 이 요청에 대한 응답을 대한민국에 있는 리소스 서버가 아닌 베트남에 있는 AWS의 CDN에서 제공하므로 네트워크 응답 속도를 대폭 개선할 수 있습니다.

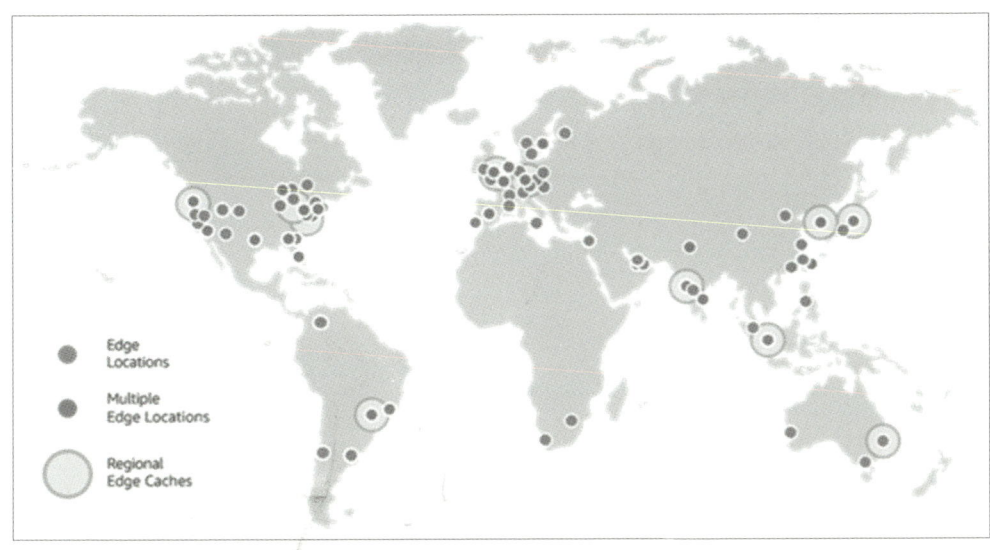

[5-26] AWS에서 관리하는 여러 캐시 서버들

5.1.3.2 서버의 멀티 리전 배치를 통해 동적 리소스 빠르게 제공하기

한편, 정적 리소스를 캐싱했다 하더라도 웹 서버에서 제공되는 서버 사이드 렌더링 로직은 여전히 원격지의 서버에서 제공됩니다. 서버에서 동적으로 제공되는 로직은 매 요청마다 응답 값이 달라지는 경우가 많으므로 캐시를 적용할 수 없습니다. 이러한 동적 리소스의 응답 속도를 높이기 위해서는 물리적으로 사용자와 가까운 곳에 웹 서버를 구축해야 합니다. 이러한 방식을 멀티 리전(multi-region)이라고 하며, 정적 리소스 캐싱과 마찬가지로 클라우드 컴퓨팅 플랫폼에서 이를 지원합니다.

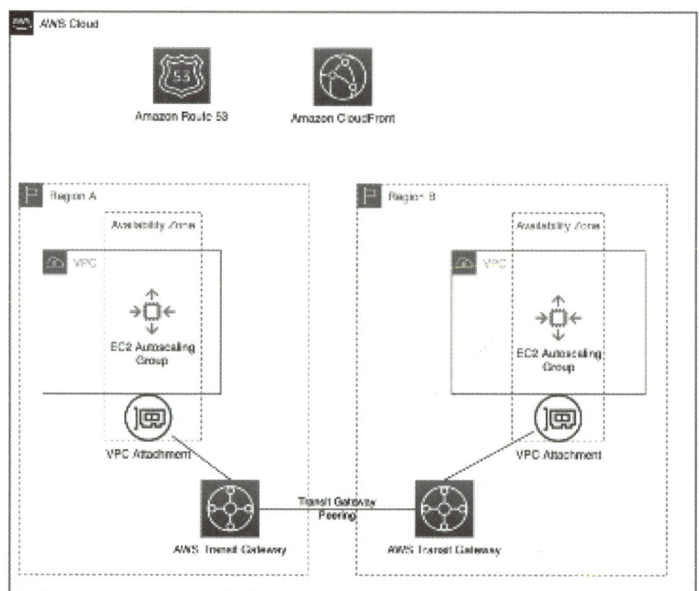

[5-27] AWS에서 권장하는 서비스의 멀티 리전 배치의 한 예

CDN을 통한 정적 리소스 캐싱과 동적 리소스를 제공하는 서버의 멀티 리전 배치는 다양한 위치에서 들어오는 사용자의 요청으로부터 서비스의 성능을 유지하는 중요한 요소 중 하나입니다. 이는 웹 서버의 부담을 줄이고, 사용자 경험을 향상시키며, 운영 비용을 절감하는 데 크게 기여합니다.

가상의 Todo 리스트 서비스를 배포하고 사용자에게 제공하면서 다양한 환경에서 안정적인 서비스를 제공하기 위해 고려해야 하는 사항들에 대해 살펴보았습니다. 서비스를 배포하고 운영하는 시점에는 서비스를 개발할 때는 알 수 없고 예측하기 어려운 문제들이 발생합니다.

엔지니어는 개발 단계에서 잘 동작하는 소스 코드를 작성하지만 실제로 이 소스 코드가 실행되어 사용자의 브라우저에 서비스가 도달하는 데는 수많은 요소가 영향을 미칩니다. 사용자와 서버 사이의 물리적 거리나 웹 서버에 할당된 리소스 사양, 사용자가 다양한 위치에서 보내는 수많은 요청이 예상하지 못한 제약 요소가 될 수 있으므로 상황에 맞는 적절한 인프라 구성을 통해 이를 해결하는 것이 중요합니다.

> **지금까지의 여정**
>
> 1. 개발 환경, 운영 환경과 상관없이 서비스가 일관적으로 동작해야 합니다. 서로 다른 환경에서 서비스를 실행하더라도 서비스가 일관적으로 동작하기 위해서는 소스 코드뿐 아니라 소스 코드가 의존하고 있는 의존성과 소스 코드가 실행되는 런타임 환경까지 일관되게 관리되어야 하며, 이를 위해 컨테이너의 개념을 살펴보았습니다.
> 2. 사용자의 요청이 많아지면 이에 따라 서비스를 제공하는 서버 인스턴스가 동적으로 스케일 아웃 되어야 합니다. 반대로 사용자의 요청이 줄어들면 최소한의 서버 인스턴스만 남겨두는 방식으로 스케일 인(scale-in)되어야 합니다. 이를 오토 스케일링이라 합니다.
> 3. 클라이언트 사이드와 서버 사이드 모두에서 서비스와 관련된 여러 지표를 모니터링할 수 있어야 합니다. 사용자가 화면을 보기까지 걸리는 시간, 네트워크 요청의 상태와 소요 시간, 리소스 사용량 같은 지표를 실시간으로 확인할 수 있어야 하며 이를 위해 RUM과 APM의 개념을 살펴보았습니다. 잘 구축된 모니터링 체계는 서비스의 품질을 개선하여 좋은 사용자 경험을 제공하는 데 도움을 주고, 장애가 발생했을 때 원인을 빠르게 탐지하여 해결할 수 있도록 도와줍니다.
> 4. 잘 구축된 모니터링 체계를 통해 장애 상황을 감지했다면 이를 빠르게 대응할 수 있어야 합니다. 장애가 발생했을 때 사용자가 불편을 겪는 시간을 최소화하기 위해서 서비스를 정상적인 버전으로 돌려놓는 롤백 전략을 살펴보았습니다.
> 5. 서비스의 전달 속도에 가장 큰 영향을 미치는 것은 네트워크를 통해 리소스를 주고받는 데 걸리는 시간입니다. 이 시간을 줄이기 위해 정적 리소스의 경우 CDN을 사용하여, 동적 리소스의 경우 멀티 리전 배치를 통해 사용자와 물리적으로 가까운 리소스 서버에서 리소스를 받아올 수 있도록 합니다.

5.2 마이크로서비스 아키텍처

전체 그림을 조금 더 선명하게 이해하기 위해 서비스 아키텍처를 구성하는 각 요소를 조금 더 구체적으로 살펴보려 합니다. 예를 들어 서비스를 모니터링할 때는 실제로 어떤 도구를 사용하게 되는지, 이 도구의 장단점은 무엇이고 어떤 철학을 가지고 설계되었는지에 대해 살펴보는 것입니다.

인프라 구성을 위한 각 도구는 마이크로서비스 아키텍처(Micro Service Architecture, MSA)라는 철학에 기반합니다. MSA에 대해 이해하고 나면 이후에 등장하는 각 도구를 MSA라는 전체 그림 안에서 이해할 수 있습니다. 리액트와 Next.js를 학습했던 방식과 마찬가지로 MSA를 구성하는 여러 도구의 사용 방법과 설계 방법을 다루는 것이 목적이 아닙니다. MSA가 해결하고자 하는 문제를 살펴보고 이를 해결하기 위해 제시한 여러 방법과 도구들을 큰 그림 안에서 살펴보며 웹 서비스 인프라 구조에 대한 전체적인 이해도를 높이는 것이 목표입니다.

5.2.1 마이크로서비스 아키텍처란 무엇인가

MSA는 대규모 서비스를 구축할 때 사용되는 설계 방식입니다. MSA의 핵심은 서비스를 구성하는 복잡하고 커다란 요구 사항을 특정 기준에 따라 작고 독립적인 서비스의 집합으로 분할하는 것입니다. 예를 들어 커머스 플랫폼이라는 하나의 커다란 서비스를 주문 서비스, 사용자 정보 서비스, 제품 조회 서비스 등으로 나누어 이들의 상호 작용으로 구성하는 것입니다.

각 서비스는 특정 도메인과 관련된 비즈니스 로직만을 담당하고 다른 서비스와 상호 작용하며 자신의 역할을 수행합니다. 간단한 기능을 제공하는 서비스 초기 단계에서는 하나의 서비스에서 모든 기능을 제공하는 것이 효율적입니다. 그러나 서비스의 규모가 커지고 비즈니스 로직이 복잡해질수록 여러 측면에서 서비스의 역할과 책임을 분리하는 것이 중요해집니다.

5.2.1.1 모놀리식 아키텍처의 한계

MSA와 반대로 하나의 큰 서비스에서 모든 기능을 제공하는 설계 방식을 모놀리식 아키텍처(monolithic architecture)라 합니다. 모놀리식 아키텍처에서는 다양한 도메인의 비즈니스 로직이 하나의 커다란 코드베이스에 모두 포함되어 있습니다. 전체 서비스 로직을 하나의 소스 코드에서 관리하기 때문에 서비스 초기에 적은 수의 엔지니어가 서비스를 개발하고 사용자에게 제공하기 용이합니다. 하지만 서비스 규모가 커지고 비즈니스 로직이 복잡해지면 여러 문제가 발생하게 됩니다.

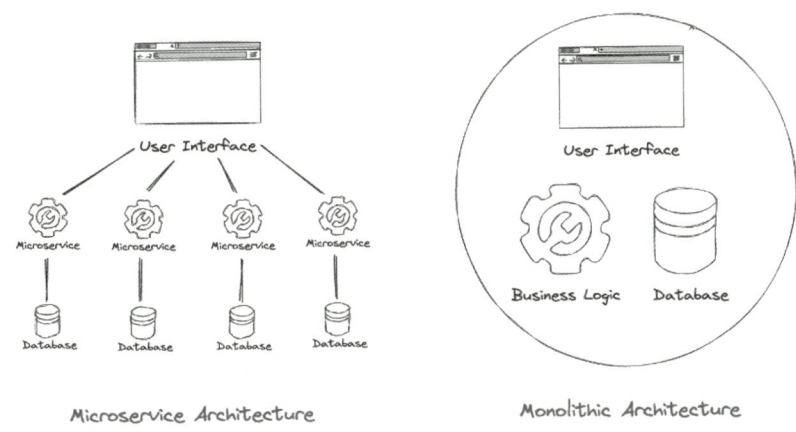

[5-28] 마이크로서비스 아키텍처(좌)와 모놀리식 아키텍처(우)

과도한 복잡성과 개발 속도 저하

모놀리식 구조에서는 서비스의 크기와 복잡성이 증가함에 따라 엔지니어들이 시스템을 이해하고 관리하는 데 점점 더 어려움을 겪게 됩니다. 복잡한 의존성을 갖고 있는 대규모의 로직이 하나의 코드베이스에서 관리되기 때문에 개발 과정에서의 실수가 빈번해지고, 이에 따라 기존 서비스에 작은 변경 사항을 반영하는 것도 어려워지는 경우가 생기게 됩니다. 어렵게 기능을 수정했다 하더라도 이를 테스트하기 위해서는 전체 서비스를 다시 빌드하고 실행해야 하는데 코드베이스의 규모가 크다 보니 개발 환경에서 코드 실행 속도도 느려지고 배포를 위해 빌드하는 시간도 오래 걸리게 됩니다.

확장성과 신뢰성의 문제

모놀리식 아키텍처에서는 서로 다른 모듈이 하나의 코드베이스에 존재하기 때문에, 특정 모듈에 대한 개별적인 확장을 제공하기 어렵습니다. 예를 들어 하나의 서비스에서 어떤 모듈은 CPU 집약적인 요청을 처리해야 하고 다른 모듈은 GPU 집약적인 요청을 처리해야 할 수 있습니다. 또 어떤 모듈은 다른 모듈에 비해 요청이 훨씬 많을 수도 있습니다.

리소스를 효율적으로 사용하려면 CPU 집약적인 서비스에는 CPU가 많이 할당되어 있는 인스턴스를 사용하고, GPU 집약적인 서비스에는 GPU가 많이 할당되어 있는 인스턴스를 사용하고, 요청이 많은 서비스에는 더 유연한 스케일링 조건을 제공해야 합니다. 그러나 모놀리식 아키텍처에서는 모든 서비스 모듈이 하나의 코드베이스로부터 하나의 인스턴스로 배포되기 때문에 리소스를 효율적으로 분배하기 어렵습니다. 또한 하나의 모듈에서 발생한 문제가 전체 시스템의 동작에 영향을 줄 수 있습니다. 작은 변경 사항으로 인한 에러가 전체 서버를 제대로 동작하지 못하게 만들 수 있기 때문에 전체 서비스의 신뢰성은 각 서비스의 신뢰성을 모두 곱한 것만큼 낮아지게 됩니다.

기술 스택의 제한

모놀리식 아키텍처는 오래된 기술 스택에 발목 잡힐 위험이 있습니다. 새로운 비즈니스 로직이나 도메인이 서비스에 추가되어야 하고, 이를 잘 수행할 수 있는 새로운 기술이나 프레임워크가 상용화되었다 하더라도 모놀리식 아키텍처에서는 기존의 코드베이스의 규칙과 언어를 지켜야 하기 때문에 도입을 쉽게 결정하기 어렵습니다. 현대의 기술 생태계는 변화 속도가 매우 빠르며 유용하고 편리한 프레임워크와 라이브러리가 지속적으로 등장하기 때문에 이는 큰 단점이 될 수 있습니다.

MSA는 모놀리식 아키텍처가 갖는 이러한 문제들을 해결하기 위해 등장했습니다. MSA는 개별 서비스를 더 작고 관리하기 쉬운 단위로 나누어 개별적으로 관리하도록 권장합니다. 전체 서비스를 구성하는 작은 단위의 서비스가 독립적으로 개발, 배포 및 확장될 수 있도록 해서, 전체 시스템의 복잡성을 줄이고 유연성과 확장성을 제공할 수 있습니다.

5.2.1.2 프론트엔드 엔지니어가 MSA를 알아야 하는 이유

MSA가 대체로 사용자에게 노출되지 않는 서버 사이드에서 하나의 서비스를 어떻게 나누고 관리할 것인가에 관한 내용을 다루고 있지만, 이를 이해하는 것은 몇 가지 측면에서 프론트엔드 엔지니어에게도 중요합니다. 첫째로, 웹 서비스의 성능을 올바르게 평가하는 데 필요한 지표들을 효과적으로 측정하기 위해서는 전체 서비스가 동작하는 큰 그림을 이해할 수 있어야 합니다. 하나의 웹 서버는 사용자에게 서비스를 제공하기 위해 서버사이드와 클라이언트 사이드 모두에서 다른 서비스와 상호 작용합니다. 예를 들어 MSA 구조를 갖는 커머스 플랫폼 서비스는 전체 서비스를 결제, 상품 관리, 고객 정보 관리 같은 세부 도메인으로 나누어 운영합니다. 이 경우 사용자 화면에 마이페이지를 렌더링하기 위해서는 특정 기능을 담당하는 여러 세부 도메인의 서비스와 상호 작용해야 합니다.

이렇게 복잡한 상호 작용이 일어나는 서비스의 성능을 올바르게 평가하고 개선하기 위해서는 사용자에게 서비스를 제공하는 데 소요되는 시간을 요소별로 파악하는 것이 중요합니다. 특정 서비스와 네트워크 요청을 주고받는 시간이 비정상적으로 길지는 않은지를 파악할 수 있어야 하며 현재 할당된 컴퓨팅 리소스로 들어오는 모든 요청을 처리하고 렌더링하는 데 충분한지도 파악할 수 있어야 합니다. 또한 운영 중인 서비스에 문제가 발생하는 경우, 이것이 웹 서버에서 발생한 것인지, 웹 서버와 상호 작용하는 다른 도메인 서비스에서 문제가 발생한 것인지도 파악할 수 있어야 합니다.

MSA가 동작하는 방식에 대한 큰 그림을 이해하고 있으면 사용자가 겪는 불편함을 올바르게 진단하고 해결할 수 있습니다. 또한, MSA의 구조와 구성 요소를 이해하는 것은 엔지니어로서 문제를 해결하는 폭넓은 관점을 제시해줍니다. 기술이 발전하면서 프론트엔드 엔지니어에게도 점점 서버 사이드에 대한 지식이 요구되고 있습니다. 리소스가 많이 드는 작업들은 웹 서버에서 처리하고 클라이언트 쪽에서는 화면을 그리고, 반응하는 쪽에 집중하는 것이 많은 경우 좋은 사용자 경험을 제공하기 때문입니다. Next.js처럼 서버 사이드에서도 동작하는 프레임워크의 등장으로 인해 웹 서비스 개발의 영역이 브라우저뿐 아니라 서버 사이드로도 확장되었습니다. 이는 프론트엔드 엔지니어도 언제든 혼자서 웹 서비스를 설계하고 만들고 배포할 수 있게 되었다는 것을 의미합니다. 이때

MSA의 구조와 구성 요소들을 이해하고 있다면 당장 서비스에 이를 적용하지 않는다 하더라도 서비스의 규모에 따라 이를 선택적으로 도입할 수 있습니다.

MSA가 모든 서비스에 적합한 은탄환은 아닙니다. 규모가 작은 조직이거나 혼자서도 유지보수하기 충분한 단순한 서비스를 운영하는 경우에는 MSA를 일찍부터 도입하는 것이 오히려 역효과를 일으킬 수도 있습니다. 하지만 서비스의 규모가 적정 수준 이상으로 커져서 복잡한 비즈니스 도메인을 갖는 서비스를 많은 팀원이 운영해야 하는 경우라면 MSA를 도입하는 것이 적합할 수 있습니다. 또한 도입 여부를 떠나 MSA를 이해하는 것은 하나의 큰 서비스가 어떻게 구성되고 상호 작용하는지를 이해하는 것을 의미하기 때문에 서비스를 조금 더 넓은 관점에서 바라보고 접근하도록 도와줍니다.

5.2.2 클라우드 네이티브 컴퓨팅 파운데이션

MSA의 구조와 이를 구성하는 요소들은 클라우드 네이티브 컴퓨팅 파운데이션(Cloud Native Computing Foundation, CNCF)에서 관리됩니다. CNCF는 2015년에 설립된 비영리 기구로 클라우드 네이티브 기술의 성장과 지속 가능한 생태계를 구축하는 것을 목적으로 하고 있습니다.

> CNCF의 미션은 클라우드 네이티브 컴퓨팅을 보편화하는 것입니다. 클라우드 네이티브 기술은 조직이 클라우드와 같은 역동적인 환경에서 확정 가능한 애플리케이션을 구축하고 운영할 수 있도록 합니다. 컨테이너, 서비스 메시, 마이크로서비스, 불변 인프라, 선언적 API와 같은 기술을 사용합니다.
>
> 이러한 기술은 복원력 있고 관리 가능하며 모니터링 가능한 느슨하게 결합된 시스템을 가능하게 합니다. 자동화와 결합하여, 엔지니어들이 최소한의 수고로 자주 그리고 예측 가능하게 큰 영향을 미치는 변경을 할 수 있습니다.
>
> Cloud Native Computing Foundation은 오픈 소스, 벤더 중립적인 프로젝트의 생태계를 육성하고 지속시킴으로써 이 패러다임의 채택을 촉진하고자 합니다. 우리는 이러한 혁신들을 모든 사람이 접근할 수 있도록 최첨단 패턴을 대중화합니다.
>
> – CNCF

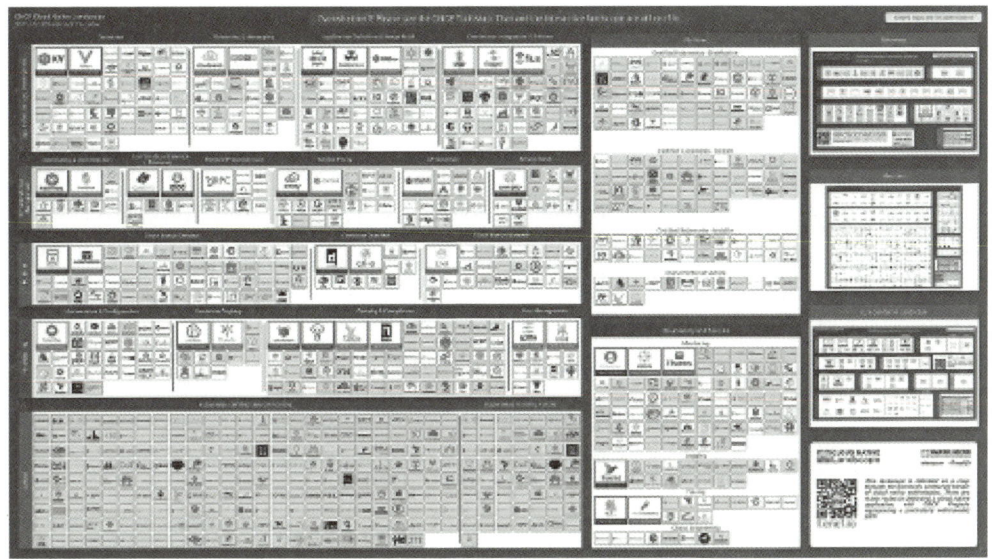

[5-29] CNCF에서 논의하고 관리하는 수많은 서비스

클라우드 네이티브는 클라우드 환경에서 최적화된 방식으로 애플리케이션을 개발하고 운영하는 접근 방식을 의미합니다. 여기에는 컨테이너화(containerization), 지속적인 통합 및 배포(Continuous Integration/Continuous Deployment, CI/CD) 그리고 동적 오케스트레이션(dynamic orchestration) 같은 기술이 포함됩니다. 앞서 Todo 리스트 서비스를 안정적으로 운영하기 위해 클라우드 컴퓨팅 플랫폼인 AWS의 여러 서비스와 리소스를 사용했는데, CNCF에서는 이렇게 AWS 같은 클라우드 환경에서 서비스를 제공하기 위한 여러 방법들을 실험하고 상용화합니다.

MSA를 반드시 클라우드 환경에서 운영해야 할 이유는 없습니다. MSA는 어디까지나 서비스를 작은 단위로 나누어 관리하는 것을 의미하는 서비스 운영 철학이기 때문에 MSA가 곧 클라우드 서비스를 의미하는 것은 아닙니다. 하지만 서비스를 제공하는 쪽에서 자체적으로 MSA 운영에 필요한 시스템을 직접 구축하기 어려운 경우가 많고, AWS, GCP, Azure 같은 상용 클라우드 플랫폼에서 필요한 리소스를 필요한 만큼만 사용할 수 있기 때문에 대부분의 MSA는 클라우드 환경에서 운영됩니다. CNCF는 MSA를 클라우드 환경에서 운영할 때 필요한 여러 도구를 논의하고 관리합니다.

복잡한 웹 서비스를 클라우드 환경에서 운영하기 위해서는 CNCF에서 관리하는 도구들을 사용하는 것이 효과적입니다. 마이크로서비스 관련되어 상용화된 모든 도구는 사실상 CNCF에서 탄생하거나 CNCF로 흡수되었기 때문입니다. CNCF에서 관리하는 서비스는 수백 개에 달하며, 시간이 지남에 따라 지속적으로 새로운 서비스들이 등장하기 때문에 모든 서비스를 하나하나 자세히 학습할 필요는 없습니다. 대신 이 생태계에서 어떤 도구가 어떤 것을 문제로 정의했는지를 살펴보는 것과 쿠버네티스처럼 오랜 시간 동안 꾸준히 사용되고 있는 몇 가지 도구를 살펴보는 것은 MSA와 클라우드 네이티브에 대한 이해도를 높이고, 웹 서비스를 안정적으로 배포하고 관리하는 데 도움이 됩니다.

5.2.3 컨테이너 오케스트레이션

서비스를 MSA로 구성하는 경우, 하나의 큰 서비스를 상호 작용하는 여러 개의 작은 서비스로 나누게 됩니다. 각 서비스는 개발 환경과 운영 환경에서 일관된 실행 결과를 보장하기 위해 컨테이너 형태로 배포되고 실행됩니다.

컨테이너는 **5.1 서비스가 지구 반대편에서도 잘 동작하려면**에서 살펴본 것처럼, 서비스를 실행하는 데 필요한 환경과 종속성을 모두 포함하여 어떤 환경에서도 일관되게 실행할 수 있도록 해주는 기술입니다. 컨테이너를 사용하면 서로 다른 환경에서 서비스를 실행할 때마다 환경 설정과 의존성 해결을 반복할 필요 없이, 사전에 정의한 환경을 그대로 재현하여 실행할 수 있습니다. 따라서 개발 환경, 운영 환경과 관계없이 서비스의 일관된 동작을 보장할 수 있습니다.

컨테이너를 사용하기 위해서는 컨테이너가 만들어지는 템플릿인 이미지를 이해해야 합니다. 이미지는 컨테이너 실행에 필요한 모든 것을 포함하는 파일입니다. 컨테이너를 실행할 때, 실제로 실행되는 것은 이미지이며, 여기에는 서비스의 소스 코드, 라이브러리, 종속성, 환경 설정, 실행에 필요한 명령 등이 모두 포함됩니다. 동일한 이미지로부터 여러 개의 컨테이너를 실행할 수 있기 때문에, 클라우드 환경에서 서비스를 스케일 아웃(scale-out)해야 하는 경우 단순히 필요한 만큼 이미지를 실행하여 새로운 컨테이너를 생성하면 됩니다. 반대로 요청 수가 줄어들어 서비스를 스케일 인(scale-in)해야 하는 경우 필요한 만큼 실행 중인 컨테이너를 종료하면 됩니다.

이렇게 컨테이너 실행에 필요한 이미지를 생성하고 이미지로부터 컨테이너를 실행하는 도구를 컨테이너 런타임이라고 합니다. 앞서 살펴본 바와 같이, 컨테이너 런타임에는 여러 종류가 있지만 가장 유명한 것은 도커입니다. 도커는 소스 코드와 의존성 및 운영 환경 정보를 이미지로 만들고, 이를 컨테이너로 실행할 수 있도록 도와주는 도구인 도커파일을 제공합니다. 서비스를 컨테이너의 형태로 일관성 있게 제공하기 위해 도커를 사용한다면 서비스가 실행되는 환경과 빌드, 명령어를 모두 포함하는 도커파일을 만들고 이를 사용해 도커 이미지를 만든 후 필요한 만큼 이미지를 실행하여 컨테이너를 만들면 되는 것입니다.

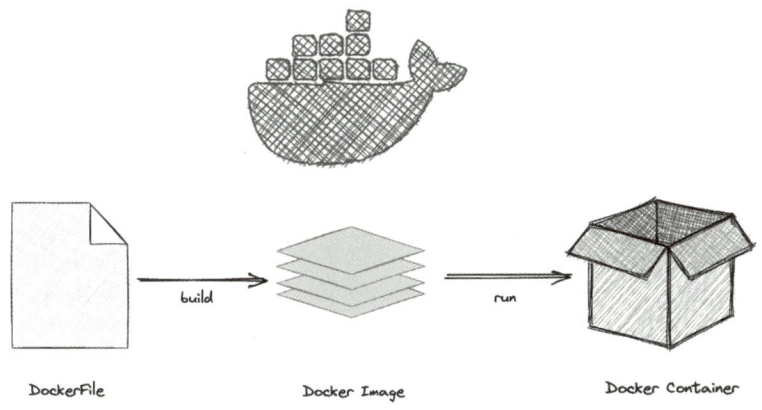

[5-30] 도커파일, 도커 이미지, 도커 컨테이너 사이의 관계

5.2.3.1 컨테이너 오케스트레이션이 필요한 이유

MSA를 운영하기 위해서는 서비스를 구성하는 컨테이너들의 상호 작용을 잘 다룰 수 있어야 합니다. 만약 기존 서비스에 변경 사항이 생겨 새로운 버전으로 업데이트해야 한다면 해당 서비스에 대한 새로운 이미지를 만들고 기존 컨테이너의 실행을 종료한 후에 새로운 컨테이너를 실행해야 합니다.

사용자 요청이 집중되는 기간에는 오토 스케일링을 적용해 하나의 이미지에 대해 여러 개의 컨테이너를 실행해서 요청을 분산해 주어야 하며, 사용자 요청이 줄어들면 실행 중인 컨테이너를 필요한 만큼만 남겨놓고 종료해야 합니다. 한 서비스에서 다른 서비스로 요청을 보내야 하는 경우에는 요청을 보내는 컨테이너에 목적지 컨테이너의 주소를 알려주어야 합니다. 이렇게 관리해야 하는 컨테이너의 수가 많아질수록 고려해야 할 것들도 많아지면서 컨테이너들을 효율적으로 관리하기 위한 방법이 필요하게 되었습니다. 이를 위해 컨테이너 오케스트레이션이라는 개념이 등장하게 되었습니다.

컨테이너 오케스트레이션은 다수의 컨테이너를 마치 오케스트라 지휘자가 악기 연주자들을 조율하듯이, 자동으로 배포, 관리, 확장, 복구하는 작업을 의미합니다. 컨테이너 오케스트레이션을 다루는 도구에는 대표적으로 쿠버네티스(kubernetes, k8s)가 있으며 이 외에도 도커 스웜(docker swarm) 아파치 메소스(apache mesos) 등이 있습니다. 하지만 CNCF에서 공식적으로 관리하는 컨테이너 오케스트레이션 도구는 쿠버네티스 하나뿐이며, CNCF에서 제공하는 다른 도구들도 모두 쿠버네티스 위에서 동작하도록 설계되었습니다. 따라서 MSA에서 쿠버네티스를 이해한다는 것은 곧 컨테이너 오케스트레이션을 이해하는 것과 동일합니다.

> **쿠버네티스? K8S?**
> 쿠버네티스(Kubernetes)는 단어의 K와 S 사이에 8개의 알파벳이 있어서 K8S라고도 부릅니다. 서비스 개발을 하다 보면 이런 형태의 약어를 많이 만나게 되는데 이를 Numeronym(숫자 약어)이라 합니다. 대표적으로 i18n(internationalization)이 있습니다.

5.2.3.2 쿠버네티스란 무엇인가

쿠버네티스는 구글이 처음 개발하여 2014년에 공개했으며, 이후 CNCF에서 공식적으로 관리하고 있는 컨테이너 오케스트레이션 프로젝트입니다. 쿠버네티스 공식 문서에는 쿠버네티스를 다음과 같이 소개하고 있습니다.

> 쿠버네티스는 컨테이너화된 애플리케이션들을 자동으로 관리하고 배포하고 스케일링하기 위한 오픈 소스 컨테이너 오케스트레이션 엔진입니다.
>
> – 쿠버네티스

[5-31] 쿠버네티스

5.2.3.3 쿠버네티스가 해결하는 문제

쿠버네티스는 도커 같은 컨테이너 런타임을 통해 컨테이너의 상호 작용을 관리하는 컨테이너 오케스트레이션 도구입니다. 쿠버네티스는 여러 컴퓨팅 노드에 컨테이너를 분산해서 배치하고 문제가 생긴 컨테이너를 교체하거나 컨테이너가 사용할 비밀 값 및 환경 변수 설정을 관리하고 주입하는 일을 수행하여 서비스가 컨테이너 환경에서 안정적으로 동작하도록 도와줍니다.

쿠버네티스는 컨테이너 오케스트레이션을 통해 MSA의 배포와 운영을 용이하게 만들어 줍니다. 전체 서비스를 구성하는 각 마이크로서비스를 별도의 컨테이너로 분리하여 관리할 수 있기 때문에 서비스 관리가 훨씬 효율적이고 안정적입니다. 이후에 다루게 될 서비스 메시와 모니터링도 모두 이 컨테이너 오케스트레이션을 기반으로 이루어지기 때문에 MSA가 효과적으로 동작하기 위해 쿠버네티스는 필수불가결한 요소입니다.

자동화된 롤아웃 및 롤백

쿠버네티스는 컨테이너 기반의 자동화된 롤아웃(roll-out) 및 롤백(roll-back) 기능을 제공합니다. 이는 새로운 버전의 서비스를 점진적으로 배포하고 서비스를 안정적으로 관리할 수 있도록 도와줍니다.

롤아웃 과정에서 쿠버네티스는 새로운 버전의 컨테이너를 점차적으로 실행하고 이전 버전의 컨테이너를 종료하며 이 과정은 사용자가 정의한 설정에 따라 조정될 수 있습니다. 반대로 롤백 과정에서는 신규 버전의 컨테이너를 종료하고 이전 버전의 컨테이너를 빠르게 실행할 수 있게 해줍니다. 이는 서비스의 지속적인 가용성을 유지하고 잠재적 오류로부터 오는 사용자 경험의 저하를 최소화할 수 있도록 도와줍니다.

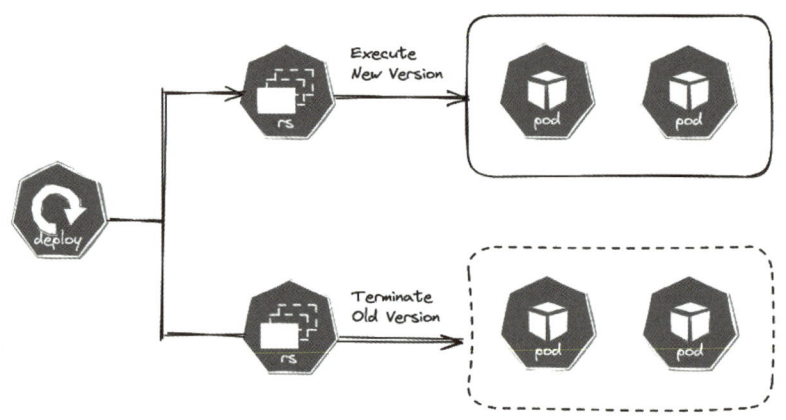

[5-32] 쿠버네티스의 롤아웃/롤백 메커니즘

로드 밸런싱 및 서비스 디스커버리

쿠버네티스는 사용자 요청을 여러 컨테이너로 분산시킬 수 있는 로드 밸런싱 기능을 제공합니다. 쿠버네티스는 서비스 이름을 기반으로 사용자 요청을 적절한 컨테이너로 라우팅하여, 하나의 컨테이너가 자신이 감당할 수 있는 만큼의 요청만 처리할 수 있게 합니다. 이를 통해 사용자에게 높은 가용성과 안정적인 응답 시간을 제공할 수 있습니다. 하나의 컨테이너가 얼마만큼의 요청을 처리할 수 있는지는 사용자 설정을 통해 조정할 수 있습니다.

로드 밸런싱 기능을 통해 하나의 서비스가 여러 개의 컨테이너로 구성될 수 있고 자동화된 롤아웃 및 롤백 기능을 통해 하나의 서비스를 구성하는 컨테이너의 개수가 언제든 변경될 수 있기 때문에, 하나의 서비스 컨테이너에서 다른 서비스 컨테이너 사이의 통신을 구현하기 위해서는 매번 요청을 보내는 컨테이너와 요청을 받는 컨테이너를 식별할 수 있어야 합니다. 이를 위해 쿠버네티스에서는 서비스 디스커버리(service discovery) 기능을 제공합니다. 쿠버네티스는 DNS 및 환경 변수를 사용해서 클러스터 내에서 서비스를 자동으로 식별하고 연결하는 방법을 제공합니다. 따라서 복잡한 네트워크 설정 없이도 서로 다른 서비스들이 서로를 식별하고 적절한 컨테이너를 연결해 통신할 수 있습니다.

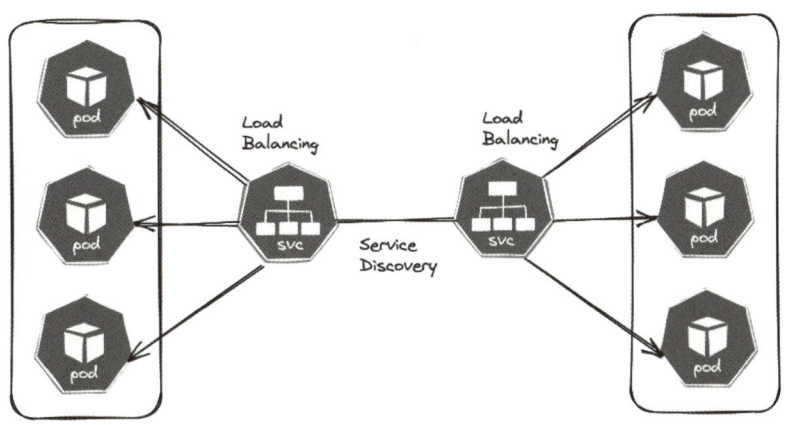

[5-33] 쿠버네티스의 기본적인 로드 밸런싱 구조

스케일링

쿠버네티스는 스케일링 기능을 제공하여 서비스의 트래픽 변동에 따라 자동으로 컨테이너의 수를 조절합니다. 스케일링은 서비스 트래픽뿐 아니라 컨테이너의 CPU 사용량 같은 다른 사용자 정의 메트릭을 기반으로 수행될 수 있으며 이에 따라 서비스 컨테이너의 개수를 자동으로 조정합니다.

쿠버네티스의 스케일링은 리소스 사용을 최적화하고 비용을 절감하는 데 중요합니다. 트래픽이 많은 시간에는 더 많은 컨테이너를 배치하여 부하를 관리하고 트래픽이 적은 시간에는 컨테이너 수를 줄여 리소스를 절약합니다. 이러한 동적 스케일링은 서비스의 가용성을 높이고 사용자 경험을 개선합니다.

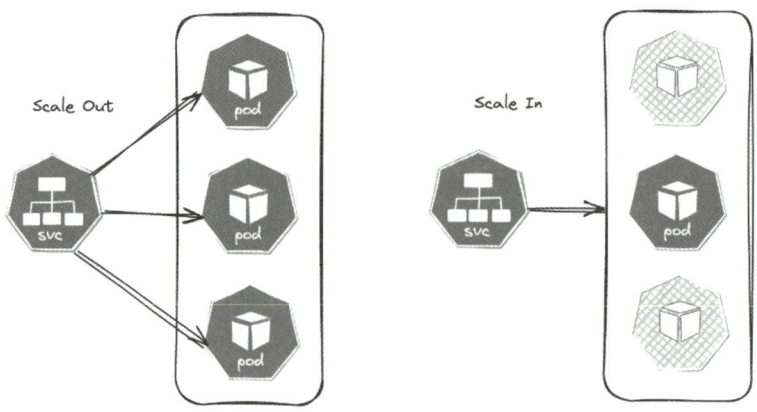

[5-34] 쿠버네티스의 스케일링

자체 치유

쿠버네티스는 실행에 실패한 컨테이너를 자동으로 감지하고 재시작하는 자체 치유(self-healing) 기능을 제공합니다. 자체 치유 기능은 정상적으로 작동하지 않는 컨테이너를 교체하고 문제가 있는 컨테이너에 트래픽을 보내지 않게 함으로써 시스템의 안정성과 신뢰성을 크게 향상시킵니다.

5.2.3.4 쿠버네티스의 선언적 속성

CNCF의 철학에 맞게 쿠버네티스는 매니페스트 파일을 통해 리소스의 구성과 상태를 선언적으로 관리합니다. 매니페스트 파일은 YAML 또는 JSON 형식으로 작성되며 쿠버네티스 클러스터 내에 어떤 리소스를 생성하고 관리할지 정의합니다.

```
apiVersion: v1
kind: Deployment
metadata:
  name: my-app-deployment
  namespace: default
spec:
  replicas: 3
  template:
    spec:
      containers:
```

```
      - name: my-app
        image: my-app:latest
        ports:
        - containerPort: 80
        env:
        - name: DATABASE_HOST
          value: db.example.com
        - name: API_KEY
          valueFrom:
            secretKeyRef:
              name: my-app-secret
              key: api-key
```

매니페스트 파일(manifest file)에서 관리하기를 원하는 리소스의 타입, 속성, 원하는 상태를 정의하고 명령어를 통해 쿠버네티스에 알려주기만 하면 쿠버네티스는 파일에 정의된 상태를 유지하기 위해 컨테이너 실행, 로드 밸런싱, 스케일링 등을 자동으로 수행합니다.

예를 들어 매니페스트 파일에 A 서비스의 컨테이너 최대 개수를 10개, 최소 개수를 1개, 스케일링 기준을 CPU 사용량 80% 이상으로 선언했다면 쿠버네티스는 A 서비스로 들어오는 요청 및 CPU 사용량을 모니터링하다가 요청이 많이 들어와 CPU 사용량이 80% 이상이 되는 경우 최대 10개까지 자동으로 추가적인 컨테이너를 실행합니다. 마찬가지로 사용자 요청이 줄어들어 리소스 사용량이 줄어드는 경우 자동으로 기존에 실행되고 있던 컨테이너를 종료합니다. 이렇게 쿠버네티스는 매니페스트 파일을 사용하여 서비스의 배포, 관리 및 운영을 선언적으로 정의하기 때문에 큰 규모의 서비스를 효율적으로 운영할 수 있게 해주며 서비스의 일관성과 고가용성 보장합니다.

5.2.3.5 쿠버네티스의 구성 요소

쿠버네티스는 앞서 언급한 파드, 서비스 외에도 etcd, 스케줄러, kube-proxy 등 수많은 요소로 구성되어 있습니다. 모든 구성 요소를 다 이해할 필요는 없지만 MSA에서 컨테이너 오케스트레이션이 어떻게 동작하는지에 대한 큰 그림을 이해하기 위해서는 파드, 서비스, 클러스터 같은 핵심 요소들의 정의와 동작 방식을 이해해야 합니다.

클러스터

쿠버네티스에 대한 이해의 출발은 클러스터입니다. 운영 환경에 쿠버네티스를 배포하면 쿠버네티스는 가장 먼저 클러스터를 구성하게 됩니다.

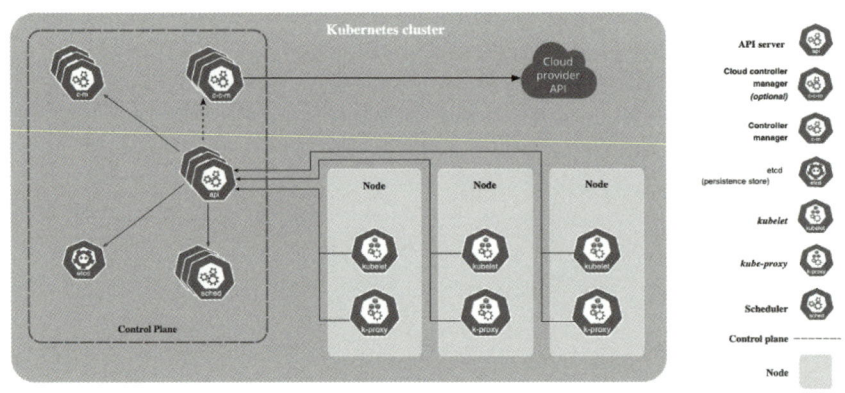

[5-35] 마스터 노드와 워커 노드로 구성되는 쿠버네티스 클러스터 (출처: kubernetes.io)

클러스터는 쿠버네티스를 실제로 사용하는 환경을 의미합니다. 서비스가 사용자에게 제공되기 위해서는 서비스의 소스 코드가 물리적인 컴퓨팅 머신 위에서 실행되어야 합니다. 쿠버네티스는 이러한 물리 요소를 추상화하여 쿠버네티스로 구성된 환경에서 서비스 컨테이너를 실행하기 위한 기반을 제공합니다. 클러스터는 크게 쿠버네티스의 전반적인 동작 및 관리를 담당하는 마스터 노드(master node)와 실제 서비스 컨테이너가 실행되는 워커 노드(worker node)로 구성됩니다.

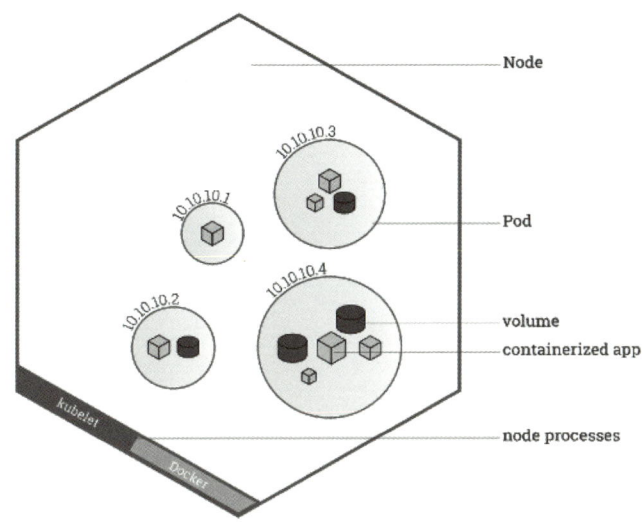

[5-36] 쿠버네티스 노드의 구성 요소 (출처: kubernetes.io)

마스터 노드는 클러스터의 상태 관리 및 오케스트레이션을 담당합니다. 마스터 노드는 사용자가 매니페스트 파일을 통해 선언한 상태와 현재 클러스터의 상태를 일치시키기 위해 지속적으로 클러스터를 모니터링하며 명령을 내립니다. API 서버, 스케줄러, 컨트롤러 매니저 등의 구성 요소가 포함되어 있어 클러스터의 전반적인 상태를 관리하고 사용자 요청에 따라 컨테이너가 들어 있는 파드를 적절한 워커 노드에 할당하는 역할을 수행합니다.

워커 노드는 마스터 노드로부터 명령을 받아 실제로 서비스 컨테이너가 파드 단위로 실행되는 노드입니다. 각 워커 노드는 컨테이너를 실행하기 위한 환경을 제공하며 노드 내에는 컨테이너 관리를 위한 큐블릿(kubelet)과 컨테이너 간 통신을 위한 네트워크 프록시(network proxy)가 설치되어 있습니다.

파드

파드는 쿠버네티스에서 가장 기본적인 배포 단위입니다. 컨테이너는 도커 같은 컨테이너 런타임에서 사용하는 단위이고 쿠버네티스가 배포를 관리하는 가장 기본적인 단위는 파드라는 점에 유의해야 합니다. 파드 안에는 기본적으로 하나의 컨테이너가 실행되지만 필요에 의해 두 개 이상의 컨테이너가 실행되는 경우도 있습니다. 하나의 파드에

두 개 이상의 컨테이너가 실행되는 경우 파드 내의 컨테이너들은 스토리지와 네트워크를 공유하고 하나의 논리적 단위로 동작합니다. 이를 통해 컨테이너 간의 긴밀한 통신과 데이터 공유가 가능합니다.

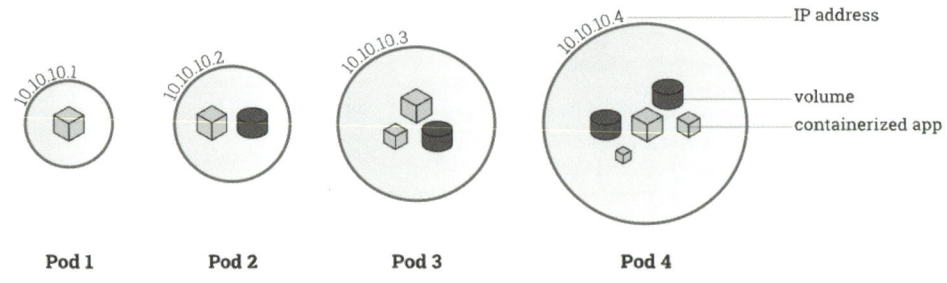

[5-37] 파드의 구성 요소 (출처: kubernetes.io)

파드는 쿠버네티스에서 관리하는 일시적인 단위로 언제든지 사라지고 재생성될 수 있습니다. 만약 파드가 실행되고 있는 노드에 장애가 발생하면 해당 파드는 사라지고 정상 상태인 노드에 새로운 파드가 재생성됩니다. 이렇게 생성과 제거가 용이한 단위로 관리되기 때문에 쿠버네티스는 파드를 통해 스케일링과 부하 분산을 관리합니다. 예를 들어 서비스 트래픽이 증가하면 쿠버네티스는 동일한 파드의 복제본을 노드에 생성하여 트래픽을 분산시킬 수 있으며 서비스 트래픽이 감소하면 복제된 파드들을 제거합니다.

서비스

쿠버네티스에서 파드를 일시적인 단위로 취급하기 때문에 쉽게 스케일링을 수행하고 장애 상황에 대응할 수 있다는 장점도 있지만 서로 다른 서비스 간 식별이 어려워진다는 단점도 생깁니다. 예를 들어 10.10.10.1이라는 IP 주소를 갖는 파드가 노드 장애로 인해 사라지고 새로운 파드가 생성되면 새로운 파드는 기존과는 다른 IP 주소가 부여될 수 있습니다. 운영 환경에서는 트래픽과 노드 상황에 따라 파드가 수차례 사라지고 재생성되기 때문에 파드만으로는 서로 다른 서비스를 식별하는 것이 어렵습니다.

쿠버네티스는 이를 해결하기 위해 서비스를 제공합니다. 서비스는 파드들의 논리적 집합과 이들에 대한 접근 방식을 정의합니다. 쿠버네티스는 서비스를 통해 외부 트래픽이나 클러스터 내의 다른 파드들이 일정한 주소를 통해 파드 그룹에 접근할 수 있도록 합니다. 서비스는 일관된 주소를 유지하기 때문에 서비스 내의 파드가 사라지고 재생성되더라도 파드와 서비스 사이의 연결 고리만 유지된다면 서로 다른 서비스를 식별하고 적절한 파드로 요청을 보낼 수 있습니다. 서비스를 통해 쿠버네티스는 복잡한 네트워크 관리 없이도 서비스 간의 안정적인 네트워크 연결을 보장합니다.

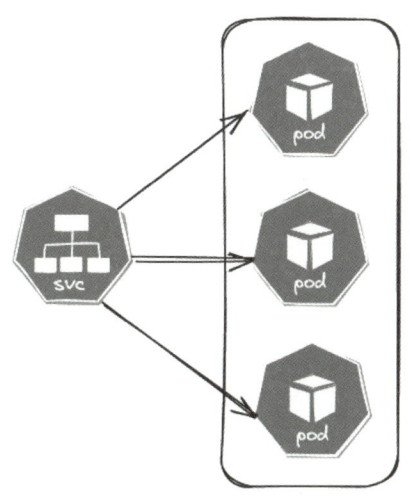

[5-38] 쿠버네티스 서비스와 파드 사이의 관계

쿠버네티스는 마스터 노드와 작업자 노드로 구성된 클러스터 환경에서 동작합니다. 각 노드는 실제로 서비스의 소스 코드를 실행할 수 있는 물리적인 컴퓨팅 리소스로 구성됩니다. 서비스 컨테이너는 쿠버네티스가 관리하는 가장 작은 단위인 파드 안에서 실행되며, 파드는 언제든지 생성과 삭제가 가능한 리소스이기 때문에 서로 다른 서비스 간 식별을 위해 서비스라는 리소스와 연결됩니다. 이렇게 쿠버네티스를 사용하여 애플리케이션 서비스를 관리하면 애플리케이션 서비스가 클러스터 내에서 파드 안의 컨테이너로 실행되어 MSA 환경에서 확장성과 안정성을 갖춘 상태로 동작하게 됩니다.

5.2.4 서비스 메시

쿠버네티스 같은 컨테이너 오케스트레이션 도구는 MSA에서 필수적인 역할을 합니다. 컨테이너화된 서비스를 클러스터 내에서 효율적으로 배포하고 관리할 수 있도록 돕기 때문에, 복잡성이 증가하더라도 이를 안정적으로 운영할 수 있는 기반을 제공합니다. 하지만 컨테이너 오케스트레이션만으로는 MSA 환경에서 발생하는 모든 문제를 해결하기에는 한계가 있습니다. 특히, 마이크로서비스 간의 네트워크 통신과 상호 작용을 관리하는 부분이 그렇습니다.

MSA에서는 수많은 서비스가 서로 긴밀하게 통신하며 하나의 큰 서비스를 구성합니다. 각 서비스 간의 통신은 전체 서비스의 성능과 안정성에 큰 영향을 미치며, 보안과 장애 복구 측면에서도 중요한 요소가 됩니다. 각 서비스 간의 통신이 복잡해질수록, 이를 관리하고 모니터링하는 작업도 어려워지기 때문에, 이를 효과적으로 해결하기 위한 추가적인 인프라 계층이 필요하게 됩니다. 이때 등장하는 개념이 바로 서비스 메시(service mesh)입니다. 서비스 메시는 MSA에서 서비스 간의 통신을 관리하고 최적화하기 위한 인프라 계층입니다.

> **메시 네트워크**
>
> 네트워크 토폴로지는 컴퓨터 네트워크의 요소들(링크, 노드 등)을 물리적으로 연결해 배치하는 방식이나 구조를 의미합니다. 메시 네트워크는 이 네트워크 토폴로지 중 하나이며, 서비스 메시에서 메시는 메시 네트워크를 의미합니다.
>
> 메시 네트워크는 각 노드가 데이터를 송신 및 수신할 뿐만 아니라 다른 노드를 위해 데이터를 중계하는 역할도 수행하는 분산형 네트워크 구조입니다. 이 구조에서는 모든 노드가 서로 직접 연결되어 있지 않더라도, 여러 노드를 거쳐 데이터를 전송할 수 있습니다.

5.2.4.1 서비스 메시가 필요한 이유

서비스 메시는 MSA 환경에서 필수적인 요소로 자리잡고 있습니다. MSA에서는 하나의 큰 서비스가 여러 개의 독립적인 서비스로 분리되어 동작하는데, 각 서비스는 네트워크를 통해 통신하며 전체 시스템을 구성합니다. 서비스가 많아질수록 네트워크 통신의 복잡성은 기하급수적으로 증가하기 때문에, 서비스 메시는 여기서 발생하는 여러 문제들을 해결하는 데 중요한 역할을 합니다.

우선, 복잡한 MSA 구조하에서는 서비스 간의 통신 상태를 모니터링하고 문제를 시각적으로 진단할 수 있는 능력이 필요합니다. 서비스가 많아질수록 각 서비스 간의 상호 작용을 추적하고 관리하는 것이 복잡해집니다. 서비스 메시는 이러한 복잡한 네트워크 통신을 추상화하여, 엔지니어가 전체 서비스의 통신 상태를 쉽게 파악하고 빠르게 문제의 근본 원인을 진단할 수 있도록 도와줍니다. 이를 통해 전체 서비스의 안정성과 신뢰성을 높이는 데 기여합니다.

두 번째로, 서비스 간의 통신은 언제든 실패할 수 있기 때문에 이를 효과적으로 관리하는 것이 중요합니다. 서비스 메시는 재시도, 타임아웃(timeout), 회로 차단기(circuit breaker) 패턴 등을 통해 통신의 신뢰성을 보장합니다. 이러한 기능은 서비스 간 통신이 실패하더라도 전체 시스템이 중단되지 않도록 하며, 필요시 자동으로 복구되는 메커니즘을 제공합니다.

마지막으로, 항상 보안을 고려해야 합니다. 서비스 메시는 서비스 간 통신을 암호화하고 각 서비스의 접근 권한을 세밀하게 관리하여 보안을 강화할 수 있습니다. 이는 서비스 간의 민감한 데이터가 안전하게 전송되도록 보장하며, 전체 서비스를 보호하는 데 중요한 역할을 합니다.

이러한 이유들로 인해 서비스 메시는 MSA 환경에서 필수적인 인프라 계층으로 자리 잡았으며, 복잡한 서비스 간의 통신을 관리하고 최적화하는 데 중요한 역할을 담당합니다.

5.2.4.2 서비스 메시의 주요 구성 요소

서비스 메시는 크게 컨트롤 플레인(control plane)과 데이터 플레인(data plane)이라는 두 가지 주요 구성 요소로 나뉩니다. 이 개념은 쿠버네티스에서도 사용되는 마스터 노드 – 워커 노드의 구조와 유사하며, CNCF의 선언적 API를 지원하는 데 중요한 역할을 합니다.

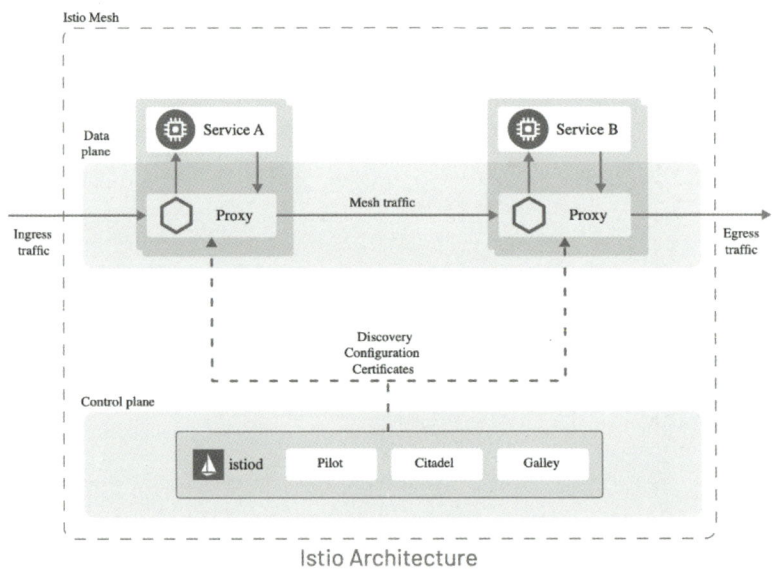

[5-39] 서비스 메시의 대표 서비스 중 하나인 이스티오의 아키텍처

컨트롤 플레인

컨트롤 플레인은 서비스 메시의 두뇌라고 할 수 있으며 서비스 메시의 전체적인 동작을 관리하고 조율하는 역할을 담당합니다. 서비스 간의 네트워크 트래픽을 어떻게 라우팅할지, 통신 정책을 어떻게 설정할지 등을 결정하는 것은 모두 컨트롤 플레인의 역할입니다. 구체적으로는 다음과 같은 기능들을 제공합니다:

- **정책 설정**

  서비스 간의 통신에 대한 정책을 정의하고 이를 모든 서비스에 적용합니다. 예를 들어, 특정 서비스 간의 통신은 암호화되어야 한다거나 특정 트래픽은 우선적으로 처리되어야 한다는 등의 규칙을 설정합니다.

- **트래픽 라우팅**

  어떤 서비스로 트래픽을 보낼지 결정합니다. 예를 들어, 새로운 버전의 서비스가 배포되었을 때 트래픽의 일부만 새로운 버전으로 보내어 테스트하는 경우가 있습니다. 이러한 트래픽 분배 규칙도 컨트롤 플레인에서 관리합니다.

- 보안 관리

    서비스 간 통신의 보안을 책임집니다. 각 서비스의 인증과 권한 부여를 관리하고 통신이 안전하게 이루어지도록 합니다.

이스티오(Istio)에서는, 파일럿(pilot), 시타델(citadel), 갤리(galley) 같은 구성 요소들이 컨트롤 플레인에 속합니다. 파일럿은 트래픽 라우팅 규칙을 관리하고 시타델은 통신 보안을 담당하며, 갤리는 구성 데이터를 검증하고 처리하는 역할을 합니다.

데이터 플레인

데이터 플레인은 실제로 서비스 간의 네트워크 통신을 처리하는 부분으로, 컨트롤 플레인이 설정한 규칙과 정책을 실제 통신에 적용하는 역할을 합니다.

데이터 플레인을 이해하기 위해서는 먼저 사이드카 패턴에 대해 이해해야 합니다. 그렇지 않은 경우도 존재하지만, 이후 소개할 이스티오를 비롯한 대부분의 서비스 메시는 사이드카 패턴을 사용하기 때문입니다. 사이드카는 말 그대로 오토바이나 자전거 등의 이륜차 옆에 장착하는 차량을 의미합니다. 사이드카 패턴에서는 서비스 컨테이너와 함께 실행되는 작은 프록시 컨테이너가 존재하며, 이 프록시가 서비스 간의 모든 네트워크 트래픽을 중계합니다. 사이드카 패턴을 사용하면 서비스 간의 통신을 세밀하게 제어하고 트래픽을 모니터링하거나 로깅하는 기능을 쉽게 추가할 수 있습니다.

[5-40] '사이드카 패턴'이라고 말할 때의 사이드카 (출처: unsplash.com)

서비스 메시에는 여러 구현체가 존재하며, 그중에서도 이스티오가 가장 널리 사용되고 있습니다. 이스티오는 앞서 언급한 컨트롤 플레인과 데이터 플레인의 모든 요소를 포함하고 있으며, 마이크로서비스 간의 통신을 안전하고 신뢰성 있게 관리할 수 있도록 돕습니다.

5.2.4.3 이스티오의 동작 원리

이스티오는 쿠버네티스 환경에서 널리 사용되는 서비스 메시입니다. 사이드카 패턴을 사용하기 때문에 서비스의 앞단에 경량화 프록시를 배치하여 서비스로 들어오고 나가는 트래픽을 앞단에서 가로챈 후 필요한 로직을 처리하는 방식으로 동작합니다.

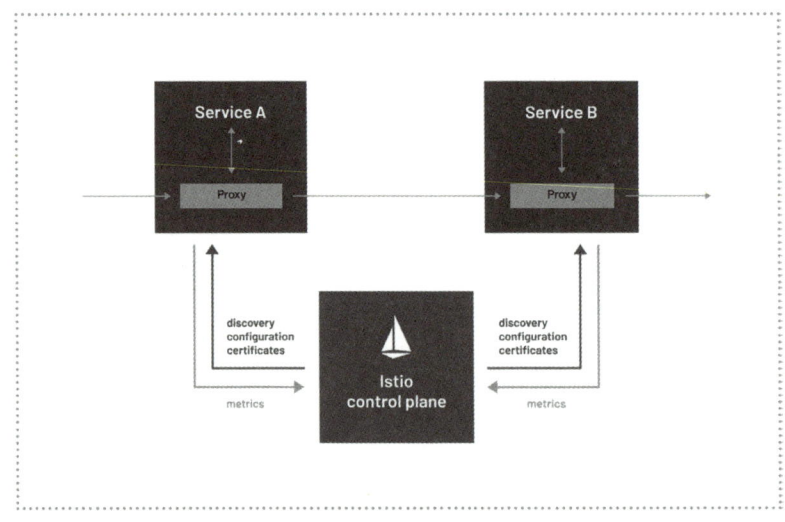

[5-41] 이스티오의 사이드카 패턴

이렇게 로깅, 모니터링 등의 기능을 위한 네트워크 프록시를 기존 서비스 컨테이너에 추가하지 않고 새로운 프록시 컨테이너를 만들어서 배포함으로써 기존 서비스에 변경 사항을 만들지 않으면서 네트워크 트래픽을 모니터링할 수 있다는 장점이 있습니다

실제로 사이드카 패턴이 구성된 쿠버네티스 파드를 보면 파드 안에 서비스 컨테이너 외에 istio-proxy, istio-init 같은 사이드카 관련 컨테이너들이 존재합니다. 이스티오를 사용하면 특정 서비스 컨테이너가 동작하고 있는 파드로 들어오는 요청이 서비스 컨테이너를 거치기 전에 사이드카 프록시 컨테이너를 통과하기 때문에 서비스 컨테이너로 들

어오고 나가는 모든 네트워크 요청을 가로채서 모니터링도 하고 보안 정책을 적용해서 라우팅도 할 수 있는 것입니다.

서비스 간의 통신이 발생하면 프록시가 각 서비스로 들어오고 나가는 모든 요청을 수집하여 컨트롤 플레인을 구성하는 istiod에 전송합니다. istiod는 각 서비스의 프록시로부터 수집된 데이터를 분석하여 서비스 간의 통신 패턴, 지연 시간, 오류율 등에 대한 정보를 제공합니다. 이 정보를 모니터링 시스템에 제공하여 MSA의 전체 네트워크 통신에 대한 정보를 실시간으로 시각화해서 확인할 수 있습니다.

5.2.5 서비스 모니터링

쿠버네티스는 파드의 CPU, 메모리와 같은 리소스 사용 지표를 제공하여 서비스의 상태를 모니터링할 수 있도록 도와줍니다. 또한, 이스티오와 같은 사이드카 패턴을 사용하는 서비스 메시는 컨테이너 간의 네트워크 트래픽에 대한 다양한 지표를 수집할 수 있습니다. 이를 통해 트래픽의 크기, 응답 코드, 요청 페이로드, 지연 시간 같은 서비스 모니터링을 위한 중요한 정보들을 얻을 수 있게 되었습니다.

그러나 이러한 지표들을 단순히 수집하는 것만으로는 충분하지 않습니다. 수집된 데이터를 한곳에 모아 시각화하고 필요한 경우 적절한 알림을 설정함으로써, 전체 서비스의 안정적인 운영에 필요한 인사이트를 얻는 것이 중요합니다. 이를 통해 시스템의 상태를 실시간으로 파악하고 잠재적인 문제를 사전에 인지하며, 빠르게 대응할 수 있습니다.

이를 실현하기 위해서는 두 가지 핵심 요소가 필요합니다. 첫째, 쿠버네티스와 이스티오에서 생성되는 다양한 데이터를 실시간으로 저장하고 관리할 수 있는 저장소가 필요합니다. 둘째, 이 데이터를 효과적으로 쿼리하고 시각화하여 운영자가 쉽게 이해할 수 있도록 하는 대시보드가 필요합니다. 이러한 기능을 구현하는 대표적인 도구가 CNCF에서 관리하는 프로메테우스(prometheus)와 그라파나(grafana)입니다. 프로메테우스는 강력한 모니터링 및 알림 시스템을 제공하며, 그라파나는 수집된 데이터를 시각화하여 직관적인 대시보드를 구성할 수 있도록 돕습니다.

이러한 도구들을 활용하면 서비스의 성능과 상태를 효과적으로 모니터링하고 발생 가능한 문제를 사전에 탐지하여 안정적인 애플리케이션 운영을 보장할 수 있습니다.

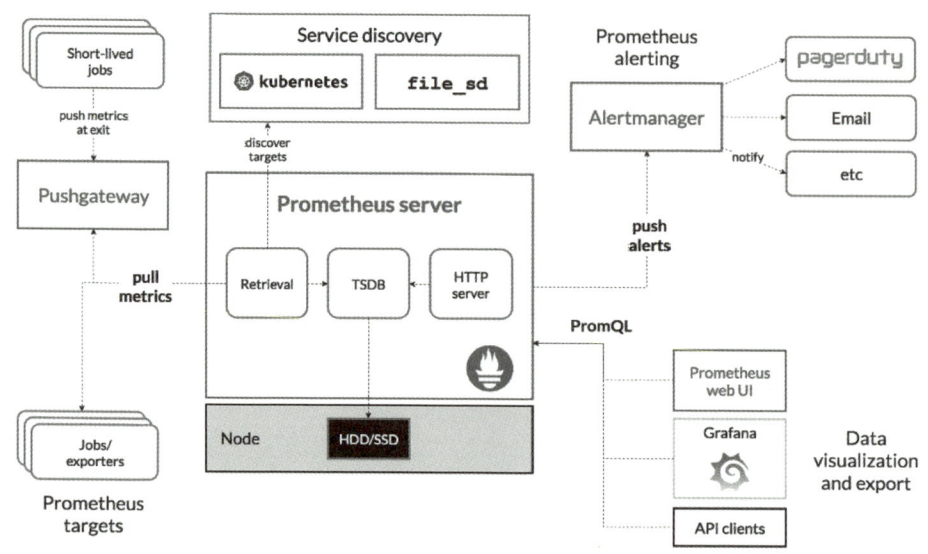

[5-42] 서비스 모니터링을 위한 프로메테우스와 그라파나의 기본 아키텍처

5.2.5.1 프로메테우스

프로메테우스는 클라우드 네이티브 환경에서 주로 사용되는 오픈 소스 모니터링 시스템입니다. 서비스의 상태를 실시간으로 모니터링하기 위해서는 시간에 따라 변화하는 값을 처리할 수 있어야 하는데, 프로메테우스는 이러한 시계열 데이터를 전문적으로 수집하고 저장하는 역할을 합니다. 이 데이터를 바탕으로 다양한 쿼리와 분석을 통해 시스템의 성능을 파악하고 잠재적인 문제를 미리 예측할 수 있습니다.

프로메테우스는 쿠버네티스 클러스터 내부에서 파드 안의 컨테이너의 형태로 작동하는 서비스로 클러스터 내의 여러 다른 서비스로부터 시계열 데이터를 수집합니다. 이를 통해 클러스터 내에서 어떤 서비스가 얼마나 많은 리소스를 사용하고 있는지, 특정 서비스에서 발생하는 에러의 빈도는 어떠한지 등을 확인할 수 있습니다. 프로메테우스는 선언형으로 구성된 데이터 수집 규칙에 따라 지정된 대상에서 주기적으로 데이터를 수집하며, 이를 스크레이핑(scraping)이라고 부릅니다.

프로메테우스는 이렇게 수집한 데이터를 분석하여, 임곗값을 초과하는 오류가 발생하거나 서비스가 비정상적으로 작동할 때 이를 즉시 감지합니다. 이와 같은 문제 상황이 발생하면 설정된 규칙에 따라 메신저와 같은 알림 도구를 통해 경고 메시지를 전송하고 상황을 시각적으로 보여줍니다. 이를 통해 전체 서비스를 운영하는 엔지니어는 시스템의 상태를 실시간으로 모니터링하고 문제가 발생했을 때 신속하게 대응할 수 있습니다.

5.2.5.2 그라파나

한편, 프로메테우스에서 수집한 방대한 양의 시계열 데이터를 효과적으로 이해하려면 시각적으로 잘 정리된 대시보드가 필요합니다. 그라파나는 이 역할을 수행하는 도구로 프로메테우스와의 통합을 통해 실시간 데이터를 시각적으로 표현할 수 있습니다. 그라파나는 프로메테우스 이외의 다양한 데이터 소스와의 통합도 지원하며, 이를 통해 엔지니어들이 다양한 정보를 한눈에 파악할 수 있도록 대시보드를 구성할 수 있습니다.

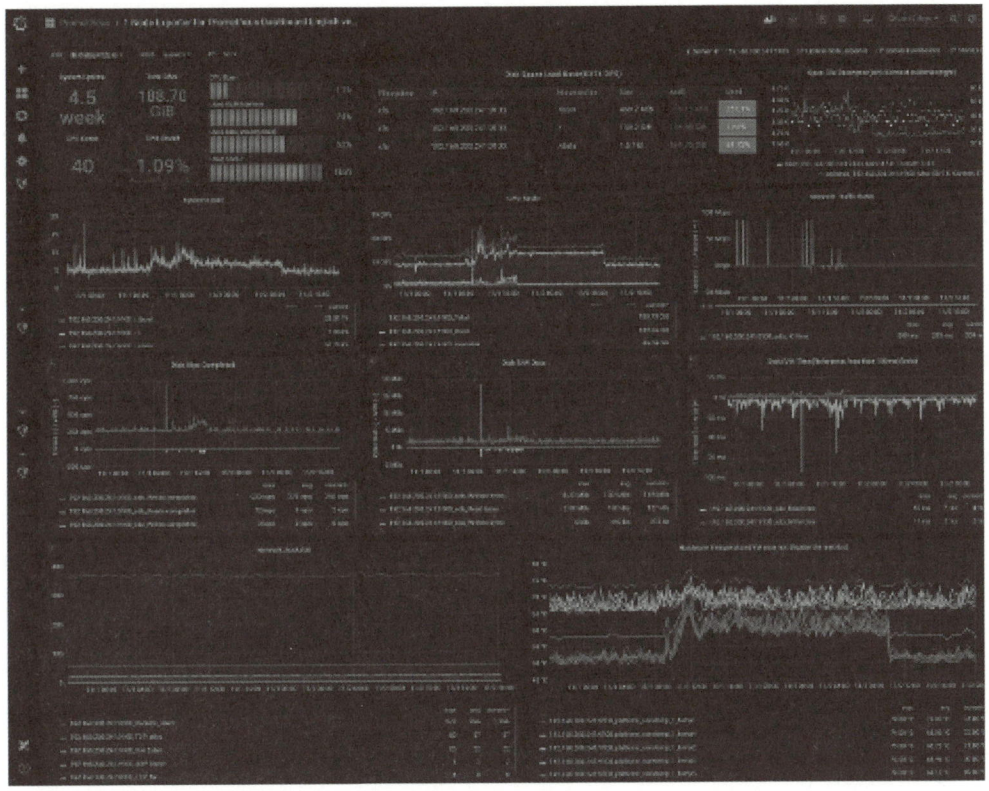

[5-43] 그라파나를 사용해서 시각화한 전체 서비스 모니터링의 예시

MSA로 구성된 서비스들은 클러스터 내에서 수많은 상호 작용을 합니다. 특정 서비스에 부하가 많아져 할당된 리소스가 늘어나기도 하고 서비스 소스 코드의 버그로 인해 특정 서비스가 동작 불능 상태가 되기도 합니다. 서비스의 규모가 커질수록 이들 모두를 일일이 모니터링하고 문제에 대응하는 것이 어려워집니다.

프로메테우스와 그라파나는 이런 문제를 해결하기 위해 등장했습니다. 클러스터 내의 서비스들이 발생시키는 시계열 데이터들을 수집하고 문제가 생겼을 경우 이를 알려주거나 시각화된 대시보드를 제공함으로써 마이크로서비스 전반에 대한 현재 상태를 진단하고 문제가 생겼을 경우 원인을 빠르게 찾아 대응할 수 있도록 도와줍니다.

5.2.6 API 게이트웨이

MSA의 마지막 구성 요소로 살펴볼 부분은 API 게이트웨이입니다. MSA는 서비스를 여러 개의 프로젝트로 분리하고 있기 때문에 별도의 라우팅 메커니즘을 제공하지 않는다면 실제로 브라우저에서 API 요청을 위해 접근해야 하는 엔드포인트도 여러 개입니다. 예를 들어 Todo 리스트 조회를 위해서는 Todo 서비스에, 내 멤버십 정보 및 혜택 조회를 위해서는 멤버십 서비스에 직접 요청해야 합니다.

쿠버네티스를 사용하여 컨테이너 오케스트레이션을 잘 구성해두었기 때문에 클러스터 내의 한 서버에서 다른 서버로 요청을 보내는 경우에는 큰 문제가 없지만, 사용자의 브라우저에서 클러스터 내의 다른 서비스로 요청을 보내야 하는 경우에는 클러스터 외부에서 내부의 서비스에 직접 접근하는 것이기 때문에 여러 문제가 발생할 수 있습니다.

우선, 클라이언트에서 요청을 보낼 클러스터 내부의 모든 서비스 엔드포인트를 알아야 하기 때문에 클러스터 내부의 정보가 외부로 노출되는 보안상 문제가 생길 수 있습니다. 서비스의 규모가 커질수록 서비스가 외부로 노출되는 지점을 최소화하여 서비스를 악의적인 공격으로부터 방어해야 합니다.

또한, 로그인과 사용자 인증이 적용되는 서비스의 경우 매 요청 시 사용자 정보 식별이 필요합니다. 요청을 단일 엔드포인트에서 받은 뒤 인증을 처리하고 라우팅하는 방식이 아니라 요청을 서로 다른 서비스로 직접 보낸 뒤 해당 서비스에서 인증을 처리하게 하는 것은 서비스 구현의 복잡도를 불필요하게 높이는 일이 됩니다. 만약 전체 서비스의 인증 방식이 변경된다면 모든 서비스에서 이 인증의 구현을 변경해야 합니다.

API 게이트웨이는 이러한 문제들을 해결하기 위해 등장했습니다. 클러스터 외부에서 클러스터 내부의 특정 서비스로 요청을 보내면 해당 요청이 적절한 사용자로부터 온 것인지를 판단하고 인증을 수행하는 역할과 각 요청을 클러스터 내의 적절한 서비스로 라우팅을 해주는 역할 그리고 외부로부터 클러스터 내로 들어오는 요청들을 로깅하고 모니터링할 수 있도록 해주는 역할을 수행합니다.

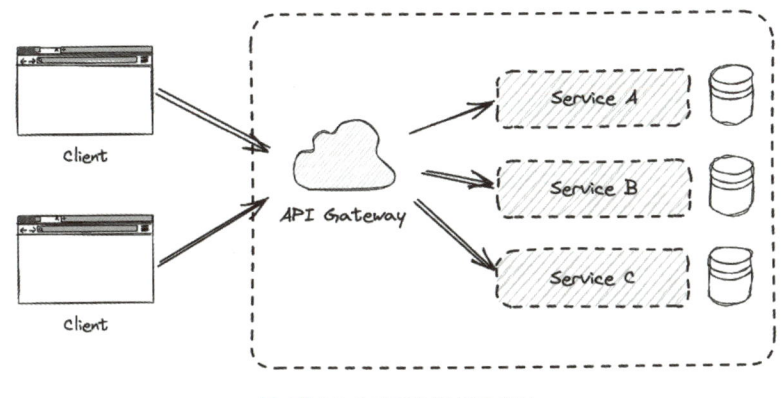

[5-44] API 게이트웨이의 작동 방식

5.2.6.1 API 게이트웨이가 해결하는 문제

API 게이트웨이는 기본적으로 다음과 같은 기능을 제공합니다.

- 트래픽을 적절한 서비스로 전달하는 라우터 기능
- 게이트웨이로 들어오는 요청에 대한 인증 및 필터링 기능
- 게이트웨이로 들어오는 요청에 대한 로깅 기능

한편, API 게이트웨이도 결국에는 클러스터 내에서 클러스터 바깥과 안쪽을 연결해주는 서비스 중 하나입니다. 따라서 API 게이트웨이로 들어오는 트래픽이 많으면 게이트웨이 서비스 또한 적절하게 스케일링되어야 하고 게이트웨이에서 발생하는 여러 지표를 모니터링할 수 있어야 합니다.

게이트웨이는 클러스터 외부에서 들어오는 사용자의 요청이 반드시 거쳐야 하는 관문

의 역할을 하기 때문에, API 게이트웨이에 문제가 생기면 요청을 받아야 하는 대상 서비스가 정상적으로 동작하더라도 이 요청을 전달할 수 없게 되어 사용자가 서비스를 사용할 수 없게 됩니다. 따라서 다른 서비스와 마찬가지로 API 게이트웨이도 쿠버네티스 안에 파드의 형태로 배포되며, 고가용성을 유지해야 합니다.

5.2.6.2 콩 게이트웨이

CNCF에는 API 게이트웨이 기능을 제공하는 많은 도구가 존재합니다. 콩 게이트웨이 (Kong Gateway)는 이 중 가장 많이 알려져 있는 API 게이트웨이 도구입니다. 콩 게이트웨이의 공식 문서에는 콩 게이트웨이를 다음과 같이 소개하고 있습니다.

> 콩 게이트웨이는 가볍고 빠르며 유연한 클라우드 네이티브 API 게이트웨이입니다. API 게이트웨이는 여러분의 API들로 향하는 요청들을 관리하고 설정하고 라우팅할 수 있도록 도와주는 리버스 프록시입니다. 콩 게이트웨이는 어떠한 RESTful한 API에 대해서도 운영될 수 있으며, 모듈과 플러그인을 통해 확장될 수 있습니다. 이는 분산 아키텍처를 포함한 하이브리드 클라우드 및 멀티 클라우드 배포에서 운영하기 위해 설계되었습니다.
>
> – 콩 게이트웨이

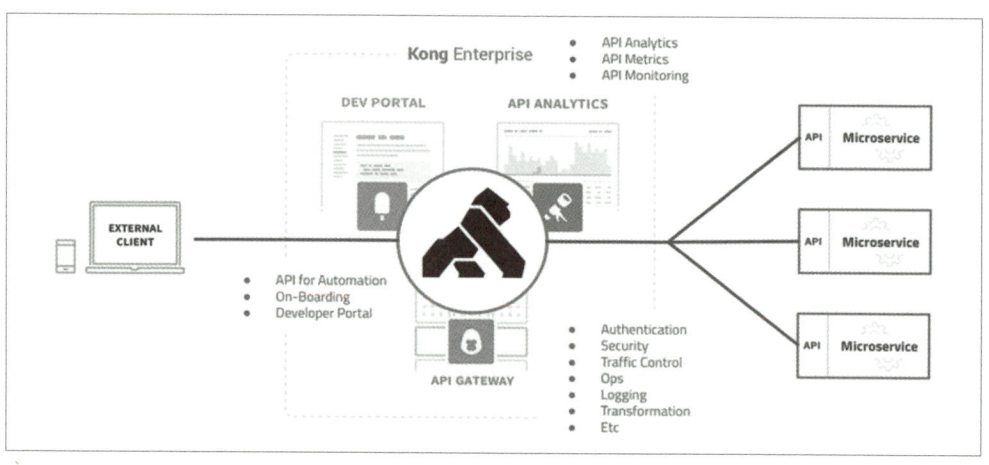

[5-45] 콩 게이트웨이 아키텍처 (출처: docs.konghq.com)

콩 게이트웨이는 특히 MSA와 분산 아키텍처 환경에서 높은 유연성과 확장성을 제공합니다. 플러그인을 통해 기존 API 게이트웨이의 기능을 확장할 수 있으며, 기본적으로는 제공하는 라우팅 기능에 더해 플러그인을 사용하여 인증, 보안, 모니터링, 로깅 등의 기능을 수행할 수 있습니다. 콩 게이트웨이 이외에도 AWS API 게이트웨이, 스프링 클라우드 게이트웨이(Spring Cloud Gateway)와 같은 여러 API 게이트웨이 도구가 있으며 모두 API 게이트웨이가 구현해야 하는 기능들을 구현하고 있습니다.

실제로 대규모 서비스 아키텍처를 운영하려면 구체적이고 다양한 요소를 고려해야 합니다. 그러나 프런트엔드 엔지니어로서 MSA의 작동 방식을 전체적으로 이해하고, 사용자가 서비스를 이용하는 과정에서 요청이 어디로 향하고 이를 어떻게 모니터링하며 문제를 해결할 수 있는지를 파악하는 것은 매우 중요합니다. 이 로드맵을 기반으로 공식 문서를 참고하여 특정 기술들을 직접 사용해보는 것을 추천합니다.

상대적으로 빠르게 변화할 수 있는 도구들에 관한 이야기는 프런트엔드 엔지니어에게는 다소 생소할 수 있습니다. 특정 도구와 그 도구가 해결하는 문제가 밀접하게 연관되어 있기 때문에 단순히 구조만 설명하는 것보다 실제 예시와 도구를 함께 살펴보는 것이 이해를 돕는 데 유익할 것으로 판단했습니다. 다만, 이러한 도구와 그 사용법은 언제든지 변화할 수 있다는 점을 항상 염두에 두어야 합니다.

지금까지의 여정

컨테이너 오케스트레이션

1. 서로 다른 환경에서도 복잡한 환경 설정 없이 쉽게 애플리케이션을 실행하기 위해 컨테이너를 사용합니다.
2. 컨테이너는 이미지로부터 생성되며, 이미지에는 소스 코드, 실행 명령어, 런타임 환경 등 애플리케이션을 실행하기 위한 모든 것이 포함됩니다.
3. 도커는 컨테이너 런타임 도구 중 하나로, 가장 널리 사용되는 컨테이너 런타임입니다.
4. 컨테이너 오케스트레이션은 수백, 수천 개가 넘는 컨테이너들을 안정적으로 관리하기 위해 배포, 프로비저닝, 확장, 가용성 등을 자동화하는 것을 의미합니다.
5. 쿠버네티스는 컨테이너 오케스트레이션 도구 중 하나로 가장 널리 사용되는 컨테이너 오케스트레이션 도구입니다.
6. 쿠버네티스는 선언적 API를 사용하기 때문에 원하는 상태를 명시하기만 하면 컨트롤 플레인과 데이터 플레인이 상호 작용하며 클러스터를 사용자가 원하는 상태로 만들어 줍니다.

서비스 메시

1. 서비스 메시란, 서비스가 애플리케이션 수명 주기 전반에 걸쳐 데이터와 일관성을 공유하며 서로 통신할 수 있도록 지원하는 사전 구성된 애플리케이션 서비스입니다.
2. 애플리케이션에 비즈니스 로직을 추가하는 것이 아니라 인프라 계층에 서비스를 주입함으로써, 데이터 로깅, 모니터링, 라우팅, 보안 등의 기능을 추가합니다.
3. 서비스 메시에는 여러 패턴이 있지만, 우리가 다룬 서비스 메시는 애플리케이션 컨테이너 옆에 사이드카라고 불리는 추가적인 보조 컨테이너를 배치하는 사이드카 패턴을 적용합니다.
4. 이스티오(istio)는 사이드카 패턴으로 주입되는 서비스 메시이며, 쿠버네티스 안에 설치됩니다.
5. 이스티오의 컨트롤 플레인은 애플리케이션 파드의 형태로 설치되며, 데이터 플레인은 각 애플리케이션 컨테이너가 실행되고 있는 파드안에 보조 컨테이너의 형태로 실행됩니다.
6. 애플리케이션 서비스로 들어오고 나가는 모든 네트워크 트래픽은 이 보조 컨테이너를 거치게 되며, 여기서 라우팅, 데이터 로깅과 같은 로직을 처리합니다.

서비스 모니터링

1. 쿠버네티스의 메트릭 서버로부터 각 파드와 컨테이너가 사용하고 있는 CPU/메모리 등의 리소스 정보를 얻을 수 있으며 이스티오로부터 서로 다른 서비스 간의 네트워크 통신에 대한 정보를 얻을 수 있습니다.
2. 이러한 정보를 통해 유의미한 정보를 얻기 위해서는 시간의 흐름에 따른 데이터의 변화를 살펴야 합니다. 이렇게 시간 순서대로 나열된 데이터의 흐름을 시계열 데이터라 합니다.
3. 시계열 데이터를 통해 유의미한 통찰을 얻기 위해서는 시계열 데이터를 잘 저장해야 하고 저장된 시계열 데이터를 제대로 시각화할 수 있어야 합니다.
4. 프로메테우스와 그라파나는 서비스의 상태를 나타내는 데이터를 시계열 데이터의 형태로 저장하고 시각화할 수 있도록 도와주는 도구입니다.
5. 프로메테우스를 통해 쿠버네티스, 이스티오 등 서로 다른 데이터 소스로부터 오는 데이터들을 한곳에서 통합할 수 있으며, 그라파나를 통해 이를 시각화할 수 있습니다.

API 게이트웨이

1. 클러스터 외부에서 클러스터 내부로 들어오는 요청에는 적절한 전처리가 필요합니다. 모든 요청에 대해 로깅을 해야 하고 필요한 경우 사용자 인증을 처리해야 하며, 악의적인 요청이 들어올 경우 이를 차단해야 합니다.
2. 클러스터 내의 모든 서비스를 외부로 노출시켜 외부에서도 접근할 수 있게 한다면 이러한 기능들을 각 서비스에 모두 구현해야 하며, 이는 변경에 취약할 뿐 아니라 보안에도 취약합니다.
3. 따라서 클러스터 외부에서 내부로 들어오는 요청들을 API 게이트웨이에서 받아 로깅, 인증, 보안 등의 로직들을 수행하고 클러스터 내의 서비스로 라우팅하는 방식을 사용할 수 있습니다.
4. 콩 게이트웨이는 이러한 API 게이트웨이의 하나로, 가볍고 플러그인을 통한 유연한 기능 확장이 가능합니다.

여정 돌아보기

MSA로 전환된 우리의 Todo 서비스가 트래픽을 받는 과정을 한번 상상해 보겠습니다. https://todo.app/mytodo로 요청을 보내면 이 요청은 클러스터 안에 배포되어 있지만 클러스터 외부로 노출되어 있는 API 게이트웨이로 들어가게 됩니다. API 게이트웨이에서는 이 사용자 요청에 대한 데이터 로깅을 수행하고 사용자 인증을 처리합니다. 유효한 요청이라고 판단될 경우 사용자 정보와 함께 mytodo가 가리키는 클러스터 내의 다른 서비스로 라우팅합니다.

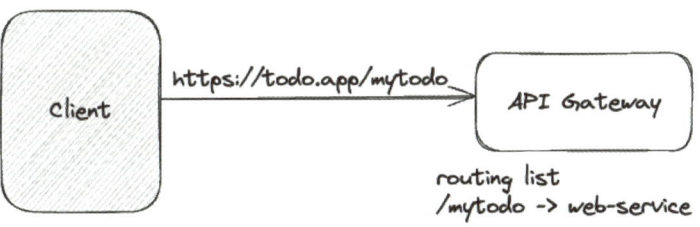

[5-46] API 게이트웨이를 통과하는 사용자 요청

/mytodo 라우트는 내 할 일 목록을 보여주는 웹 페이지에 대한 요청이므로 API 게이트웨이에서 Next.js 서비스가 배포되어 있는 Web Service로 요청을 라우팅합니다. 이 요청은 로드 밸런싱을 지원하는 쿠버네티스 서비스를 지나서 파드로 들어갑니다. 이스티오를 사용하여 사이드카 패턴의 서비스 메시를 적용하였기 때문에 파드 안에서 먼저 이스티오 프록시 컨테이너를 통과한 후에, 서비스 컨테이너 안으로 요청이 들어가며, 이제야 비로소 Next.js 서비스에 사용자 요청이 들어오게 됩니다.

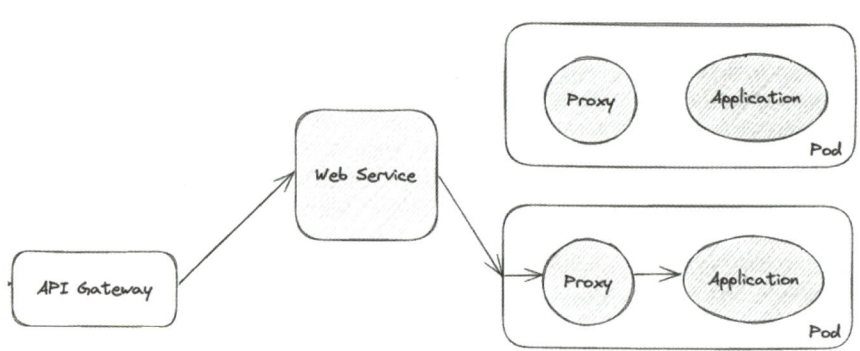

[5-47] 쿠버네티스 서비스를 거쳐 파드 내로 들어가는 요청

요청을 받은 Next.js 서비스는 사용자의 할 일 목록 조회를 위해 API 서버에 요청을 보내야 합니다. API 서버도 파드 안의 서비스 애플리케이션 컨테이너의 형태로 배포되어 있기 때문에 파드 앞의 쿠버네티스 서비스로 요청을 보내게 되며, 서비스에서 로드밸런싱을 통해 적절한 파드로 요청을 보내게 됩니다. 이 요청은 이스티오 프록시 컨테이너를 거쳐 API 서버로 요청이 들어오게 됩니다.

Next.js 서버는 API 서버로부터 응답을 받아 사용자의 요청을 처리하며 처리한 요청의 결과를 사용자에게 반환합니다. 이렇게 사용자로부터 받은 요청을 잘 처리하였으며 이 요청이 처리되는 과정에서 발생한 네트워크 트래픽의 모든 부분을 모니터링할 수 있게 되었습니다.

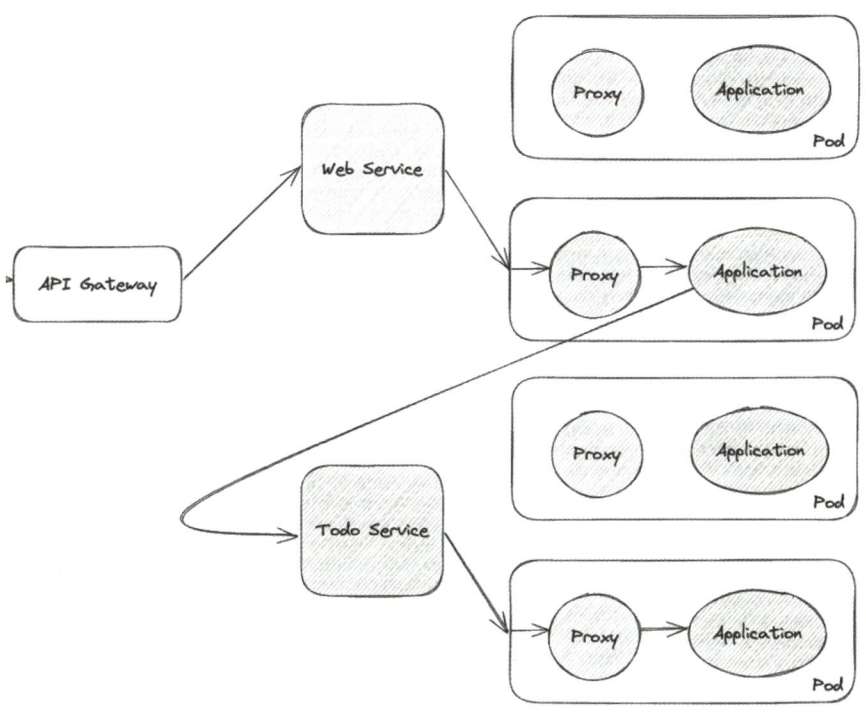

[5-48] 클러스터 내의 하나의 서비스에서 다른 서비스로 요청을 보내어 응답을 가져온다

앞서 살펴본 것처럼 모니터링할 수 있는 정보는 크게 파드에서 사용하는 리소스 정보와 요청을 처리하면서 발생한 네트워크 정보의 두 가지 유형으로 나눌 수 있습니다. 프로메테우스는 리소스 정보는 쿠버네티스 메트릭 서버로부터, 네트워크 정보는 이스티오 프록시로부터 얻을 수 있으며 이 정보를 시계열 데이터로 변환하여 저장합니다. 이 정보를 바탕으로 그라파나에서는 현재 우리의 마이크로서비스에 대한 전체적인 지도를 시각화해서 볼 수 있습니다. 만약, 사용자 요청이 눈에 띄게 느려졌다면 웹 서버가 렌더링 하는 과정에서 느려졌는지 API 서버에서 요청을 처리하는 과정에서 느려졌는지를 구분할 수 있으며 API 게이트웨이의 로그를 확인해서 어떤 사용자가 어떤 환경에서 어떤 페이로드(payload)를 가지고 요청했는지를 바탕으로 이를 재현해 문제를 해결할 수도 있습니다.

하나의 웹 서비스를 수많은 사용자에게 안정적으로 제공하기 위해서는 정말 많은 요소를 고려해야 합니다. 웹 서비스 개발이 어려운 것은 이 많은 요소를 공부하는 와중에도 새로운 요소들이 계속해서 생겨나며, 이전에 배웠던 요소들이 더 이상 사용되지 않는 경우가 많기 때문입니다.

그러나 분명 어떤 것들은 다른 것들에 비해 본질적이기에 천천히 변화합니다. 웹이 어떻게 동작하는지, 브라우저가 어떻게 동작하는지를 이해하고 이 동작 과정하에서 여러 도구가 어떤 문제를 어떻게 해결하는지를 이해하는 방향으로 학습해 간다면 여러분의 학습은 변화에 강건한, 안티프래질한 학습이 될 것으로 믿습니다. 이 책이 변화에 강건한 학습을 돕기 위한 효과적인 로드맵이 되었기를 바랍니다.

안티프래질 프런트엔드

브라우저, 리액트, Next.js, 인프라로 그려내는 모던 웹 로드맵

발행일	2025년 9월 24일
지은이	김상철
펴낸이	김범준
기획·책임편집	최규리
교정교열	이혜원
편집디자인	나은경
표지디자인	푸른
발행처	(주)비제이퍼블릭
출판신고	2009년 05월 01일 제300-2009-38호
주　　소	서울시 중구 청계천로 100 시그니쳐타워 서관 9층 945, 946호
주문/문의	02-739-0739　　　**팩스**　02-6442-0739
홈페이지	http://bjpublic.co.kr　　**이메일**　bjpublic@bjpublic.co.kr

가　격 23,000원
ISBN 979-11-6592-334-1 (93000)
한국어판 © 2025 (주)비제이퍼블릭

이 책은 저작권법에 따라 보호받는 저작물이므로 무단 전재와 무단 복제를 금지하며,
내용의 전부 또는 일부를 이용하려면 반드시 저작권자와 (주)비제이퍼블릭의 서면 동의를 받아야 합니다.

 이 책을 저작권자의 허락 없이 **무단 복제 및 전재(복사, 스캔, PDF 파일 공유)하는 행위**는 모두 저작권법 위반입니다. 저작권법 제136조에 따라 **5년** 이하의 징역 또는 **5천만 원** 이하의 벌금을 부과할 수 있습니다. 무단 게재나 불법 스캔본 등을 발견하면 출판사나 한국저작권보호원에 신고해 주십시오(불법 복제 신고 https://copy112.kcopa.or.kr).

잘못된 책은 구입하신 서점에서 교환해드립니다.